咸臨丸、大海をゆく

サンフランシスコ航海の真相

橋本 進 著

KAIBUNDO

はじめに

昭和三五年（一九六〇）は、日本とアメリカ合衆国が結んだ日米修好通商条約の批准書交換百周年に当たるところから、日本政府は練習帆船日本丸と海王丸の二隻を、日米百年記念親善使節船としてアメリカへ派遣することを決めた。

日本丸は、新見豊前守《しんみぶぜんのかみ》一行の道程にしたがい、パナマ地峡を経てワシントンとニューヨークを訪問し、記念行事に参加した。

海王丸は、咸臨丸の航跡を辿って、サンフランシスコとホノルルを訪問した。

昭和三六年、日米修好通商百年記念行事運営委員会は、『万延元年遣米使節史料集成（全七巻）』を刊行し、そのなかで咸臨丸関係資料も総括している。

その第四巻には『奉使米利堅紀行』（木村喜毅）、『亜墨利加行航海日記』（赤松大三郎）、『安政七年日記』（水主《かこ》小頭《こがしら》・石川政太郎）、『異国の言の葉』（火焚《かまたき》小頭《こがしら》・嘉八）などの外に、木村摂津守の従者・長尾幸作の日記『鴻目魁耳《こうもくかいじ》』、同従者・斎藤留藏の日記『亜行新書』も収録している。

また第五巻にはジョン・マーサー・ブルックの『咸臨丸日記』（原著名：KANRIN MARU JOURNAL）を収録している。この日記は、アメリカ海軍大尉ジョン・マーサー・ブルックが、部下一〇名とともに咸臨丸に同乗し、横浜からサンフランシスコまで航海したときの記録である。

これらの航海日記のうち、日本人士官の書いた日記類は体面を重んずる武士らしく、ブルック大尉の『咸臨丸日記』にあるような船内のトラブルなどについては一切触れていない。ましてや、ブルックらの献身的な努力についてはほとんど記録していない。

ところが、木村奉行の従者であった長尾幸作や斎藤留藏は日記のなかで、ブルックらのことや咸臨丸乗組員のことを率直に書き遺している。

文倉平次郎は『幕末軍艦咸臨丸』（昭和一三年刊行）のなかで、長尾幸作の『鴻目魁耳』から「衆《しゅう》人皆《じんみな》死色《ししょく》、唯《ただ》亜人《あじん》之《の》輩《やから》、言笑《げんしょう》する」を引用し、この航海がいかに難航海であったかを紹介するにとどめている。

『幕末軍艦咸臨丸』が出版された昭和一三年（一九三八）は、日本が海軍軍備制限に関するワシントン条約およびロンドン条約を脱退してから二年後のことであり、軍備拡張のまっただ中にあった日本海軍のことを想えば、文倉平次郎もそれ以上のことは紹介できなかったのであろう。

咸臨丸の往路航海は荒天続きで難航したが、同乗したブルック大尉の適切な指揮と彼の部下らの活躍によってかろうじて危機を脱し、無事サンフランシスコに入港した。

ブルック大尉はここで下船することになるが、彼はそれまでに、咸臨丸の復路航海―日本人のみによる大洋航海―を憂慮し、往路航海の途中から綿密な計画を立てて咸臨丸乗組員に対するシーマンシップ教育を実施した。また、メーアアイランド海軍造船所においては咸臨丸の徹底修理を造船所司令官に依頼し、さらに咸臨丸士官に復路の航海計画まで指導していたのである。

この咸臨丸の初のサンフランシスコ航海は勇気ある日本人の快挙であった。しかし、その成功の裏にはさまざまなドラマがあり航海の継続を危ぶむ場面もあった。

本書ではそのドラマを紹介しながら咸臨丸の世紀の大航海成功の真相を探ることとする。


なお、次の諸点を断っておく。
◇咸臨丸の帆装、艤装、航海計器などについては巻末に「資料」としてまとめた。
◇年月日は旧暦を使用したが、新暦も括弧内に併記した。なお、原文の正月（一月）はそのままとしたが、説明文は一月とした。明治六年からは新暦である。
◇年の中途で改元になった場合は、そのつど旧元号を併記した。
◇年齢は数え歳とした。
◇引用文は極力原文のままとしたが、読みやすいように振り仮名をつけ、場合によっては現代語に訳し、また、解説を加えた。
◇敬称は省略した。

目次

第一章 大航海時代と日本

大航海時代の幕開けとトルデシリャス条約の締結

一四九二年スペインのフェルディナンド国王の援助を受けたコロンブスが、西回りでインドに着いたというニュース（実際はバハマ諸島のウォトリング島であったが……）に各国は驚いた。とりわけ、スペインと対立関係にあった隣国ポルトガルはこのニュースに大きなショックを受けた。ポルトガルはそれまで東回りのインド航路の探検に熱心で、それより四年前の一四八八年にはバーソロミュー・ディアスが希望峰を発見し、インド洋の入り口にまで到達していたからであった。

このようにポルトガル、スペイン両国は東と西からのインド航路の開拓に血まなこになっていたが、その結果、発見される新たな土地の領有についての争いも絶えなかった。そこで両国はローマ法王の仲裁のもとに「トルデシリャス条約」を結んだ。

一四九四年六月七日にスペインのトルデシリャスの町で結ばれたこの条約は大西洋のほぼ中央、現在の西経四六度二七分あたりを境界として、これより東側の新発見地はすべてポルトガル領とし、これより西側の新発見地はすべてスペイン領とするというものであった。この結果、六年後の一五〇〇年にポルトガルのカブラルが到着したブラジルがポルトガル領になった他は中南米の土地はすべてスペイン領となり、アフリカ大陸から東にはポルトガルの勢力が拡がっていった。現在のポルトガル語圏とスペイン語圏の範囲がこの間の事情をよく物語っている。

また、西経四六度二七分の子午線の裏側、つまり、それより一八〇度回った子午線は東経一三三度三三分あたりとなり四国・高知付近となる。まだ位置確定の不十分な時代であったとはいえ、東洋でポルトガルとスペインが互いに鎬《しのぎ》を削っていた背景には、この条約の存在があったのである。

「インド」の魅力

ところで、ポルトガル、スペイン両国は、なぜこれほどまで危険きわまりない探検航海に熱心だったのだろうか。その一つは「インド」の魅力であったと考えられている。「インド」とは東洋全体を漠然と指し、そこには、古くから言い伝えられてきた黄金の国があり、また、ヨーロッパ人にこよなく珍重された香料を産する島々がある—いうならばヨーロッパ人の夢を託した名称が「インド」なのである。

ここでいう香料は胡椒《こしょう》、丁香《ちょうじ》、肉豆蔲《にくずく》などを指しているが、このような東方の香辛料をヨーロッパ人が熱望した背景には、彼らの食生活があったことはよく知られている。肉や魚の塩漬け貯蔵には塩とともに多量の香料を使用し、その殺菌力を利用したのである。また、肉や魚の臭気を消したり食欲増進のためにも香料は欠くことのできないものであった。

これらの香料が東南アジアの一角、マルク諸島—現インドネシア領ハルマヘラ島、スラウエシ島（旧セレベス島）、チモール島およびニューギニア島に囲まれた海域に散在する島々—で多量に産することを知ったヨーロッパ人は、この別名「香料諸島」にあこがれ一攫千金《いっかくせんきん》を夢見たのであった。

鉄砲の伝来と日本

天文一二年（一五四三）八月、種子島《たねがしま》の西村《にしのむら》の入り江に一隻の中国船が嵐を避けて入港した。島の領主、種子島時尭《ときたか》はその船に三人の異邦人が乗っていることを知り、また彼らが遠くのものを射落とすことのできる不思議な火器を持っていることに深い関心を抱いて、高い代価（当時は日本産の銀であった）でそれを譲り受けた。これがいわゆる南蛮人（ポルトガル人）による鉄砲の伝来（一五四二年の説もある）であり、彼らによってあらためて日本が〝発見〟され、日本も大航海時代の洗礼を受けることになった。

ポルトガル人は早くから中国に進出する意欲を持っていた。なんといっても中国はマルコ・ポーロによってヨーロッパに喧伝された夢の国だったからである。そして、いろいろなトラブルがありながらも、一五五七年にはとにかく中国との貿易港としてマカオに根拠地を置くことができた。一五四三年に三人のポルトガル人が種子島に上陸してから一三年もたっていたが、この頃までにかなりのポルトガル船が九州の港に入港していた。だから、マカオは対日貿易の基地としても重要になったのである。そして、一五七〇年に長崎が開港されるとマカオ、日本間の貿易はきわめて安定したものになり、ポルトガル人たちはヨーロッパに運ぶ香料の商売よりもインド洋や東アジアでの仲介貿易でより大きな利益をあげるようになった。

こうして日本は征服によってではなく、貿易を通じてポルトガル人、やがてはスペイン人と接触することになった。しかしそれは自由な貿易ではなく国家が行う独占貿易であった。また、この独占貿易と表裏一体となってキリスト教会の神父たちが日本に到着し布教を開始したが、これもイエズス会による独占事業であったと同時に、この布教もポルトガル国家によって支えられていたのである。

オランダのアジア進出

アジアに最初に進出したオランダの船隊はコルネリス・デ・ハウトマン麾下《きか》の四隻よりなり、一五九五年テキセルを出帆して希望峰経由でジャワに着いた。このときハウトマン船隊のとった航路はそれまでのポルトガル船のそれとは異なっていた。ポルトガル船は希望峰を回って東アフリカ沿岸を北上し、ザンジバルの北方でモンスーン帯に入り、インドさらにはマラッカにまで航海していたのである。しかし、希望峰から少し南に下がると強い偏西風が吹いており、これを利用すれば、一気に世界を周航することもできることをオランダ人は知っており、ハウトマンはこの西風に乗って一挙に東インド諸島の南まで航海し、スマトラ島とジャワ島間のスンダ海峡を通ってジャワ海に入ったのである。

この成功に刺激されて一五九八年に希望峰経由で二船団、マゼラン海峡経由でさらに二船団がアジアに派遣された。

マゼラン海峡経由の二船団のうち、ヤコブ・マフの指揮する五隻は一五九九年四月六日、南米大陸南端とその南のフェゴ島間のマゼラン海峡に到達した。ここで一隻は帰国し、残る四隻は苦難の末この海峡を通過したが、強烈な暴風に遭って散り散りになり、デ・ホープ（de Hoop：希望）号とデ・リーフデ（de Liefde：慈愛）号の二隻が日本へ向かうことになった。この二隻も赤道付近で強烈な暴風雨に遭遇して離散し、デ・リーフデ号だけが豊後《ぶんご》・臼杵《うすき》に錨を入れた。慶長五年三月一六日（一六〇〇年四月一九日）のことである。一一〇名もいた乗組員も生き残った者は船長ヤコブ・クワッケルナック以下二四名にすぎず、そのなかでも立って歩ける者はわずか六名であった。このデ・リーフデ号の航海士がオランダ人ヤン・ヨーステンとイギリス人ウィリアム・アダムズで、のちに徳川家康の外交貿易顧問となった。

アダムズは日本に居留した初のイギリス人で、のちに相模国三浦郡逸見《へみ》に二五〇石の知行地を与えられ三浦按針《あんじん》と改名して幕臣となり、江戸・日本橋近くに屋敷をもった。元和六年四月二四日（一六二〇年五月一六日）平戸で病死した。

ヤン・ヨーステンも耶揚子と称し、アダムズとともに家康に仕え幕臣として屋敷地をもらった。その屋敷地が彼の名をなまって八重洲《やえす》と呼ばれ、現在の東京駅八重洲口付近にあったこともよく知られている。ヨーステンは家康からもらった朱印状を持ってシャム、トンキンなどとの貿易に活躍したが、一六二三年オランダへの帰国交渉のためバタビアに渡航した際、南シナ海で遭難し溺死した。

キリスト教の布教と鎖国

ところで、日本のキリスト教時代は一五四九年(天文一八年)のイエズス会宣教師フランシスコ・ザビエルの鹿児島上陸に始まり、一六世紀後半には日本国中に拡がってキリスト教信者の数は七〇万にも達したといわれている。ところが、イエズス会の修道士たちがもたらしたキリスト教は、古い中世の信仰ではなく、激動の宗教改革期の試練を経た新しい生命力に満ちた戦闘的なキリスト教であった。そして、キリスト教が全国的に広まるにつれ、豊臣政権や江戸幕府にとって脅威的な存在となった。

キリスト教徒への弾圧は豊臣秀吉時代に始まり、家康以後は組織的に行われるようになったのは、対外的にはポルトガル、スペインによる侵略を、対内的にはキリスト教徒を基盤とした一揆を恐れたからであった。

徳川幕府下の禁教令は慶長一七年(一六一二)に家康が出したのが始まりであるが、翌慶長一八年に禁令が発布されてから弾圧が開始され、キリスト教指導者層を中心に多くの殉教者が出た。

寛永一〇年(一六三三)幕府は奉書船以外の海外渡航を禁じ、海外渡航者の帰国を制限するなど、いわゆる鎖国に踏み切った。ここで奉書船とは将軍の命を受けた老中の奉書(命令書)を交付された船のことで、幕府は寛永八年(一六三一)に朱印状のほかに奉書の交付を定めた。

寛永一二年(一六三五)幕府は海外渡航禁止令を発し日本人の海外渡航と海外よりの帰国を全面的に禁止した。

寛永一四年(一六三七)に始まった〝島原の乱〟(キリスト教徒農民を主体とする農民一揆)は幕府の判断が正しかったことを示す結果となった。

幕府は島原の乱鎮圧の翌寛永一六年(一六三九)七月、ポルトガル船の来航を禁止し、かわりに長崎でオランダ船、中国船との貿易を許可した。こうして、オランダ人の長崎・出島における貿易が始まり、以後二〇〇年間、彼らはヨーロッパ人の中でただひとり独占貿易を享受したのである。

第二章
日本海軍ことはじめ

オランダ国王ウィレム三世の忠告

徳川幕府鎖国時代の唯一の貿易港は長崎であった。

オランダ商館のある長崎・出島へのオランダ商船の出入港は、ほぼ季節によって決まっていた。帆船の航海は季節風に左右されるからである。

オランダの貿易船は春の終わり頃にジャカルタを出港し、東シナ海の南寄りの季節風を利用して夏たけなわの頃に長崎に来航した。そして、風が北寄りの季節風に変わり始める秋の終わり頃から初冬にかけて長崎を出帆するのが例であった。

しかし幕末になると、これまで細々とではあるが日本との貿易を許されていたオランダも、商利を独占するわけにはいかなくなってきた。それは、天保一三年（一八四二）のアヘン戦争で清国に大勝して多くの利権を得たイギリスが、その余勢を駆って日本に開国を迫る形勢にあったからである。

弘化元年（一八四四）、この東アジア情勢を憂慮したオランダ国王ウィレム二世は『日本の安危に関する忠告書』なる親書を、オランダ軍艦パレムバン号のコープス艦長に託して将軍に提出した。しかし、幕府は翌年の弘化二年になって、「オランダと通商関係はあるが国家間の通信の例はない」とし親書を突き返し、以後このような書簡を寄こしても封を切らずに返すと通告した。

嘉永五年（一八五二）六月、スンビン号が長崎に入港した。

この船には新任の出島館長ヤン・ヘンドリック・

ドンケル・クルチュスが乗っていた。彼は国王ウィレム三世の命により、東インド総督の長崎奉行宛の書簡を携えており、これを奉行に提出した。オランダ側は今度は日本側が受け取りやすいように、国王から将軍宛ではなく、総督から奉行宛というかたちにしたのであった。この書簡を日本側は「たんなる記録」という口実で受け取った。その内容は、近日中にペリー提督率いるアメリカ艦隊が日本に来航することを予報した第二の忠告書と、この忠告書と大いに関係のある「別段風説書《べつだんふうせつがき》」（海外ニュース）が添えられていた。その内容を要約すると

アメリカ政府は日本に両三港の開港を要求し、かつ、汽船専用の石炭貯蔵所の設置を要求しようと準備中で、その使節ペリーは四隻の軍艦を率いて日本に来る。

という実に日本の安危に関わる一大事の予報であった。

老中首座にあった阿部伊勢守正弘《まさひろ》はこれらの情報を「密書」とし、部外極秘にした。しかし阿部はそのまま手を拱《こまぬ》いたままでいたわけではない。阿部は、オランダ国王ウィレム三世の忠告も「別段風説書」も十分検討し、来るべき日本開国に向けての布石を着々と打ち進めていたのである。だからこそ、老中をはじめ海防掛、勘定奉行から、出先の奉行所与力までもが、はじめての外国人相手の交渉に、警戒心を持ちながらも少しも怯《ひる》むことなく堂々と対応できたのである。そうした人々を幕府に集め、手足のように使ったのが老中首座の阿部正弘であった。

老中首座・阿部正弘

阿部正弘は備後《びんご》福山藩主・阿部対馬守正精《つしまのかみまさきよ》の六男として、文政二年（一八一九）一〇月一六日、江戸城西の丸下の閣老官邸で生まれた。正弘が第六子でありながら阿部家を継ぐことになったのは、天保七年（一八三六）正弘一八歳のとき兄の対馬守正寧《まさやす》の養嗣となり家督を継いだからである。その理由は父と兄が正弘の天稟《てんぴん》の資質を見込んだからだと言われ

ている。

天保一一年（一八四〇）寺社奉行となる。同一四年（一八四三）水野忠邦の失脚に伴い、これまでの慣例を破って大坂城代、京都所司代を歴任することなく老中に抜擢された。この頃から阿部は有能な人材を抜擢し、後年開国の交渉、調印に活躍する堀利《とし》熙《ひろ》、永井尚志《なおゆき》、岩瀬忠震《ただなり》、井上清直《きよなお》、大久保忠寛《ただひろ》らを育成した。

弘化二年（一八四五）二月、阿部二七歳のとき老中首座に任じられ、同年六月には海岸防御用向取扱（海防掛）を命じられた。弘化、嘉永期には水戸藩主・徳川斉昭《なりあき》や薩摩藩主・島津斉彬《なりあきら》ら雄藩大名と連携、朝廷に異国情報を奏上するなど、海防政策に追われた。

嘉永六年（一八五三）ペリー来航時には合衆国大統領親書を受け取り、大名、諸士に対応を諮問《しもん》し、翌安政元年（一八五四）三月、日米和親条約を締結し日本を開国に導いた。また、品川台場の構築や軍艦の注文、長崎海軍伝習所、講武所、蕃書調所《ばんしょしらべしょ》の設立などの新政策を実現した。

安政二年（一八五五）一〇月、老中首座を辞任し、後任に老中の経験のある堀田正睦《まさよし》を推挙した。

安政四年（一八五七）六月一七日、激務のため三九歳の若さで死亡した。

ペリー艦隊の浦賀来航

嘉永六年六月三日（一八五三年七月八日）、アメリカ東インド艦隊司令長官マシュー・カルブレース・ペリー（Mathew Calbraith Perry）提督は旗艦サスケハナ号に搭乗し、ミシシッピ号、プリマス号、サラトガ号の三隻を率いて沖縄・那覇を出港した。

蒸気外車軍艦のサスケハナ号およびミシシッピ号は、それぞれ帆装軍艦のサラトガ号とプリマス号を曳航して港外に出た。以後、各艦は帆走によって日本に向かった。

ペリー艦隊の構成と各艦の要目は次のとおりである。

艦名	艦級	排水量（トン）	艦種	帆装形式
サスケハナ	フリゲート	三八二四	蒸気外車	ダブル・トップスルスクーナー
ミシシッピ	フリゲート	三二二〇	蒸気外車	ダブル・トップスルスクーナー
プリマス	輸送艦	九八九	帆装	シップ
サラトガ	輸送艦	八八二	帆装	シップ

一般にフリゲート艦とは上下二層の甲板に二八～六〇門の大砲を備えた大型木造帆船のことで、今日の巡洋艦に相当する。現在アメリカにも、「サスケハナは排水量からみればフリゲートの大きさであるが、搭載の大砲数が九門なのでスループではないか」という意見もある。ペリー提督は対外宣伝に「フリゲート艦」としたのかも知れない。

また帆装について、一般に二本マストに縦帆を装備した帆装形式を「スクーナー」といい、さらに前部マストに横帆を装備したものを「トップスルスクーナー」という。マストが三本で、最前部マスト（フォアマスト）に横帆を装備したものも「トップスルスクーナー」という。前部二本のマスト（フォアマストとメーンマスト）に横帆を装備したものを「ダブル・トップスルスクーナー」と呼んでいる。

また、スループ艦は一八～三二門の大砲を搭載した木造帆船で、シップ型、ブリッグ型、スクーナー型がある。サラトガ号は二二門の大砲を搭載したシップ型で、今日の砲艦（大砲は数門）をさらに重装備にしたものである。

シップ型は三本のマストすべてに横帆を装備し、さらに、最後尾のマスト（ミズンマスト）にのみ縦帆を備えたタイプである。
このサスケハナ号と、現在横浜に係留中の帆船日本丸（一世）を比較すると左に示す表のとおりで、ほぼ同じような大きさである。

ペリー艦隊は那覇を出港してから五日後の六月二日の夕刻、伊豆半島南端の石廊埼《いろうさき》を経て伊豆諸島の式根《しきね》島や利島《としま》を東に見ながら江戸湾に向首した。

翌六月三日、浦賀沖に到着したペリー艦隊は陸上砲台の射程外で、しかも全砲台と浦賀の町を艦砲の射程内に収めるよう海岸に沿って停泊した。

サスケハナ号およびミシシッピ号の艦載砲は、ともに一〇インチ（口径二五・四センチ）砲三門、八インチ（口径二〇・三センチ）砲六門、計九門のシエルガンであった。

シェルガンは、球形弾の内部に火薬を詰めた信管付きの炸裂弾（shell）を発射できる大砲で、射程距離は発射用の火薬量にもよるが、およそ二〇〇〇～三〇〇〇ヤード（一八三〇～二七四〇メートル）であった。

当時の江戸湾の防備は、主として浦賀周辺に一〇〇門近い大砲が配備されていたが、その射程距離はせいぜい五〇〇～六〇〇メートルで、ペリー艦隊の艦載砲の半分にも満たなかった。ペリー艦隊は浦賀沖約一五〇〇メートルの距離に南北一列に停泊したのである。この頃の江戸の落首に〝アメリカが来ても日本はつゝがなし〟というのがあるが、言い得て妙である。

船名	全長（メートル）	マスト高さ（メートル）	推進装置	エンジン	馬力	速力（ノット）
サスケハナ	九九・六	五一・八	外車×二	蒸気	七九五	八・〇
日本丸	九七・一	四五・一	暗車×二	ディーゼル	一四三〇	一一・四

（注）一ノットは毎時一・八五二キロメートル

久里浜でアメリカ大統領の国書を受領

ペリー提督が携えてきたアメリカ大統領ミラード・フィルモア（一三代）の国書受け取りの交渉は、ペリーが浦賀に来航した翌日の六月四日から始まったが、幕府は従来どおりの鎖国政策を変えようとはせず、交渉地である長崎への回航を求めるだけであった。

しかし、後述するようなペリー提督の強硬な態度に押された幕府は、六月七日になってようやく浦賀の南隣の久里浜《くりはま》で国書を受け取ることを認めた。

この決定を知らされたペリー提督は、直ちにサスケハナ号とミシシッピ号を久里浜の上陸地に臨む位置に移動させた。当日は穏やかな天候で風もなかったので帆装軍艦のプリマス号とサラトガ号は移動できなかったとされるが、あるいは、ペリー提督の意図的な浦賀沖残留であったかも知れない。

幕府は久里浜海岸に急ぎ応接所を設営した。

六月九日、幕府全権委員の浦賀奉行・戸田伊豆守《とだいずのかみ》氏栄《うじひで》、同・井戸石見守弘道《いどいわみのかみひろみち》はアメリカ大統領の国書を受け取ったが、幕府はあくまでも正式交渉地は長崎であるとして国書に対する回答を避けた。ペリー提督もそれ以上の無理強《むりじ》いはせず、来年その回答を受け取りに来航することを伝えて、三日後の六月一二日、江戸湾を退去した。

ペリー艦隊が浦賀沖に来航してからわずか九日間の出来事であった。

白旗事件

ペリー艦隊に同行した画家ウイルヘルム・ハイネが描いた江戸湾・浦賀風景は、当時のアメリカ海軍の測量方法を的確に描いている。

この図のボートのへさき（艇首）に立つ水深測量の水夫は、まさに測鉛を投入するところであり、とも（艇尾）に掲揚されたアメリカ国旗の前で、経緯儀（セオドライト、トランシットともいう）を構えて陸標の方位を測定中の測量士の姿を描いている。さらに、へさき（艇首）には白い旗が描かれていることにも注目しなければならない。

江戸湾・浦賀の風景（W. ハイネ画「VIEW OF URAGA, YEDO BAY.」を筆者が模写）

それは、ペリー艦隊が浦賀に来航し、六月四日の第一回目の交渉中に、ペリー提督から浦賀奉行所支配与力の香山栄左衛門《かやまえいざえもん》に手渡されたという「白旗書簡と二本の白旗」をめぐる論争に関係するからである。

この「白旗書簡」について、「本物文書」とする松本健一（麗澤大学教授）と、「偽文書」（公式文書ではないということ）だとする宮地正人（元東京大学史料編纂所教授）との間に大論争が起きたのである。

香山栄左衛門に「白旗書簡」と同時に渡されたという「白旗二本」について、松本は「和睦・降伏のしるし」とし、宮地は「偽文書」の立場から、「白旗二本」は存在したかも知れないが、白旗には降伏の意味はなく「友好と交渉のしるし」と反論する。そして、「松本さんと争うつもりはありません。あの人は評論家で、研究者じゃないから」と続ける。

この論争にさらに油を注いだのが扶桑社版中学用『新しい歴史教科書』に掲載された「ペリーが渡した白旗」と題するコラムである。その内容は幕府が国書の受け取りを拒否できなかったのはなぜか。ペリーは、大統領の国書とは別に、白旗を二本、幕府に渡していた。それには手紙が添えられ、「開国要求を認めないならば武力に訴えるから防戦するがよい。戦争になれば必勝するのはアメリカだ。いよいよ降参というときにはこの白旗を押し立てよ。そうすれば和睦しよう」と書かれてあった。

武力で脅して要求をのませるこういうやり方は、「砲艦外交」とよばれ、欧米列強がアジア諸国に対して用いてきた手法だった。

というものである。

すでに指摘したように、ハイネの描いたボートは艇尾に国旗、艇首には白旗を掲げている。海上では「友好のしるし」の白旗を掲げながら、陸上では「降伏のしるし」が渡されるという図式は、どことなく不自然ではある。

ペリー艦隊の江戸湾測量

江戸湾測量の目的

嘉永六年六月三日（一八五三年七月八日）、浦賀沖に停泊したペリー提督は、各艦に対して翌四日早朝までに十分な人員と武器を配備した測量艇を用意するよう命じた。

六月四日、夜明けと同時に浦賀港近辺と江戸湾入口の観音埼付近の測量を開始した。測量隊指揮官はサイラス・ベント大尉で艦載砲の射程外に出ないよう指示されていた。各艦も測量隊が攻撃を受けた時には直ちに援軍を送れるよう見張りを厳にした。

浦賀付近の測量は順調に進み六月五日にはほとんど終了した。この時点でペリー提督は測量を江戸湾内にまで拡張することを決意した。そこには、江戸の目と鼻の先で測量を強行し、幕府の自尊心とうぬぼれに決定的な打撃を与える目論見《もくろみ》と、さらに、幕府との交渉は浦賀よりも江戸に近い場所での直接交渉がより効果的であり、そのためには艦隊を江戸湾内に進入させねばならず、良好な停泊地を探す必要があったからである。

当時、海防を担当する幕府目付は「江戸防衛計画書」を作成していた。この計画書はたびたび来航する黒船に備え、嘉永二年（一八四九）一二月に老中首座・阿部正弘に提出されていた計画書に基づいて作成されたもので、その前書き部分に、江戸湾防衛計画が実際に発動される防衛線は、房総半島の富津《ふっつ》岬と三浦半島の観音埼を結ぶ線で、黒船がこの線を越えて江戸に接近した場合、防衛計画を発動すると記されていた。

ペリー提督はこの防衛計画を知っていたが、さしあたって問題となる荒天時の浦賀沖からの避難泊地の選定、将来的には大艦隊来航時の泊地の確保のためにも、江戸湾内の測量は緊急の課題であった。提督は江戸防衛ライン突破を決意した。

江戸防衛ラインの突破

六月六日早朝、ペリー提督は測量艇を江戸湾口に進入させるとともに、その護衛としてミシシッピ号を随航させた。これを見た浦賀奉行所の香山栄左衛門はすぐさまサスケハナ号にやってきたが、これは予想されたことで、ペリー提督はあらかじめ「今回この海域を訪問した目的を達成できなかった場合は、さらに大艦隊を率いて来春また戻ってこなければならない。浦賀沖の投錨地は不便なうえに安全でもないので、江戸に近くて連絡が取りやすく条件の良い場所を探そうと考えている」と答えるよう命じておいたのである。そのこともあってか、それ以上の追及はなかった。

とはいえ、ペリー提督も必死の覚悟であった。だからこそ、防衛ラインを突破したすぐの岬を「ポイント・ルビコン（Pt. Rubicon）」（現・走水《はしりみず》漁港北側の旗山《はた》埼《みさき》）と命名したのだ。それは、古代ローマ共和制末期に〃骰子《さい》は投げられた〃と元老院令を無視してルビコン川を渡りポンペイウス討伐の軍を進めたジュリアス・シーザーの心境であったことをうかがわせる。

幕府の対応とペリー提督の決断

六月六日の早朝、蒸気軍艦ミシシッピ号と多数の測量艇が、江戸防衛ラインを突破して江戸湾内に進入したという情報は、ただちに幕府にもたらされた。この知らせを受けた阿部正弘を老中首座とする幕閣は、ペリー艦隊の強硬な態度に驚きながらも測量隊を江戸湾内から退去させるために、浦賀の南の久里浜海岸でアメリカ大統領の国書を受け取ることをペリー提督に通告した。

しかし、幕府の目論見《もくろみ》ははずれ、六月七日も八日もペリー艦隊による江戸湾内の測量作業は精力的に続けられた。

さらに六月九日、久里浜でアメリカ大統領の国書を幕府側に手渡し、サスケハナ号に帰艦したペリー提督は、ただちに全艦に抜錨を命じ、江戸湾内への進航を開始した。四隻の軍艦はやや距離を置いて横一列に並び、手用測鉛（ハンドレッド、巻末資料参照）で測深を続けながら観音埼沖を航過し浦賀が見えなくなる地点まで進んだが、夜になったので湾内に投錨した。後にこの泊地をアメリカ錨地（アメリカン・アンカレジ、現・横浜市金沢沖合）と命名した。

六月一〇日は早朝から、各艦の提供できる測量艇一二隻を繰り出し、江戸湾の西岸から湾奥までさかのぼり測深を始めた。午後、ペリー提督はミシシッピ号に乗り、江戸を隔たること七海里の地点にまで進入した。

六月一一日の夜明けとともに、全艦はアメリカ錨地を発ってその南方、浦賀より五海里奥の小さな湾に移動した。後にサスケハナ湾（現・横須賀港）と名付けられたこの泊地で、さらに測量を続けた。

浦賀に来航したペリー艦隊は、初めから幕府が簡単にアメリカ政府の要求に応じるとは考えていなかった。だから、ペリー提督は再来日に備えて浦賀泊地付近の測量を強行し、さらに、久里浜での日米交渉終了後も江戸湾内の測量を強行したのである。

六月一二日、ペリー提督は川崎沖あたりまでの測量を終えた時点で、日本側に来年四〜五月頃の再訪を伝え、サスケハナ号はサラトガ号を、ミシシッピ号はプリマス号を曳航して浦賀沖を通過し日本を離れて那覇に向かった。

アメリカン・アンカレジ後日譚《たん》

前述したアメリカン・アンカレジについて一言しておきたい。

一九四五年八月一五日の第二次世界大戦終結後の九月二日、日本の降伏調印式のためアメリカ艦隊は東京湾に終結しアメリカン・アンカレジ付近に停泊した。

調印式は戦艦ミズリー号甲板上で行われたが、その調印式場には二枚のアメリカ国旗（星条旗）が飾られていた。一枚は日本の真珠湾攻撃時にホワイトハウスに飾られていた国旗（連邦四八州の星が描かれた星条旗）。もう一枚は一八五三年にペリー艦隊が浦賀沖に来航したときに旗艦サスケハナ号に掲げられていたアメリカ国旗（連邦三一州の星が描かれた星条旗）であった。

ミズリー号甲板上の銘文から、錨地は北緯三五度二一分一七秒、東経一三九度四五分三六秒（世界測地系）で、海図上の底質（海底状況）は小石混じりの砂泥《さでい》、水深は一八・六メートルである。

この錨地を具体的に示すと次のとおりである。

◇観音埼灯台から真方位〇〇七度、距離五・八〇海里（約一〇・八キロメートル）

◇小柴埼（四九メートル頂）から真方位〇九七度、距離五・七五海里（約一〇・六五キロメートル）

◇横浜マリンタワーから真方位一四〇度、距離七・八海里（約一四・三五三キロメートル）

なお、この錨地はペリー艦隊旗艦サスケハナ号が一八五三年、浦賀に来航し、アメリカン・アンカレジと名付けたときの錨地で、翌一八五四年の来航のときもこの錨地に停泊したと言われているが、現在の海図で見ると、横浜から多少遠すぎるのではあるまいか。

ちなみに、ペリーが江戸湾測量を強行した後に作製した「江戸湾西岸図」（後述する）上のサスケハナ号の錨地は北緯三五度一九分五二秒、東経一三九度四二分〇秒である。

ともあれ、アメリカは第二次世界大戦緒戦の真珠湾の屈辱を晴らし、ペリー提督以来二回目の日本開国を果たしたことを世界にアピールしたかったのであろう。

幕府海軍伝習所の設立

幕府海軍創設意見書

嘉永七年（一八五四）一月、オランダ国王ウィレム三世は軍艦スンビン号を日本に派遣し、艦長ファビウス中佐の書いた『幕府海軍創設意見書』を長崎奉行・水野忠徳に提出させた。

この意見書は水野忠徳が「西洋の軍艦について」長崎商館長クルチュスに質問したのに対してファビウス中佐が答えたものであった。彼はこのなかで、単に水野忠徳の質問に対して答えたのみならず、広く当時の世界情勢、特に世界各国海軍の大勢について懇切に説明し、この機に幕府海軍を創設すべきであると積極的に自分の意見を述べたのである。

水野忠徳は、さらにファビウス中佐に質問を行って第二、第三の意見書を得ている。そして、これら三回にわたるファビウス中佐の意見書を詳細に検討し、オランダからの軍艦購入、幕府海軍の創設、海軍伝習所設立などに関する構想をまとめて老中《ろうじゅう》に伺いを立てた。

長崎奉行からの構想を受理した阿部伊勢守正弘を筆頭老中とする幕閣は、直ちに審査に着手し早々と結論を出した。答申は

書面の趣《おもむき》はすべて伺いの通り相心得《あいこころえ》

というもので、水野忠徳の構想に全面的な賛意を表するものであった。

ここにおいて

① 洋式海軍の創立
② 軍艦の購入
③ 海軍伝習所の設立

が一挙に陽の目を見ることになった。

嘉永七年（一八五四）一一月二七日、安政と改元された。

長崎海軍伝習所の開設

海軍の創設を決定した幕府は、その立案者である

ファビウス中佐の日本来航を首を長くして待ち受けていた。幕府は彼の来着を待って海軍に関しての種々の意見を徴し、また、進んで教導を仰《あお》がんと大いに期待していたのである。

このような幕府の内情を察知した商館長クルチュスは、嘉永七年（一八五四）一月スンビン号の長崎来航に際して、長崎停泊中に限り、また、たとえそれが短期間であっても、日本人に海軍教育を施すことを艦長ファビウス中佐に懇願した。ファビウス中佐は商館長の立場に同情してジャワに帰航のため出帆する前に、日本人を教導することを快諾した。

ファビウス中佐が日本人の海軍教育にその力を貸す旨の回答を得た幕府は、早速、長崎奉行に商館長との協議を一任した。その結果、スンビン号が長崎を出港するまでの約三か月余りの間、長崎の地役人《じやくにん》、佐賀、福岡の藩士ら約二〇〇人に蒸気船の扱い方を教示することになった。

これが長崎における海軍伝習の発端である。

長崎海軍伝習所の第一次教師団はジャワの東インド政庁海軍の現地編成の教師団で、団長の海軍中佐ペルス・ライケン以下二一名で編成されていたが、さらに彼らはスンビン号をバタビアから長崎まで回航する任務も兼ねていた。

安政二年（一八五五）夏の初め、艦長ファビウス中佐のヘデー号は艦長ペルス・ライケン中佐のスンビン号と一緒に南寄りのモンスーンに乗って長崎に来航した。スンビン号はオランダ国王ウィレム三世から将軍・家定への贈り物として幕府に献上された。

ペルス・ライケンの当面の目的は、短期的にはスンビン号の日本人乗組員の養成と、後刻回航される予定の二隻の軍艦（咸臨丸と朝陽丸）の日本人乗組員の養成も同時に行おうというものであったが、長期的には日本の海軍軍人（士官を主とする）の養成であった。

同年七月二九日、幕府は長崎奉行・永井玄蕃頭尚志《げんばのかみなおゆき》あての達示で長崎奉行所西役所に海軍伝習所を創設し、永井に所長を兼任させた。長崎奉行所西役所は小高い丘の上に位置し、掘割を隔てて出島・オランダ館をはじめ長崎湾を一望できる絶好の地にあった。現在の長崎県庁正面入口の右手にあたり、海軍伝習所跡の石碑がある。

　同年八月二五日、幕府はスンビン号を正式に受領、のちに観光丸と命名して実地の練習艦とした。同艦はオランダのフレッシングで建造された木製の三本マスト・スクーナー型コルベット艦で排水トン数約四〇〇トン、長さ約五一・九メートル（一七〇フィート）、幅約九・一メートル（三〇フィート）、一五〇馬力の外車船で六門の砲を備えていた。

　ここで、スクーナー型とは帆装の形式で「縦帆型」のこと。コルベット艦とは艦級（レート）のことで、オランダ海軍では大きい方から戦列艦、フリゲート艦、コルベット艦、スクーナー艦、ブリッグ艦という順序に構成されている。ここでいうコルベット艦とは平甲板で一段砲塔の木造帆装軽巡洋艦を指す。

伝習生の構成

　オランダ第一次教師団の到着と長崎海軍伝習所の創設にあわせて、勝麟太郎（義邦）以下、第一期伝習生の一行が、薩摩藩から献呈された軍艦・昇平丸で九月一日、品川沖を抜錨した。

　昇平丸は一〇月二〇日、五〇日を費やしてようやく長崎に着いた。待ちかねていた永井所長は二四日に西役所において開所式を挙げた。

　一方で訓練に必要な水夫を塩飽諸島《しわくしょとう》から、火焚《かまたき》を地元の長崎から集めた。かくしてオランダ海軍第一次教師団による伝習は開始された。

　教授学科目は航海術と運用術および造船の座学、造船と砲術の実技、船具運用と天測の実技、測量学、蒸気機関、数学、銃砲調練と多岐にわたっている。

　第一期伝習生（一八五五年一〇月中旬〜一八五七年二月末、約一六か月間）のうち、幕臣は五〇余名、それぞれに供の者がついていたので人数はさらに多くなった。また、佐賀藩からも四八名が参加した。

　伝習生名簿のうち幕臣としては、咸臨丸に乗り組んだ勝麟太郎（義邦）、佐々倉桐《とう》太郎、鈴藤《すずふじ》勇次郎、小野友五郎、浜口興右衛門《おきえもん》らの名がある。また、佐賀藩伝習生には佐野栄寿左衛門《えいじゅざえもん》（常民）、中牟田倉《なかむたくら》之助《のすけ》、秀島藤之助らの名が見える。

　安政四年（一八五七）三月四日、長崎海軍伝習所

長・永井尚志は、幕府の命により第一期伝習生の約半数を率い、観光丸を指揮して長崎を出港、同月二六日には品川沖に到着した。日本人のみによる自力回航に初めて成功したのである。

同年四月一一日、幕府は、長崎は遠隔地で費用がかさむという理由で、江戸築地・南小田原町の講武所にも軍艦教授所（軍艦操練所とも呼ばれた）を設置した。この時、陸軍の要請により銃隊操練のための調練場を深川・越中島に設けた。

同年八月、オランダに発注していた咸臨丸は第二次教師団団長カッテンダイケ中佐以下三六名の手によって長崎に到着した。そして、そのままの人員でベルス・ライケン中佐の第一次教師団と交代した。

第二次教師団は第一次教師団よりも教官数が一五名も多くなったので、教授科目も鋼索取扱、諸規定、地文学、艦砲術、造船、運転術、数学、帆装、物理、化学、分析学、包帯術、蒸気機関学理論、騎馬などと充実し、さらに高度化した。

第二次教師団が長崎海軍伝習所で教授した伝習生は、伝習所が閉鎖されるまでの第二期および第三期伝習生であった。

第二期伝習生（一八五七年一月上旬～一八五八年五月上旬、約一六か月間）のうち、幕臣は九〇余名の多人数となったが、第二期伝習生以後、佐賀藩三三名（佐野栄寿左衛門、中牟田倉之助、秀島藤之助ら）、福岡藩二八名、鹿児島藩二五名（五代友厚、川村純義ら）、萩藩一五名、熊本藩六名、福山藩四名、津藩一四名（柳楢悦《ならよし》ら）、掛川藩一名、田原藩一名が伝習に参加している。

第二期伝習生名簿のうち、幕臣としては榎本釜次郎（武揚《たけあき》）、咸臨丸に乗り組んだ岡田井蔵《せいぞう》、伴《ばん》鉄太郎、松岡盤吉《いわきち》、肥田《ひだ》浜五郎らの名が見える。

第三期伝習生（一八五七年九月中旬～一八五九年四月、約一八か月間）のうち幕府伝習生は三〇余名で、その名簿には咸臨丸乗り組みの赤松大三郎（則良）、松本良順、根津欽次郎、小杉雅之進らの名がある。

安政六年（一八五九）五月一八日、幕府は長崎が遠隔の地であること、また、財政難であることを理由に、長崎海軍伝習所を閉鎖した。四年間にわたる海軍伝習所の歴史はここに閉じられた。せっかく緒についた長崎海軍伝習所が廃止されるにいたったのは、安政五年に井伊掃部頭《かもんのかみ》直弼《なおすけ》が大老になってから時勢が一変したためであった。

一方、この安政六年は、大老・井伊直弼による尊皇攘夷運動への大弾圧（安政の大獄）が行われ、吉田松陰《しょういん》、橋本左内《さない》、頼《らい》三樹《みき》三郎《さぶろう》らが処刑されるという血なまぐさい年であった。

第三章

日米和親条約の締結

ペリー艦隊、横浜沖に来航

幕府が浦賀でペリー提督との交渉に応じたというニュースは、たちまちロシアやイギリスに伝わり、両国の動きがにわかに活発になった。この動きに対し、ペリー提督はただちに行動を起こし、九隻編成の日本遠征艦隊を組織して江戸湾に向かい、予告したより二、三か月も早い安政元年正月一四日（一八五四年二月一一日）、かつて停泊したことのある金沢沖（アメリカン・アンカレジ）に錨を下ろした。

ペリー艦隊が予告よりも早く日本再訪を決意したのは、ロシアやイギリスの動きに加えて、前年、浦賀に来航した折に測量を終えて作成した江戸湾西岸図（WESTERN SHORE of the BAY OF YEDO）が完成し、それを各艦に配布できたからであった。

この海図の特徴は、高さはフィート（feet）、水深はファゾム（fathom：尋《ひろ》）の単位で表示されていること、水深測量が直線的に実施されていること、水深は詳細に描き込まれ、その場所の底質（水底の堆積物や岩石など）も併記されていること、地名などは遠征艦隊にちなんだものであること、推薦航路が記入されていることなどである。

地名については、ペリー島（猿島）はペリー提督、ウエブスター島（夏島）はペリー提督の前任者オーリックに日本遠征を命じた国務長官ウエブスターに由来するものである。湾あるいは砂州には艦隊の艦船名が付けられている。ミシシッピ湾（本牧南側）、ポーハタン湾（横須賀港）、サスケハナ湾（走水沖）、サラトガ砂州（富津沖）などである。この海図は『日本遠征記』第二巻に収録されている。

今回のペリー艦隊はサスケハナ号を旗艦としポーハタン号、ミシシッピ号（以上、蒸気外車フリゲート艦）、マセドニアン号、サラトガ号（以上、帆装スループ艦）、サザンプトン号、レキシントン号、バンダリア号、サプライ号（以上、シップ型帆装輸送艦）の九隻で構成されていた。このうち、サプライ号は遅れて到着した。ペリー艦隊の構成と各艦の要目は次のとおりである。

艦名	艦級	排水量(トン)	艦種	帆装形式
サスケハナ	フリゲート	三八二四	蒸気外車	ダブル・トップスルスクーナー
ポーハタン	フリゲート	三八六五	蒸気外車	ダブル・トップスルスクーナー
ミシシッピ	フリゲート	三二二〇	蒸気外車	ダブル・トップスルスクーナー
マセドニアン	スループ	一七二六	帆装	シップ
サラトガ	スループ	八八二	帆装	シップ
サザンプトン	輸送艦	五六七	帆装	シップ
レキシントン	輸送艦	六九一	帆装	シップ
バンダリア	輸送艦	七七〇	帆装	シップ
サプライ	輸送艦	五四七	帆装	シップ

幕府は江戸から離れた浦賀や鎌倉での交渉を提案したが、ペリー提督は江戸に近いところを要求して頑《がん》として聞き入れなかった。幕府は急遽、神奈川宿対岸の横浜村を提案し妥協を図った。当時の横浜村は東海道神奈川宿から離れた半農半漁の寒村であったが、ペリー提督は横浜の地が江戸に近く、錨泊水域も広く安全で、陸地も適当に広い場所であることから、この地を交渉地として承認、決定し、艦隊泊地を神奈川・横浜沖に移した。

　この泊地は、現在の横浜ベイブリッジ南西詰め沖から新子安方向に約一六〇〇メートル、開港資料館から約二六〇〇～二七〇〇メートルの距離であった。この位置は浦賀沖でもそうであったように、陸上砲台の射程距離外で、陸上砲台は艦載砲の射程距離内であった。

日米和親条約の締結

　横浜応接所は、久里浜に設けられた設備を解体し横浜に運んで組み立てたものであった。

　安政元年正月二一日（一八五四年二月一八日）ペリー提督は旗艦をサスケハナ号からポーハタン号に移した。

　二月一〇日（一八五四年三月八日）、日本側の幕府全権・林大学頭《はやしだいがくのかみ》（煒《あきら》）とアメリカ使節ペリー提督との間で第一回の会談が行われた。それから四回の会談を経て条約の交渉は妥結し、同年三月三日（一八五四年三月三一日）に調印が行われた。これが日米和親条約であり、一般に神奈川条約といわれるものである。

　この条約の主な内容は、下田と箱館（現・函館）の二港を開港し、薪水や食料などを供給すること、両港における一定区域内での自由な遊歩、アメリカ船の必需品の購入許可、遭難船員の救助、外交官（領事）の下田駐在などを規定したもので、外国人に対する従来の待遇を完全に転換した。しかし物品の取引には、なお日本の役人の仲介が必要であり、公の通商は日米修好通商条約を待たなければならなかった。

　この条約の締結によって、日本は長い間続けてきた鎖国政策から脱して二港を開港し、世界へ羽ばたくことになった。

下田追加条約の締結

およそ三か月間の神奈川・横浜の滞在を終えたペリー艦隊は、安政元年三月一八日（一八五四年四月一五日）初めて開港される下田へ向かった。次いで箱館に入港して付近の測量を行い再び下田に帰った。その際、ペリー提督は幕府と折衝のうえ、下田と箱館両港開港についての細目を規定した下田追加条約（日米和親条約付録）を締結した。これにより箱館は翌安政二年（一八五五）に開港されること、下田にアメリカ総領事館を開設することが決まった。

ペリー艦隊が下田港に停泊中の三月二八日（一八五四年四月二五日）午前二時頃、軍艦ミシシッピ号で一つの事件が発生した。二人の日本人がひそかに乗艦し、国禁を冒《おか》して密航を企てたのである。この二人の日本人は長州藩の吉田松陰《しょういん》と弟子の金子重輔《しげすけ》であった。その後、松陰は安政の大獄に捕われ、安政六年（一八五九）一〇月二七日、獄中で刑死した。

安政二年一〇月九日、阿部正弘は突如、老中首座を降りて堀田正睦《まさよし》に譲った。その真意は憶測の域を出ないが、溜間詰《たまりのまづめ》の井伊直弼らの勧言によるものではないかといわれている。

老中首座・堀田正睦

堀田正睦《まさよし》は佐倉藩主・堀田正時の季子《きし》（末っ子）として、江戸の屋敷で生まれた。文政七年、堀田家の家督を継ぎ正篤《まさひろ》と名乗った。正睦と改めたのは安政三年である。

文政一二年（一八二九）奏者番《そうしゃばん》となり、天保五年（一八三四）に寺社奉行を兼ねた。天保八年五月、正睦は大坂城代（赴任せず）に栄転、同一二年（一八四一）三月、老中となり幕政の中枢に座すことになった。時に正睦三二歳、老中首座は水野忠邦であったが、この年から始まった水野の天保改革は失敗に終わった。

天保一四年（一八四三）閏《うるう》九月、正睦は老中を辞した。その後を襲って二四歳の寺社奉行・阿部正弘が老中に抜擢され、その一〇数日後に水野が罷免された。

そして安政二年（一八五五）一〇月、阿部正弘の推挙により正睦は老中首座となった。

安政三年一〇月一日、将軍・家定に島津家から篤姫が輿入れするに当たり、「篤」の字をはばかって「正篤《まさひろ》」から「正睦《まさよし》」と改名した。

安政五年（一八五八）正月、日米修好通商条約締結の勅許を得るべく上洛し交渉に当たったが勅許は得られず、同年四月二〇日、江戸に帰着した。

その三日後の四月二三日、井伊掃部頭直弼《いいかもんのかみなおすけ》が大老に就任し、同年六月一九日、勅許を得ぬまま日米修好通商条約を締結した。

安政五年六月二三日、老中首座の堀田正睦はその責任を転嫁され罷免された。

大老・井伊直弼

近江国彦根藩主・井伊直中の子として生まれ、兄・直亮《なおあき》の死により嘉永三年（一八五〇）遺領を相続した。嘉永六年（一八五三）ペリー提督がもたらしたアメリカ合衆国大統領書簡に対する意見書では開国論を展開し水戸藩主・徳川斉昭と対立、溜間詰譜代《ふだい》の重鎮として将軍継嗣問題では南紀派として和歌山藩主・徳川慶福《よしとみ》を推挙し一ツ橋派と対立した。

安政五年（一八五八）四月二三日に大老となり、同年六月一九日アメリカ総領事タウンゼンド・ハリス（Townsend Haris）との日米修好通商条約調印を勅許なく締結した。その直後、無勅許調印の責めを負わせて老中首座・堀田正睦を罷免した。また、慶《よし》福《とみ》（家茂《いえもち》）を将軍継嗣に決定した。

その後、水戸藩主に密勅が下されたため、尊王攘夷派の志士を厳しく取り締まった。世にいう「安政の大獄」である。そのため安政七年（万延元年）三月三日の白昼、桜田門外で水戸、薩摩の浪士に暗殺された。享年四五歳。同年三月一八日「万延」と改元された。

下田にアメリカ総領事館開設

下田駐在の初代アメリカ総領事に任命されたハリスは安政三年（一八五六）六月、下田に来航し玉《ぎょく》泉寺《せんじ》に総領事館を開いた。翌安政四年五月二六日（一八五七年六月一七日）には下田奉行・井上信濃守清直《しなののかみきよなお》と下田追加条約を結び、日米修好通商条約へ向けての足がかりを作った。

横浜開港

安政五年六月一九日（一八五八年七月二九日）神奈川沖に停泊中のアメリカ軍艦ポーハタン号上で、日米修好通商条約が締結、調印された。

この条約に基づき、神奈川は一五か月後の安政六年六月二日（一八五九年七月一日）に開港されることになったが、開港場建設工事を開始したのは開港約定日の三か月前、安政六年三月になってからであった。

安政六年五月二八日（一八五九年六月二八日）、幕府は九万六千両（現価・約五七億六千万円）もの費用をかけて計画した横浜の整備が進んだので、この年の六月以降、横浜、長崎、箱館の三港においてロシア、フランス、イギリス、オランダ、アメリカの五か国と自由貿易を許可する旨を布告した。

翌五月二九日、横浜駐在アメリカ領事ドールは「横浜は大道より隔たり、交易を妨げる」として神奈川奉行に抗議、条約に決められている神奈川に固執して、神奈川高島台の本覚寺《ほんがくじ》にアメリカ領事館を開設した。

この状況は各国も同じで、イギリスは青木町の浄滝寺《じょうりゅうじ》、フランスは神奈川町の甚行寺《じんぎょうじ》（のちに慶運寺《けいうんじ》）、オランダは神奈川新町の浄仏寺《じょうぶつじ》（のちに長延寺《ちょうえんじ》）を借りて本格的な外交事務を開始した。

同年六月二日（一八五九年七月一日）横浜は開港された。ちなみに、安政七年（一八六〇）正月一日の横浜居留地の外国人は四四名で、オランダ人一〇名、イギリス人一〇名、アメリカ人一五名、フランス人一名、その他八名であった（横浜市史・資料編による）。

第四章

日米修好通商条約と遣米使節随伴艦の選定

日米修好通商条約締結と遣米使節の発令

安政五年六月一八日（一八五八年七月二八日）の深更、神奈川（横浜）沖に停泊中のアメリカ軍艦ポーハタン号の近くに幕府軍艦・観光丸が投錨した。観光丸には条約調印委員の下田奉行・井上信濃守清《きよ》直《なお》、海防掛目付・岩瀬肥後守忠震《ただなり》が乗っていた。

翌六月一九日（七月二九日）アメリカ総領事タウンゼンド・ハリスと幕府委員との間で日米修好通商条約が調印された。

この条約は一四か条からなり、その内容は両国の親睦を図り両国官人を交換派遣すること、長崎と箱館のほかに神奈川、兵庫、新潟の諸港を開き追って下田を鎖すこと、運上のこと、貨幣に関することなどであった。そして最後の第一四条に「日本政府より使節を派して米国華盛頓《わしんとん》に於いて本書を交換すべし」とあり、条約の批准書交換はワシントンで行い、そのために日本から一年以内に使節を派遣することが決められた。

その後、岩瀬忠震は七月八日付で新設の外国奉行となり日蘭、日露、日英、日仏の各修好通商条約の交渉に当たり調印者となった。ところがこれらの外交問題が片付くのを待っていたかのように九月五日、作事奉行という閑職に左遷され、幕府の政治と外交の表舞台から姿を消した。

安政五年八月二三日、遣米使節として外国奉行・水野筑後守忠徳《ちくごのかみただのり》、同・永井玄蕃頭尚志《げんばのかみなおゆき》、目付・津田半三郎、同・加藤正三郎の四名が発令された。

長崎海軍伝習所の閉鎖

安政六年二月六日（一八五九年三月一〇日）、海軍伝習中止の命令を長崎奉行所より受けた伝習所総督・木村図書《ずしょ》（喜毅《よしたけ》）は、翌七日オランダ教師団指揮役カッテンダイケを呼び出してその旨を伝えた。二月八日には奉行所を通じてオランダ領事に伝えられた。一〇月一〇日（一一月四日）にはオランダ教師団が長崎からバタビアに引き揚げた。長崎海軍伝習所の海軍教育は、江戸築地の講武所内に設置されていた「軍艦操練所」が引き継いだ。軍艦操練所は安政四年四月（一八五七年五月）に開所した幕府海軍の教育、訓練施設であった。

佐賀藩は長崎伝習所廃止についての情報は早くから入手していたという。佐賀藩主・鍋島直正は江戸に出府の折、懇意の間柄であった大老・井伊直弼《なおすけ》を訪問していた。話が長崎海軍伝習所に及んだ時、大老から「追って、海軍伝習を江戸に興し、長崎伝習は金が掛かるから止める」との意向を聴いた。鍋島は「長崎防備のために海軍伝習は自藩で続けたい、それには船が入用ゆえ観光丸修繕の上は佐賀へ貸与を願いたい」と述べたところ、大老はこれを許可したという。

安政五年六月一九日、岩瀬と共にアメリカ軍艦ポーハタン号上で日米修好通商条約に調印した井上清直は永井と共に外国奉行をはずされ、政治や外交とは無縁の小普請《こぶしん》奉行に左遷された。

別船仕立て

安政五年八月二三日に遣米使節が発令された直後、使節四名は連名で『亜墨利加《あめりか》国へ別船仕立之儀申上候書付』を老中に提出した。別船仕立とは、遣米使節一行の送迎はアメリカ派遣の軍艦によるが、その際、日本側からも別に一隻の軍艦を仕立てて同行させようという案である。

その理由は人数の問題である。ハリスが下田奉行・中村出羽守を通じてアメリカ軍艦を利用する使節一行の総数を問い合わせたところ、幕府は約八〇名と返答した。八〇名という数字はかなり切り詰めた数字であった。使節四名の供揃いを正式に整えるとかなりの人数になり、一隻の船では到底収容できないからである。連絡を受けたハリスは、身分のある武士たちにはそれ相応の部屋を提供しなければならないが、従者たちには他のスペースを検討すればよく、この人数はやむを得ないと考えていた。

別船仕立之儀申上候書付はこの悩みを解消するために、日本側から別船一隻を仕立てて使節の人数の一部とその荷物を収容して、迎えのアメリカ軍艦の負担を軽くしようというものであった。

しかし、これは「建前」であって、「本音」は別のところにあった。

その第一は、日本には軍艦があり、それに乗る人もいる。何から何までアメリカの世話になるのは後々まで日本の名にかかわるので誠に残念である。軍艦操練所教授方の者たちに遠洋航海を経験させながらアメリカに渡らせればよい。第二は、彼らがアメリカに行って海軍の本質、つまり軍艦や法制などを実地に見聞、研究することによって幕府海軍の建設を捗《はかど》らせる効果がある。というものであった。

これに対し、老中側の反応は「海軍伝習を始めて三年そこそこでは、まだ技術は総てにおいて未熟で大洋航海は甚だ危険である、もう一度考え直せ」ということであった。

ところが四名は、「少しも屈服しない、此《この》航海については既に練習によって得たる用意を述べて」（文倉平次郎『幕末軍艦咸臨丸』より）翌九月、再願書を提出し、老中の指摘する航海技術全般についての意見を述べ、「彼我の類により、あながち安危の差別は定め難く存じ奉り候。之に依《よ》って御書取返《かきとりかえし》上、此《こ》の段申上げ候。以上」と結んでいる。「大洋上で大時化に遭遇し危殆《きたい》に瀕した時は、アメリカと日本の差別なく同じ運命になるのだ」と、気迫のこもった激しい口調の再願書で、書取を老中側に返上したのである。

当時、老中・間部下総守《まなべしもふさのかみ》（詮勝《あきかつ》）は大老・井伊直弼の命を受けて日米修好通商条約調印の天皇の裁決と将軍継嗣問題で上洛していたが、その裏では井伊大老の右腕として梅田雲浜《うんぴん》、橋本左内など尊王攘夷派の志士逮捕の指揮を執っていたのである。

このように、安政五年九月は安政の大獄が始まった月であり、老中たちにとっては「別船仕立の儀」どころではなかったはずである。ところが再願書に対する返答はきちんと為《な》されていた。『幕末外国関係文書之二十一』によれば、「九月十日、外国奉行並に目付上申書、老中へ米国へ別船仕立の件」と記載してあり、そこには蒸気船一艘《そう》を別段仕立てることは「可被差遣候《さしつかわさるべくそうろう》」と明快に認めたのである。

三度変更された随伴艦

朝陽丸に決定

安政六年八月二七日、永井玄蕃頭は作事奉行に左遷されていた岩瀬忠震と共に「永蟄居《えいちっきょ》」という最も重い処分を受け幕府外に追放された。ちなみに永蟄居とは終身、出仕および外出を禁じ一室に謹慎させる刑である。

永井は当時、軍艦奉行であったが、免職のうえ禄を召し上げられ、しかも終身蟄居しなければならない境遇となった。永井と岩瀬の二人が特に重罰を受けた理由は将軍継嗣問題で、井伊など紀州派が推す慶福《よしとみ》（家茂《いえもち》）に反対する一ツ橋派に属し慶喜《よしのぶ》を推していたことと、井伊の大老就任にも目付の分際で反対していたことによる。

水野忠徳も一ツ橋派であったが岩瀬や永井のように過激な行動をとらなかったことと、一時に有能な外務官僚を失うことを避けるため、外務事務のベテランである水野を軍艦奉行として幕閣の中に留めたのである。

一方、批准書交換のための使節を一年以内に派遣するという約束の日はすでに過ぎており、迎えに軍艦ポーハタン号を派遣するというアメリカ側の通知を受けた幕府は、改めて正使を発令せざるを得ない事態になり、随伴艦のことも論議されるようになった。このとき、その実現に動き出したのは軍艦奉行の水野忠徳であった。

この頃、正使に「疾病」または「不測の事態」が発生した場合、別の船に副使を乗せておいて、その事態に対処するということに議論が絞られてきた。そして、その副使には軍艦奉行が当たることが決まった。

安政六年九月一日、改めて遣米使節に新見豊前守、村垣淡路守および小栗豊後守の三名が任命され、待機を命じられていた。水野、永井ら四名は使節を取り消された。

九月一〇日、新設の軍艦奉行並《なみ》（副軍艦奉行）として長崎海軍伝習所の三代目総督であった木村図書（喜毅）が発令された。禄高は五百石から千石になった。ちなみに、長崎海軍伝習所の初代総督は永井尚志、二代目は暫定的に伝習所総督を兼任した長崎奉行・岡部長常である。

一〇月六日、勝麟太郎の手になる随伴艦の具体案が正式に水野軍艦奉行に提出された。

その内容は「この儀（別船仕立）必定《ひつじょう》すべし、予めその用に当るべき軍艦並びに乗組の人員、食料薪水等目算すべきとの事なり」（勝海舟『海軍歴史・明治百年史叢書第四十三巻』より。以下『海軍歴史』と表記する）とし、まず随伴艦の選定について述べている。これを要約、意訳すると次のとおりである。

いま品川沖の在泊船は観光《かんこう》丸、朝陽《ちょうよう》丸、蟠龍《ばんりゅう》丸および鵬翔《ほうしょう》丸の四隻であり、各船の主要目は次のとおりである（要目は造船協会編『日本近世造船史』による。長さの単位はメートル、トン数は総トン数）。

【観光丸】木造外車船、約四〇〇トン、長さ約五九・二、幅約九・一、一五〇馬力一基、三檣トップスルスクーナー、オランダから幕府に献上、原名スンビン

【朝陽丸】木造螺旋船、約三八〇トン、長さ約五〇・九、幅約七・三、一〇〇馬力一基、三檣トップスルスクーナー、オランダ製、咸臨丸と同型船、オランダで建造

【蟠龍丸】木造螺旋船、約三七〇トン、長さ約四一・一、幅約六・七、一二八馬力一基、三檣トップスルスクーナー、イギリスで建造、原名エンペロル

【鵬翔丸】木造帆船、約三四〇トン、長さ約三六・六、幅約七・六、三檣バーク、イギリスで建造、原名カタリナテレシヤ

この四隻のうち遠洋航海ができるのは観光丸と朝陽丸の二隻である。観光丸は外車船（外輪船ともいう）で、船体の大きさからも外車船ではその取り扱いが不便であり、荒海の大洋航海には不向きである。一方の朝陽丸は螺旋（スクリュー）船であり、遠洋航海は長い距離の帆走が見込まれるので、長期航海にはプロペラ推進機器が適しているという世界の趨勢から、アメリカ軍艦の随伴艦は朝陽丸と決定する。水野海軍奉行もこの案を良しとしたので乗組員以下、薪水、食料、石炭から航海に必要なすべての事物を書き上げて提出した。

勝は永井とは長崎伝習所創設以来の密接な関係にあったが、水野とも彼が安政四年、二度目の長崎奉行当時に接触して以来、書簡を通じてその関係を保っていたのである。

これを機に乗組員による朝陽丸の本格的な整備作業が始まった。ところが一〇月二八日になって突如、水野は閑職の西丸留守居《にしのまるるすい》に転じた。

一〇月は、安政の大獄も大詰めを迎え、月初には橋本左内、頼三樹三郎《らいみきさぶろう》が処刑され、月末には吉田松陰も首を刎ねられるという血なまぐさい月であった。

朝陽丸から観光丸へ

この頃から幕閣の動きが急となった。それらの動きを、木村の勤務日記『木村摂津守喜毅日記』（以下『木村日記』と表記）で見てみよう。

十一月朔日　右京亮《うきょうのすけ》殿　下総守《しもふさのかみ》殿へ御逢申候

十一月四日　井上信濃守《しなののかみ》御軍艦奉行仰せ付けらる。

十一月七日　咸臨丸乗組長崎へ差遣わさる者共御褒美願壱通、亜行乗組姓名書伺壱通、石炭運輸見込伺壱通、信州一同下総守殿へ御直上。

十一月十三日　別船の儀御催促《さいそく》、右京亮殿へ御逢い相願。

十一月十六日　亜行並びに崎行の者に内意申達する様、麟太郎へ申談ず。

十一月十八日　軍艦奉行井上信州（清直）氏いわ

く、朝陽丸は船形小にして荷物乗組充分ならず、観光丸はやや大形なり、これを以てこの航海にあつべきとの事なり。

これを解説すると

一一月一日　若年寄《わかどしより》・敦賀藩主酒井飛騨守《ひだのかみ》と老中・間部《まなべ》下総守にお会いした。

一一月四日　井上信濃守が軍艦奉行になった。（ここで、小普請奉行に左遷されていた井上が軍艦奉行になったのは岩瀬、永井が去り、水野までが去ると、幕府内に外務事務に精通する人材が不足することに対する配慮と思われる）

一一月七日　（長崎在泊中の）咸臨丸へ乗り組むために長崎へ派遣される者たちへの褒美願一通、アメリカへ行く（朝陽丸）乗組員名簿の伺書一通、石炭の必要見込み伺書一通が井上信濃守から老中・間部下総守の手許に提出された。

一一月一三日　別船の件につき催促のため若年寄・敦賀藩主酒井飛騨守《ひだのかみ》に会ってお願いした。

一一月一六日　アメリカ行き（朝陽丸）、長崎行き（咸臨丸）の者たちに乗艦を内示するよう、勝麟太郎に話した。

一一月一八日　軍艦奉行・井上清直より「朝陽丸は船形が小さく、荷物や乗組員を十分収容できない。観光丸はやや大形であるから、この航海には観光丸を充当せよ」との達しである。

この突然の変更に勝は言葉を失った。外車船よりスクリュー船の方が外洋の航海に適していることも知らないで、一回り船形が大きい（朝陽丸は三八〇トン、観光丸は四〇〇トン）というだけの素人判断で簡単に変更されてはたまらない。しかも軍艦奉行が更迭されて間もないこの時機の変更は、勝には予想外の出来事であった。勝は、前軍艦奉行・水野忠徳の別船に対する強引な手法が幕府内、特に勘定所内から強い反発を招いていたことは承知していたが、これほどまでとは思わなかった。このままでは、いったん決まった朝陽丸のアメリカ派遣の実現も危うくなるかも知れない事態に、勝は新軍艦奉行・井上清直の苦衷を察し、やむなくこの変更に従った。

しかし、朝陽丸の整備に精出していた士官はじめ乗組員たちの憤懣《ふんまん》は極度に達した。勝はその説明と説得に必死であった。その努力の結果、やっと朝陽丸から観光丸の整備に切り替えることができた。

それから五日後、木村は老中三河西尾藩主・松平和泉守から江戸城西丸に出頭するよう書面で通達を受けた。(『木村日記』)

御用の義之《これ》有り候間《あいだ》　明廿四日四時
西丸へ罷《まか》り出らる可《べ》く候
以上
十一月廿三日　松平和泉守

そのときの状況を木村は次のように書き留めている。(『木村日記』)

十一月廿四日
寄せ書御廻り之節桔梗之間《ききょうのま》へ相越居り
掃部頭殿御老中方御列座
和泉守殿左之通り仰せ渡され候《そろ》
亜墨利加国江御用の為差遣《さしつか》わされ候間《あいだ》
用意致す可《べ》く候

江戸城西丸の桔梗之間に赴いた木村は大老・井伊掃部頭以下、老中居流れる中で、松平和泉守よりアメリカ派遣につき、その用意をするよう達せられたのである。

同日、操練所においても乗組員名簿が発表された。次いで一一月二八日には正使一同と同時に次の発令があった。(『木村日記』)

十一月廿八日
新見豊前守　村垣淡路守　木村摂津守

小栗豊後守　森田岡太郎　勝麟太郎
亜墨利加国へ御用の為罷り越候に付き御暇仰
せ出ださる

木村図書はこの日、軍艦奉行に昇進し、木村摂津《せっつの》守《かみ》喜毅《よしたけ》と名乗り、副使としてアメリカに渡ることになった。禄高も千石から二千石に加増された。

勝も宿願を果たすことになったが、草創期の幕府海軍にはまだ職制もなく、勝の職名は船将（艦長）ではなく軍艦操練所の「教授方頭取」のままで、俸給は伝習所時代の百俵扶持から二百俵一五人扶持と約二倍になったが、木村の二倍とは比べるまでもなかった。このあたりの処遇に対する勝の不満は後々まで尾を引くのである。

観光丸から咸臨丸へ

勝が必死になって士官、乗組員を説得し、改めて随伴艦になった観光丸の整備を進めている最中《さなか》、突然、観光丸から咸臨丸へと変更になった。二度目の変更である。

その経緯を『海軍歴史』は次のように述べる。

十二月二十三日　同夜、官命神奈川に至る。云《いわ》く、観光丸を除き他の軍艦を以て航すべきの命なり、終《つい》に咸臨丸を以て航行用とす。（今歳此の咸臨丸長崎よりここに来たり当時神奈川に滞泊す）これ先日朝陽丸は長崎へ出航、今此の他航海に用ゆべき蒸気軍艦無きによる。

同二十四日　咸臨丸を以て観光丸と換ゆ。

同二十五日　品川へ帰港、此の日より損破を修理し、索具弛緩《さくぐしかん》を固定し船内所々を改整す。この行出帆余日無きを以て、昼夜を分たず皆促成に係るを以て、洋中大風怒涛起り船動揺甚だしき時に到りて数所を損破し鋲打《びょううち》皆弛緩す。以て後来の警戒となすに足れり。

最初は朝陽丸に決まり、次いで観光丸に、さらに咸臨丸に変更した別船（随伴艦）の件に関し、勝はその心境を『勝義邦航米日記』（東大史料編纂所所蔵）のなかに記している。

> 咸臨丸に換《か》ゆ。初め亜行別船之説ありしより、我、車輪船（外輪船）よりは螺旋機関の方《ほう》航海に便なりといって其の利害得失を弁ずることしばしばなりしに、水野筑州（筑後守）軍艦奉行たりし時此の利害を会得《えとく》し、若し亜行定まりなば朝陽艦を以て其の用に充《あ》つべし、あらかじめ修理し置くべき旨なりしかば、水夫、火焚《かまた》き、士官等をして其の機関より索具内外の修復大かた残る処なく出来せしめたりしに、俄かに観光艦然るべしとの議再び起り、其の機会に強く論じたりとも聞かるべからざるを推《お》せし故、其の儘《まま》其の説に従い、同船修復当歳を限り諸卒を勉励せしめ、漸《ようや》く成功に近きに到りしに、今又《いままた》亜人の説に忽ち咸臨船となりしかば、従来莫大之《ばくだいの》費用と時日を失い修理せし二船（朝陽と観光）忽《たちま》ち無用となり、水夫等其の使役之甚だしきと反覆常なきことを憤り、怨言《えんげん》耳に満ち嘆願日々起り、何とも為すべからず。

安政六年一二月二〇日（一八六〇年一月一二日）、日本使節迎えの軍艦ポーハタン号が横浜に入港した。同月二三日、外国奉行・新見豊前守、軍艦奉行・木村摂津守、目付・小栗豊後守、教授方頭取・勝麟太郎たちは蟠龍丸で神奈川に赴き、アメリカ領事ドールおよびアメリカ海軍大尉ジョン・M・ブルックらと、遣米使節一行の出航日時などを協議した。通弁役は中浜万次郎であった。その席でブルック大尉からは

> 観光丸では構造上おそらく遠洋航海は難しいだろう、他の軍艦にしてはどうか。

との意見が出た（ジョン・M・ブルック『横浜日記』）。前記「亜人の説」はこのことを指し、軍艦奉行・木村摂津守はその意見を容れ、一二月二四日（一八六〇年一月一六日）観光丸から咸臨丸に変更したのである。

また、咸臨丸に変更の理由として『幕末軍艦咸臨丸』は、井伊大老と佐賀藩主・鍋島直正《なおまさ》（閑叟《かんそう》）との間に「観光丸御預け」の密約があったことを次のように記している。

この艦（観光丸）は当時鍋島直正から井伊大老に借受けの事を相談中であったが、大老の承諾があったので、十二月二十八日には松平肥前守へ御預けの書付が下った。かかる内約のあった事が軍艦奉行に知れたので、観光丸の派遣が取り止めになったのである。

ともあれ、この咸臨丸への変更に対し、勝をはじめ士官たちは猛烈に反対した。

『海軍歴史』は次のように言う。

若し今米人等の説によりて他の軍艦（咸臨丸を指す）と為《な》さば万事甚だ不都合ならん。将《は》た此の船航海に難《むずかし》からんと云わばその説何によりて然《し》か云うや、尤《もっと》も不審なり。既に先年蘭人等其の本国より数千里を航し来りしならずや、万一此の説の如くならば観光丸後来《こうらい》航海の議行われず終《つい》に廃物に到らん。しかず今一度米人に此の事を以て議せられ然るべきかという。

アメリカ人の説のとおりならば、観光丸は将来（後来）使いものにならず廃物になってしまうではないか、もう一度アメリカ人と折衝してしかるべきである、と憤懣をぶちまけている。

しかし、勝の要求は入れられず、随伴艦が咸臨丸に決定した直後、観光丸は佐賀藩に預けられて佐野栄寿左衛門《えいじゅざえもん》がその運航に当たった。佐野は長崎伝習所の一期生で後の常民《つねたみ》、赤十字社を創立したことで知られる。その佐野が故障の多い観光丸に苦しんだ話が『幕末軍艦咸臨丸』に載っているので紹介する。

幕府の軍艦観光丸に就いて一笑話あり（中略）今度幕府より軍艦観光丸を本藩に御預けに相成り其の受け渡しを長崎に於て致さるゝに就いては、長崎へは幕府の海軍方の手を以て、其方も江戸湾より同船に乗込み長崎に到り其の船を受取るべしとの事なり、仍《すなわ》ち江戸には僅か中三四日許《ばか》り滞在し、慥《たし》か三月十二三日頃拙者も観光丸に乗込たり、幕府から乗組の人々は先年長崎に於て共に海軍練習をなし互いに心易《やす》い人のみなり、軈《やが》て抜錨最早《もはや》遠州灘も通過したる頃機械方より釜に水の量少なく如何にも危険なりとて報告あるを以て種々取調べ見しに一向其の原因分明せず、（中略）此の故障の箇所はリエアト、ポンプと云ふ一方には蒸気を呼出し器械を運転し一方水を吸入して釜に送致する尤も肝要な機関部なり、（中略）観光丸大修繕のときに当り、リエアト、ポンプの底に薪の余燼《よじん》が挟まり込み居たる為め活動に故障を生じたることを発見せり、笑止《しょうし》どころか危険千万のことにてありし、然るに其の木片が何処より如何にして入りしやは更に不明なり。

ここで、もし勝の希望のように観光丸でサンフランシスコ航海を強行していたならば、どのような結果になっていたかは明白であろう。

軍艦・咸臨丸

主要目

咸臨丸の主要目については諸説（『幕末軍艦咸臨丸』所載、『日本近世造船史』所載、谷口海軍大将『咸臨丸に関する研究〔昭和七年九月十六日〕』海上自衛隊幹部学校蔵、『咸臨丸海を渡る』所載）があるが、これらを総合して検討すると次のとおりである。

長さ	一六七フィート（約五〇・九メートル）
幅	二四フィート（約七・三メートル）
機関	一〇〇馬力蒸気螺旋一基
艦種	木造、三檣ダブル・トップスルスクーナー・コルベット
排水量	六二五トン
総トン数	約三八〇トン

帆装

咸臨丸の帆装については、文倉平次郎が『幕末軍艦咸臨丸』に調査の結果を紹介して以来、ほとんど論議されていない。

なにしろ資料は皆無で、残っているものといえば、当時咸臨丸に乗り組んでいた運用方・鈴藤勇次郎が

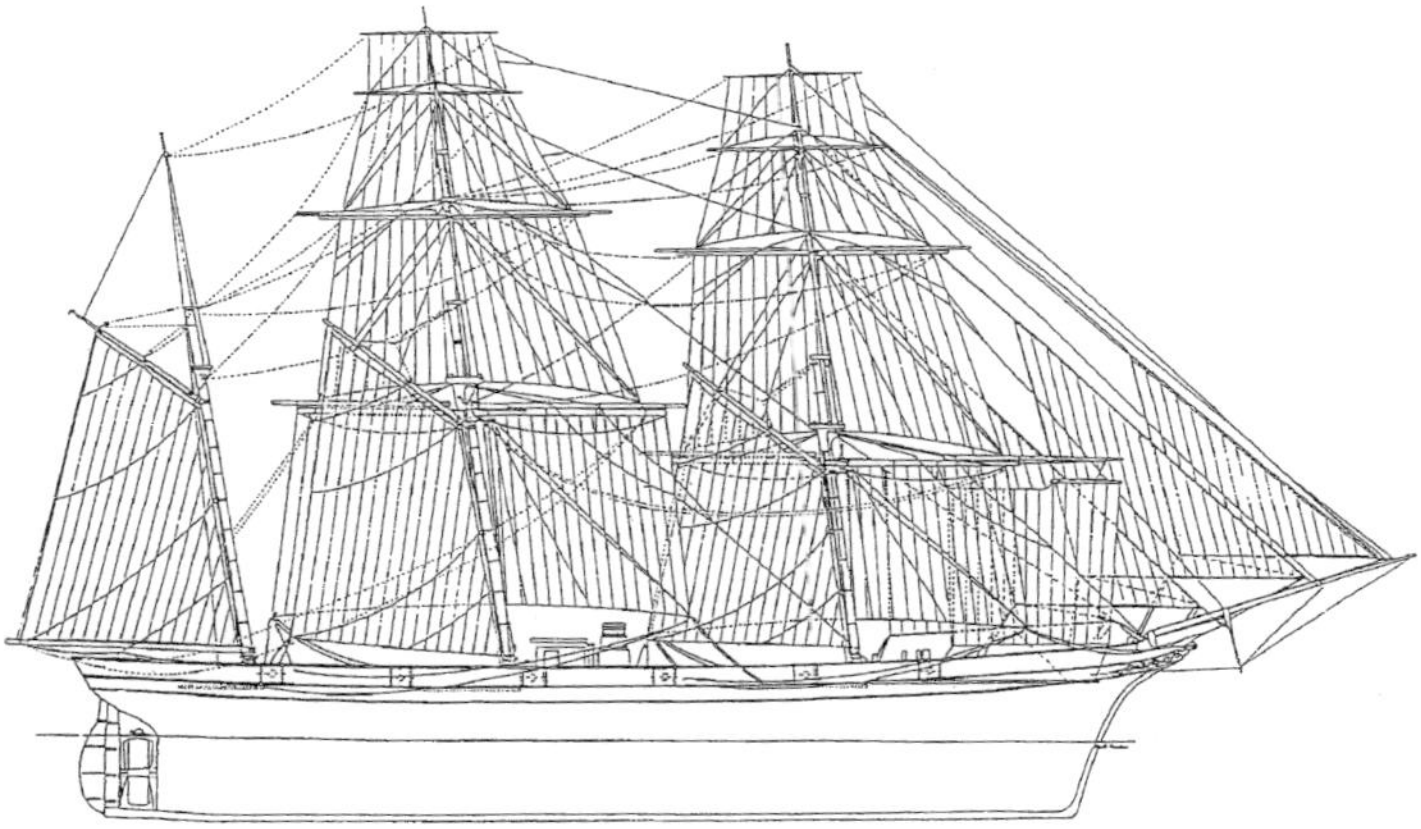

咸臨丸の帆装（3檣ダブル・トップスルスクーナー）

後にその難航の様子を画いて記念として木村摂津守に贈った「咸臨丸難航の図」や、乗組員の簡単なスケッチなどがあるくらいで、資料らしき資料はなかった。

ところが最近になって、オランダのロッテルダム海事博物館でヤッパン号（咸臨丸）の図面が発見され、また、新潟県糸魚川《いといがわ》市の旧家でリギン・プラン（帆装図）が発見されたこともあって、咸臨丸の帆装についてはほぼ解明されたといってよい。

咸臨丸の帆装形式について、文倉平次郎は『幕末軍艦咸臨丸』付録の「徳川幕府艦船譜」の序文に

> 徳川幕府は（中略）安政二年漸く海軍の必要を悟り、和蘭に船や兵器を注文し（中略）、スクーナー・コルベットやバーク船を所有するようになったのはこの時代からである。

と述べ、スクーナー船とバーク船を明らかに区別したうえで咸臨丸をスクーナー・コルベットと紹介している。

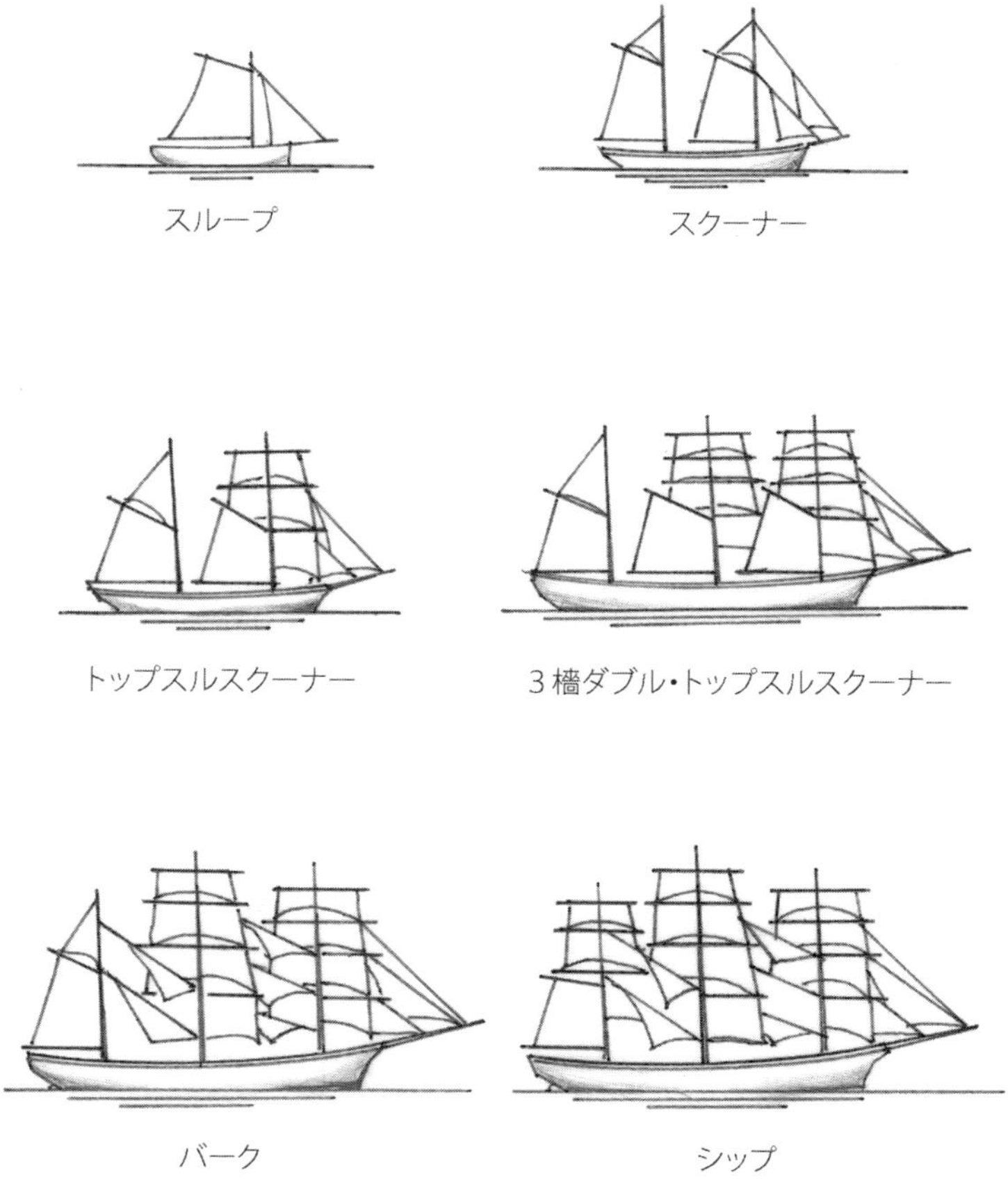
スループ
スクーナー
トップスルスクーナー
3檣ダブル・トップスルスクーナー
バーク
シップ

帆装形式

コルベットについては、藤井哲博が『長崎海軍伝習所』のなかで

オランダ海軍の艦級（レート）は、上から戦列艦・フリゲート艦・コルベット艦・スクーナー艦・ブリッグ艦という順序であった。咸臨丸・朝陽丸・電流丸は普通コルベット艦とされているが、この艦級をコルベット・スクーナー、あるいは単にスクーナーと呼ぶ人もある。（中略）スクーナーやブリッグの名称は、艦級なのか帆装（リグ）なのか注意すべきである。

と説明している。

また、逆井保治編『英和海事大辞典』（成山堂書店）によると「corvette：（古代の）コルベット艦（平甲板・一段砲塔の木造帆走軽巡洋艦）」とあるが、咸臨丸の艤装はまさに「コルベット」である。咸臨丸はスクーナー型コルベットであるところから、コルベット・スクーナーではなくスクーナー・コルベットと紹介したものであろう。

さらに、帆装についていえば、マストが三本で最前部マスト（フォアマスト）に横帆を装備したものを「トップスルスクーナー」といい、咸臨丸のように前部二本のマスト（フォアマストとメーンマスト）に横帆を装備したものを「ダブル・トップスルスクーナー」と呼ぶ。

咸臨丸の帆装の詳細は、巻末の資料に掲載した。

主機関

咸臨丸と同型船の「軍艦バリ、ボイラー室・エンジン室・プロペラ軸配置図」（一八五六年一月一〇日付）の図面によれば、クランクは二、クランクピンの位相差は九〇度であること、咸臨丸のエンジンは横置二気筒・筒装蒸気機関（ホリゾンタル・二シリンダー・トランク・スチームエンジン）一基を備えていたことがわかる。

この横置トランク型エンジンは、オランダ本国の特徴である浅水域を航行できるよう浅い喫水に設計されている関係で、復原性をよくするためにエンジン全体をなるべく水線下に収めようとすることで装

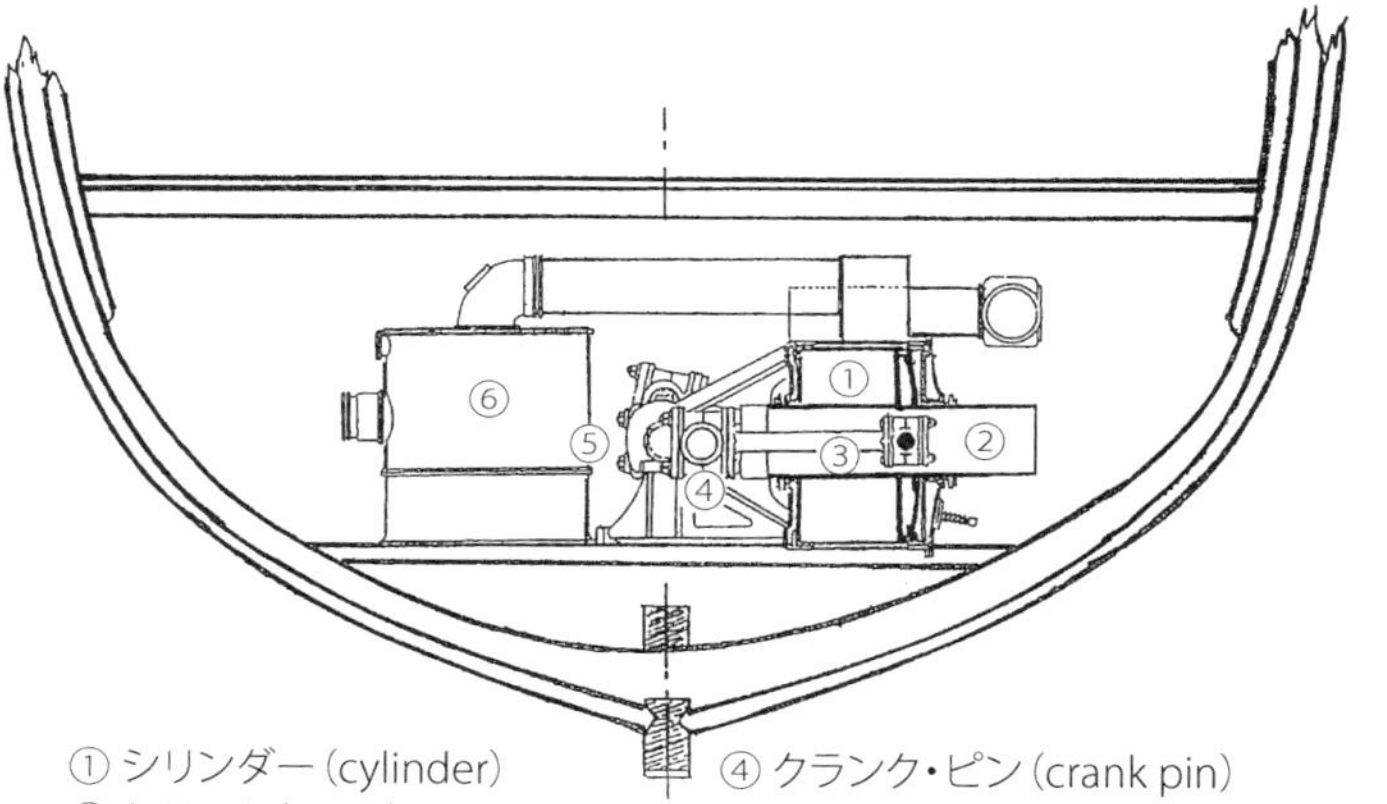

咸臨丸の蒸気機関（想定図）

備されたと思われる。こうして喫水の浅い船の復原力を高めようとしたため、あたかも〝起き上がり小法師〟のように横揺れが激しくなり、船酔いする者が多くなったのであろう。

また、エンジン回転数は五四回転であったが、浦賀に帰港する頃には三七〜三八回転にまで落ちていた。（『咸臨丸還る』より）

次に当時の蒸気エンジンのコンデンサー（復水器）について説明しておこう。

蒸気エンジンでは、シリンダーで働いた蒸気を冷却して水に戻し、ボイラーで再び加熱して蒸気にする。ジェームズ・ワット以来の初期のコンデンサーは、蒸気の中へ直接冷却水を送り込む噴射復水方式であった。ところが、海上の船では冷却水に海水を使わざるを得ないから、冷却される蒸気と冷却水の海水が混合しボイラーに塩が溜まって、頻繁にそれを取り除かなければならなかった。つまり、エンジンを長時間運転し続けることができなかったのである。

一八三四年イギリスのサミュエル・ホールがサー

フェスコンデンサー（表面復水器）を発明した。このコンデンサーは冷却水と蒸気を細いたくさんのパイプで分けるように工夫したもので、これによりボイラーには真水だけが使えるようになり、エンジンの長時間運転が可能になり、大洋航海ができるようになった。

また、この頃の蒸気エンジンは単式汽機（シングル・スチーム・エンジン）と呼ばれるもので、蒸気はボイラーからシリンダーに入り、そこでピストンを押し仕事をして直ちにコンデンサーに逃れる。つまり、蒸気はシリンダーで一回だけしか仕事をしないのである。時に二個以上のシリンダーを持っているものもあるが、蒸気は最初から分かれている。だから、蒸気はそれぞれのシリンダーに入り、仕事をする（膨張する）のはただ一回だけである。

ボイラー

咸臨丸と同型艦といわれる軍艦バリの図面から推定すると、ボイラーは角型煙缶戻火ボイラー（ボックス・スモークチューブタイプ・リターンチューブ・ボイラー）二缶を装備していた。

蒸気圧力については定かでないが、文献によれば開陽丸（オランダで建造）は二〇ポンド毎平方インチ（一・四一キログラム毎平方センチメートル）、千代田形（石川島で建造）は三八ポンド毎平方インチ（二・六七キログラム毎平方センチメートル）であったという。

当時のボイラーについても一言付け加えておきたい。

当時のボイラーの特徴は、低圧であったこと、海水を使用していたこと、さらに、当時は鉄板よりも銅板の方が大きいものが作れたこともあって、ボイラーは腐食しにくく、工作のしやすい銅板で作製されていた。

軍艦のボイラーは一八四〇年頃から箱形煙管式が用いられた。炉筒も四角で一缶に数個あり、この中で石炭を焚き、熱ガスは炉に続く燃焼室から多数の小さな煙管を通って前方の煙室に集まり煙突に逃れる。このようなボイラーを戻火《もどりび》ボイラー（リターンフレーム・ボイラー）という。

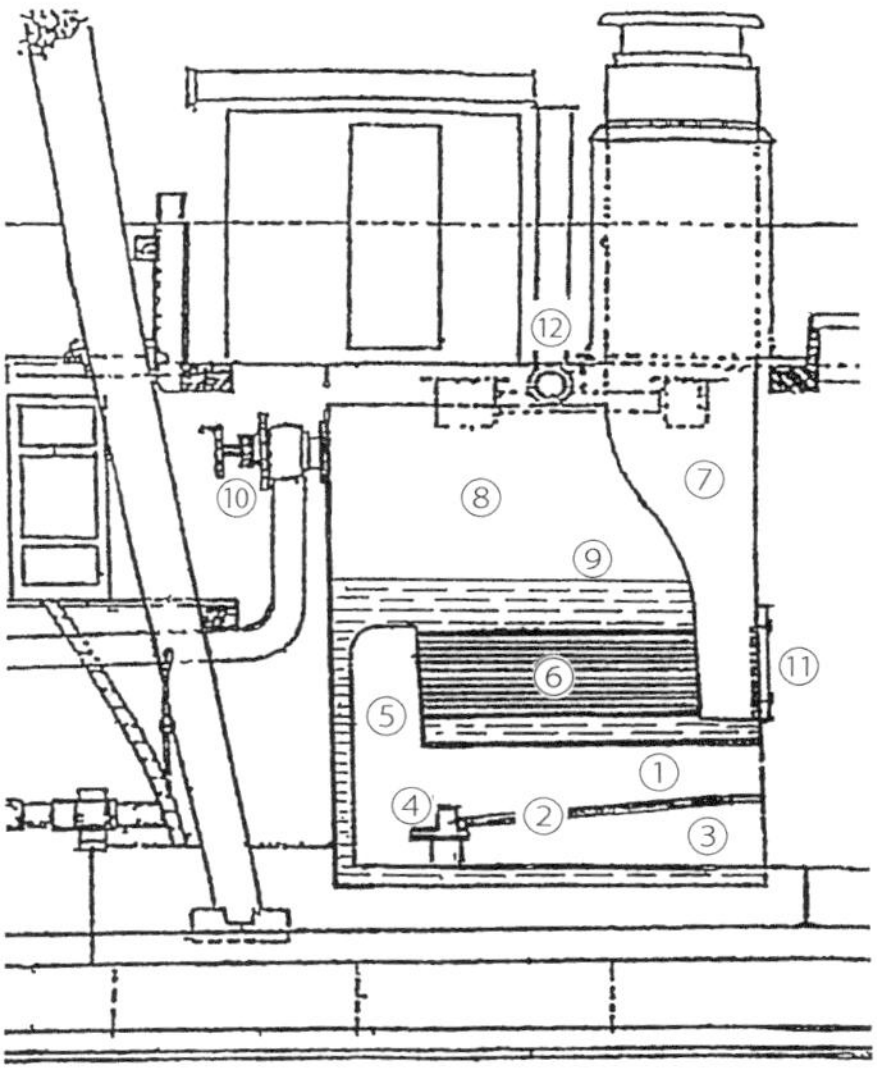

① 炉 (furnace)
② 火格子 (furnace bar)
③ 灰落 (ash pit)
④ 火堰 (furnace bridge)
⑤ 燃焼室 (combustion chamber)
⑥ 煙管 (boiler tube)
⑦ 煙路 (uptake)
⑧ 蒸気部 (steam space)
⑨ 水線 (water level)
⑩ 蒸気バルブ (steam valve)
⑪ 煙室ドア (smoke box door)
⑫ 炉ドア (furnace door)

側面図

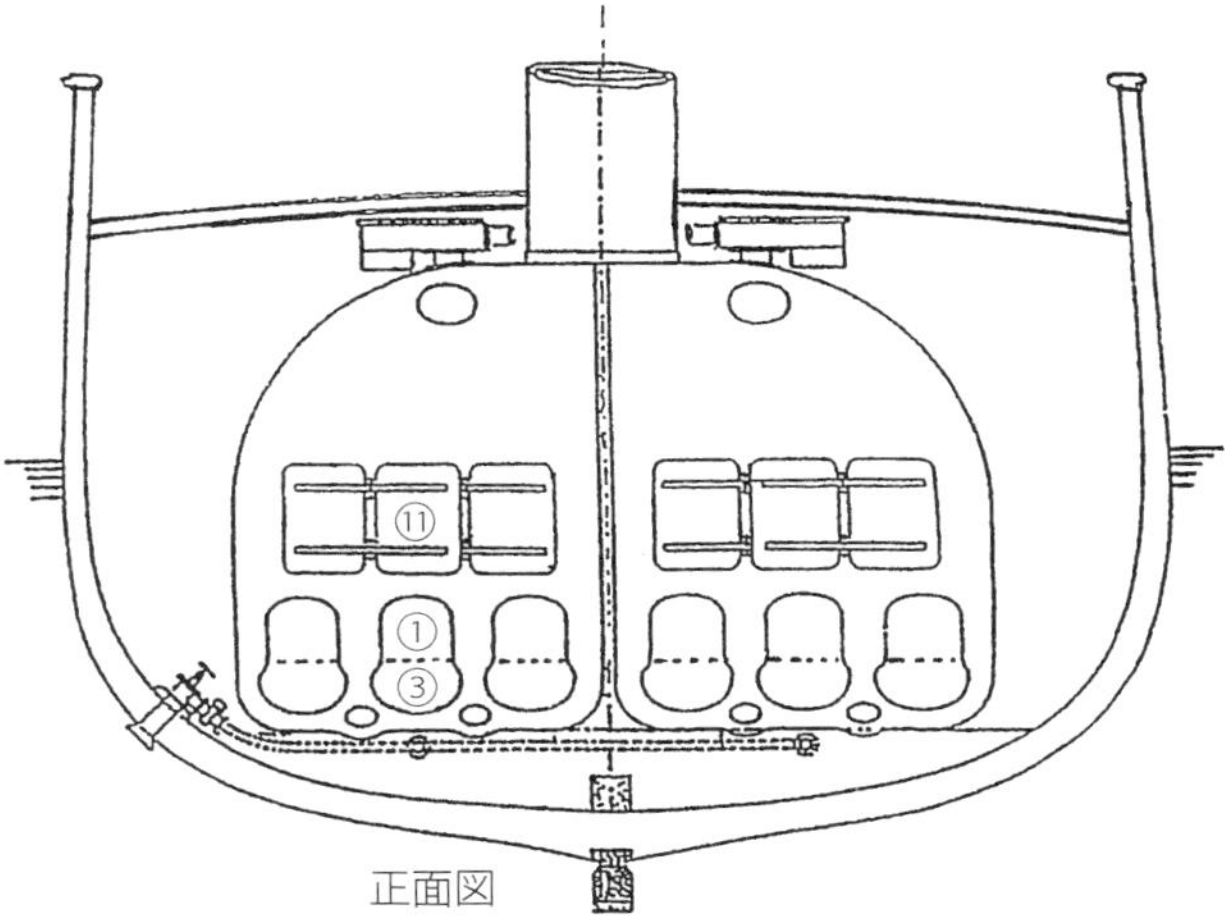

正面図

咸臨丸のボックス・ボイラー
(軍艦バリ号のボイラーから推定)

軸系配置

咸臨丸の軸系配置は次のとおりである。

①　プロペラ軸（プロペラシャフト）

前部軸と後部軸の二本の軸をクラッチ継手《つぎて》で接合してプロペラ軸を形成する。後部軸は船尾管と船尾材を貫通し、後端はプロペラ枠内のプロペラと嵌合する。前部軸はエンジンに接合している。

②　中間軸受

三個ある。プロペラ軸を中間で支える機構となっている。

③　スラスト軸受（推力軸受）

一八五六年建造のオランダ軍艦バリ号の「ボイラー室・エンジン室・プロペラ軸配置図」には主機関後方にスラスト軸受が認められる。

④　ターニングギヤ（回転歯車装置）

プロペラとプロペラ軸を着脱するためにはプロペラ翼が垂直に位置するようにプロペラ軸を手動で回転する必要があり、プロペラが実用化された段階で出現したと思われるが、バリ号には認められない。

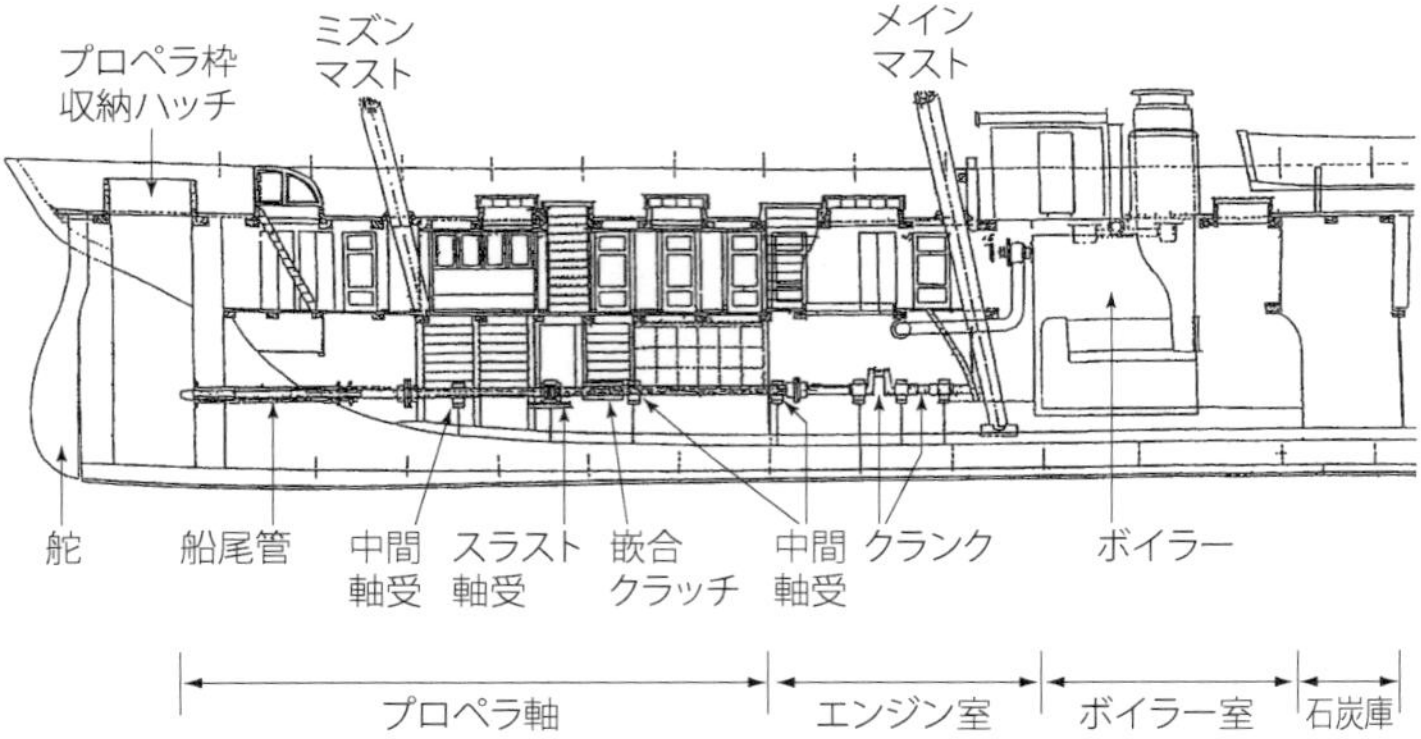

軍艦バリ号のボイラー室、エンジン室、プロペラ軸配置図
（1856年1月10日付 図面）

⑤　クラッチ継手

プロペラ軸を手動で回転させるためには、プロペラ軸と主機を切り離す必要があり、その機構がクラッチ継手である。バリ号にも認められる。

⑥　スクリュープロペラ

二翼構成でプロペラ枠に収まる。プロペラボスは枠の前後のプロペラ受で支えられている。ボスの前部にはV型の切り欠きがあり、プロペラ軸の後端の逆V型突起と嵌合する構造となっている。

船体艤装

咸臨丸は次のような船体艤装上の特徴を持っていた。

①　煙突（ファンネル）

ボイラーの煙突は三段の上下伸縮式（テレスコピック・ファンネル、自在式煙突）で、機関室でハンドルにより操作する。すぐ後ろの補助煙突は起倒式で、いずれも展帆時に邪魔にならないようにするためである。また、上下伸縮式煙突は煙突を高くすることによって排気効率を良くしている。

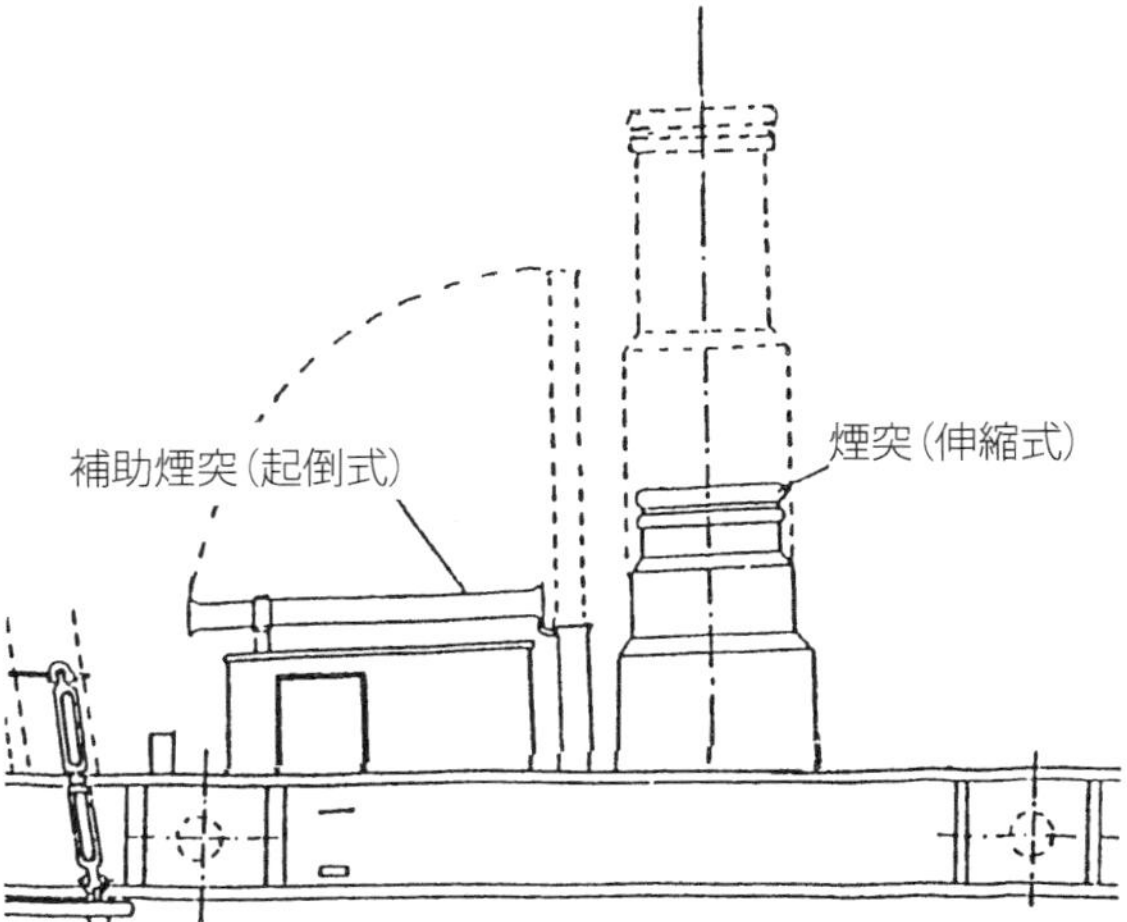

咸臨丸の煙突構造

② 操舵システム

舵柱（ラダーストック）にW型の舵柄（ティラー）が取り付けられており、舵柄索（ティラーワイヤ）は滑車とリーダーを通じて操舵輪（ステアリングホイール）に導かれている。

③ プロペラ枠収納ハッチとスクリュープロペラの着脱

船の推進装置は外車船からスクリュープロペラ船へと発達したが、当時の外洋船は帆走が主であり、汽走は無風の時とか港の出入の時に限られていた。

ところが、ここに一つの問題が生じた。それはスクリュープロペラ（以後プロペラとする）が水中にあるため、帆走中これが大きな抵抗となって帆走性能を著しく低下させたのである。

当時、帆走中のプロペラ抵抗の軽減策としては
（a）プロペラとシャフトを切り離し、プロペラ翼を遊転させる
（b）プロペラを水中から引き揚げる
の二つの方法が考えられていたが、咸臨丸は（b）

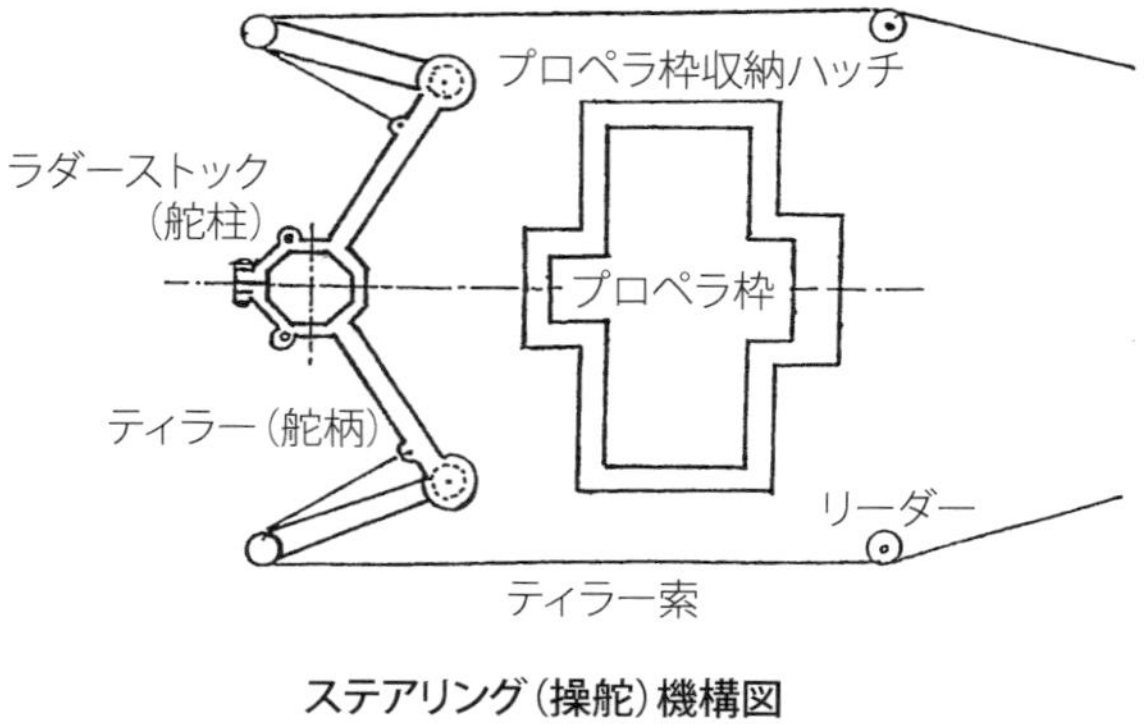

ステアリング（操舵）機構図

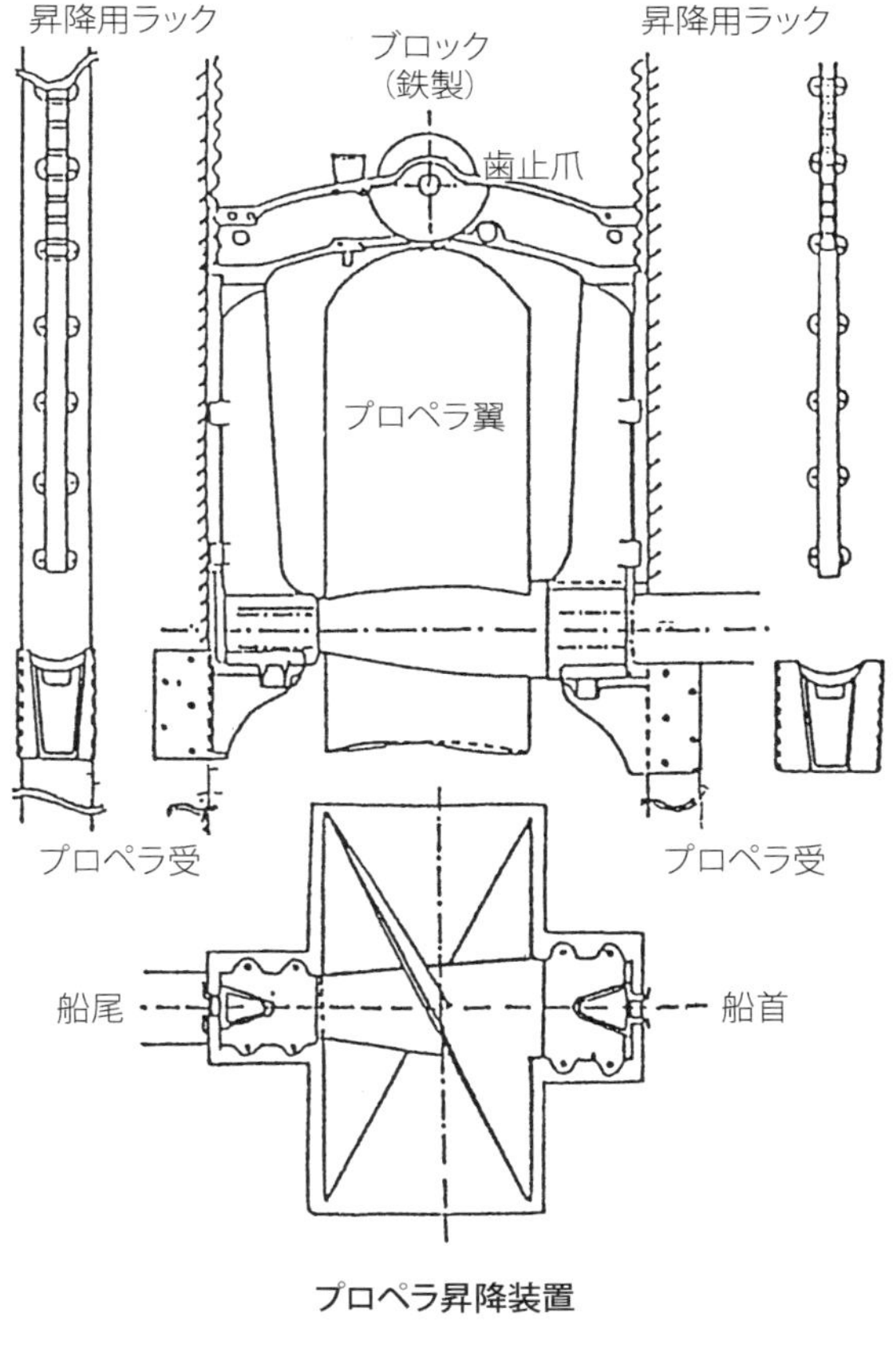
昇降用ラック
昇降用ラック
ブロック
（鉄製）
歯止爪
プロペラ翼
プロペラ受
プロペラ受
船尾
船首

プロペラ昇降装置

の方法がとられていた。
　その方法は、プロペラを昇降式の枠に収めて着脱する方式で、この枠を収納するハッチがプロペラ枠収納ハッチで、船尾材（スターンポスト）と舵柱（ラダーポスト）の間に設備され、プロペラ枠はテークルを使用して上下させた。（イギリス海軍ネイル中佐著、古川正雄訳『海軍兵学寮教科書、英式・運用全書図』明治四年（一八七二）官板より）
　プロペラは昇降用枠内に納められ、プロペラボス（推進器翼の基部）の前部でシャフトと嵌合《かんごう》されている。そして二枚のプロペラ翼が昇降用枠の上下位置になったときにプロペラ全体がシャフトから着脱可能となる。だから、プロペラ翼を昇降用枠の上下位置に止めたのち、プロペラ昇降用枠をテークル（滑車装置）で引き揚げるとスクリュープロペラはシャフトから完全に切り離される。
　プロペラ翼の位置調整は機関室内のターニング・ハンドルで行っていたと思われるが、その位置ははっきりしない。

咸臨丸乗艦者

咸臨丸乗組員

咸臨丸乗組員は次の人々で編成されていた。

軍艦奉行《ぐんかんぶぎょう》
木村《きむら》摂津守《せっつのかみ》（喜毅《よしたけ》）　二九歳　幕臣
教授方頭取《とうどり》
勝《かつ》麟太郎《りんたろう》（義邦《よしくに》）　三七歳　幕臣
教授方　運用方・鉄砲方
佐々倉《ささくら》桐太郎《とうたろう》　二九歳　幕臣
浜口《はまぐち》興右衛門《おきえもん》　三三歳　幕臣
鈴藤《すずふじ》勇次郎《ゆうじろう》　三三歳　幕臣
教授方　測量方・運用方
小野友五郎《ともごろう》　四三歳　幕臣　（笠間藩）
松岡磐吉《いわきち》　三〇歳（？）幕臣
伴《ばん》鉄太郎　三〇歳　幕臣
教授方手伝《てつだい》　運用方
根津欽次郎《きんじろう》　（？）　幕臣
教授方手伝　測量方

赤松大三郎　一九歳　幕臣
教授方　蒸気方
肥田《ひだ》浜五郎　二九歳　幕臣
山本金次郎　三三歳　幕臣
教授方手伝　蒸気方
岡田井蔵《せいぞう》　（？）　幕臣
小杉雅之進《まさのしん》　一七歳　幕臣
通弁役
中浜万次郎　三三歳　幕臣　（土佐藩）
公用方・操練所勤番
吉岡勇平　三〇歳　幕臣
公用方下役・操練所勤番
小永井五八郎　二九歳　幕臣
医師
牧山脩卿《まきやましゅうけい》　二五歳（松前伊豆守近習医）
医師見習
田中秀按　（？）
医師
木村宋俊《そうしゅん》　（？）（松平伯耆守付医者）
医師見習
中村清太郎　（？）
木村摂津守従者
大橋栄次　（？）（木村家家来）
福沢諭吉　二五歳　（中津藩）
秀島藤之助　（？）（佐賀藩）
長尾幸作　二四歳
（蘭医・坪井芳州門下生）
斎藤留藏　一六歳（鼓手）
勝麟太郎従者（一名・不詳）
鉄砲方小頭《こがしら》　兵吉、実次郎　（塩飽）
水主《かこ》小頭　仁作、音吉、善三郎、好平　（塩飽）
帆仕立《したて》役　政太郎、治作　（塩飽）
水主　二七人　（塩飽）
一五人　（長崎）
火焚《かまたき》　一五人　（長崎）
大工役　長吉　（伊豆）
鍛冶《かじ》役　菊太郎　（江戸・築地）
総人数　九四名

同乗者

咸臨丸のサンフランシスコ航海の水先案内役としてアメリカ海軍大尉ジョン・マーサー・ブルック（John Mercer Brooke）と彼の部下一〇名が乗艦した。その職名と氏名は次のとおりである。

製図士　エドワード・M・カーン（Edward M. Kern）
事務員　チャールス・ロジャー（Charles Rogier）
看護員　ルシアン・P・ケンダル（Lucian P. Kendall）
計器職人　チャールス・ファルク（Charles Falk）
掌帆手　チャールス・スミス（Charles Smith）
帆縫工　フランク・コール（Frank Cole）
操舵手　アレクサンダー・モリソン（Alexander Morrison）
水夫　ジョージ・スミス（George Smith）
水夫　アクセル・スメドボルグ（Axel Smedborg）
賄夫　ジェームス・バーク（James Burke）

結局、咸臨丸には総勢一〇五名が乗艦した。

ところが、ブルック大尉以下が案内役として咸臨丸に乗艦するまでには、いろいろなトラブルがあった。それは、この渡航は日本人だけの力でやりたいという意見が咸臨丸士官たちの間に強くあったからで、彼らが長崎海軍伝習所で学んだ知識と海上経験―わずか一年四か月であったが―の自負と、攘夷論が世上に広まってきたことなどによるものであった。教授方頭取の勝麟太郎にしても外国人の力は絶対に借りない、外蕃の力は借りないとまで言明していたほどであった。

一方、軍艦奉行・木村摂津守はその慎重な性格から、日本人だけの手でいきなりサンフランシスコまで航海するのは無理であると見て、早くから老中を通じてアメリカ公使ハリスに適当な案内者を依頼していたところ、推薦されてきたのがブルック大尉である。

ブルック大尉の咸臨丸同乗についての経緯および咸臨丸内での立場について知るには、ブルックが関係筋と取り交わした書簡（『万延元年遣米使節史料集成』第五巻所載）に詳しい。

日本、横浜
一八六〇年一月十九日

拝啓

ポーハタン号の出帆近きにより、小官の配下にある人員の帰国に関し貴下の御判断により適当な処置をとられんことをお願い致《いた》します。

フェニモア・クーパー号の乗組員の或者は只今《ただいま》ポーハタン号に乗組んでおりますが、彼等は皆サンフランシスコで特別の任務をもって乗船したものでありますから、出来るならば、彼等のうち希望する者を同港に連れ帰って除隊せしめるがよいと考えられます。

ポーハタン号が香港に行っている間に、私はソルバーン大尉カーン氏の助力を以て、この港の海図を作るのに必要な測量資料を蒐集しました。これは只今《ただいま》考慮されている神奈川外人居留地の計画に役立つものと存じます。

日本人達は蒸気船を一隻パナマへ送ることを計画し、その航海を援助させるためアメリカ海軍士官一名の同行を貴官に要請したと聞いております。貴官の御承認があれば小官は喜んでその任務につく覚悟であります。しかし、その場合、船の操縦に必要な人数の我が水兵を同行せしめることが賢明と考えられます。製図士のカーン氏は小官と同行を希望しており、彼の勤務は重要であると考えます。

敬具

測量隊指揮官大尉
ジョン・M・ブルック

合衆国蒸気軍艦ポーハタン号
提督ジョシア・タットナル殿

このブルック大尉の手紙に対し、ポーハタン号のタットナル提督は次のように返答している。

神奈川沖
合衆国蒸気フリゲート艦
一八六〇年一月二〇日

拝啓

今月十九日付の書簡拝見、貴下の配下にある人員を本官の判断によって処置するようとの要請を承知した。

日本政府は小官に対しパナマへの日本蒸気船の航海を援助するために一人のアメリカ士官の搭乗を要請し、特に貴下がその士官たるべき希望を表明しておるので、貴下の同意もあること故、本官は貴下を指名すると日本政府に通達した。

よって貴下は、この任務につくよう待機せられたい。

日本蒸気船には部下を引率して乗船したいという貴下の要請を承認し、フェニモア・クーパー号乗組員中より選択指名する権能を与える。

製図士E・M・カーン氏は貴下と共に日本蒸気船に乗組むことを命じる。

日本蒸気船にて必要としない貴下宰領の政府所有物は、なるべく早く本艦へ移動するよう命じる。

提督ジョシア・タットナル

指揮官大尉ジョン・M・ブルック殿

江戸湾
一八六〇年二月七日

拝啓

日本政府の要望により、又貴下の希望も考慮し、ここに日本蒸気艦咸臨丸のサンフランシスコ航海につき、その艦長に援助を与える目的を以て貴下に対し同艦に乗組むことを命じる。

平穏な航海を祈る。

東印度艦隊指揮より帰還中の
提督ジョシア・タットナル

指揮官大尉ジョン・M・ブルック殿

また、ブルック大尉は横浜を去るにあたり、次のような手紙を横浜奉行に出している。ブルック大尉の人柄を偲ばせる内容ではある。（書簡中の括弧内は筆者）

横浜
一八六〇年二月七日

拝啓

私はフェニモア・クーパー号乗組士官水兵一同にかわって、久しい間日本人各位より受けた数々の御親切に対し心から感謝の意を表明いたしたいと存じます。

私達《たち》の乗組む日本政府の蒸気艦は既《すで》に到着し、私達《たち》は間もなくアメリカにむけ日本を去ります。しかし帰国の喜びも多くのよき友と別れる悲しみにより曇らされます。

私は幸運にも日本の海岸を訪れ、日本人に接する機会につき誰よりも多くめぐまれておりますが、私の見た限りにおいては、日本人はその感情の高雅なことや不幸な人々に対する同情などの美点について、他の如何なる人々よりもすぐれていると思います。先日の横浜の大火における役人や一般日本人の行動は、この事実を最もよく実証しています。

私共は政吉という日本生まれの者を横浜に残して参ります。彼は難破した日本船より米国船に救助されたので、ハワイ諸島よりフェニモア・クーパー号にて当地に連れ帰られた者であります。

私は政吉を正直で忠実な男として日本官憲に推薦申上げます。彼には仕事の報酬としてアメリカ政府より四七七分（一一九両一分）が支給されることになっております。政吉がその金を保持し得、またよい待遇を受けるであろうという奉行及び副奉行の保証の書面は、大変私を喜ばせるものであります。というのは、それによって私は政府に対し彼の権益に充分心をつくしたこと、及び彼が帰国したのは賢明なことであったことを証明出来るからであります。

外国人は目上の人に対する尊敬の表現や、同等の人に対する礼儀が日本人と非常に異なるのでそれに長年なれてしまった政吉は厳格な行儀を忘れがちで、或は無礼にみえる事があるかもしれません。もしそのような事がありましたら、何卒御斟酌いただきたく存じます。政吉は真実に母国を愛し、日本の役人と掟を深く尊重しております。

次に米国帰化市民ジョセフ・ヒコも御考慮にとめられるようお願いいたします。彼は私と共にフェニモア・クーパー号で合衆国をたち、日本まで行動を共にする筈《はず》でしたが、途中、健康の都合で大型の船に乗りかえる事を余儀なくされました。

彼はアメリカに多くの有力な人を友人として知っております。その人達は日本における彼のことにつき何事によらず深い関心をもって聞きたがっております。

最後に私は国内においても、国外においても、いつも日本人のために尽すことは私の最も喜びとする所であると申述べたいと存じます。

敬具

米国海軍大尉

ジョン・M・ブルック

横浜奉行尊下

この手紙に、水野筑後守と加藤壱岐守は連名でブルック大尉に対し、政吉を家族に引き渡すこと、彼の報酬全部を所持させることを約束するとともに、ブルック大尉の親切により政吉が無事日本に帰れたことを感謝する内容の返信をしている。

ジョセフ・ヒコと政吉

ジョセフ・ヒコは本名・浜田彦蔵、播磨出身の前漂流者で、アメリカに帰化してジョセフ・ヒコと改名した。ブルックはカリフォルニア選出のグイン上院議員を通じてヒコと知り合い、日本に帰りたいというヒコをキャプテン付事務官という名目でフェニモア・クーパー号に雇い入れ、測量調査のためサンフランシスコを出港した。一八五八年九月二六日のことである。

しかし、ヒコは船酔いが激しくほとんど役に立たなかった。

フェニモア・クーパー号がホノルルに停泊中、数回にわたり日本人遭難者が救助されホノルルに連れて来られた。ヒコはそのたびに通訳の労をとった。その中に淡路島出身の「ティム」(日本名は政吉)と呼ばれる遭難者がおり、彼はぜひフェニモア・クーパー号で日本に帰りたいという。ヒコはブルックに紹介したところ、ブルックはティムにも同行を許した。

一方、船酔いに苦しんだヒコは、ブルックの許しを得てホノルルから旅客船に乗り香港に渡った。そこでアメリカ東インド洋艦隊旗艦ポーハタン号に出会った。ヒコはホノルルでブルックに書いてもらった推薦状のおかげで海軍から親切な待遇を受け、ポーハタン号に同乗を許されて上海に移動した。

このとき上海では、「日米修好通商条約」締結の大役を果たした日本総領事タウンゼンド・ハリスが、休暇のため軍艦ミシシッピ号に滞在していた。ハリスはここで国務省から「駐日米国公使」の辞令を受け取り、神奈川駐在領事にはカリフォルニア出身のイーベン・ドールが任命され、ミシシッピ号に待機していた。そこへジョセフ・ヒコが現れたのである。ドール新領事は否応なしにヒコを神奈川領事館付通訳として採用した。

日本公使タウンゼンド・ハリス、神奈川領事イーベン・ドール、通訳ジョセフ・ヒコは一八五九年(安政六年)六月二一日、ミシシッピ号で下田に着いた。

ティムこと政吉はフェニモア・クーパー号で日本に帰国したが、再び神奈川沖で遭難し、ブルックとともに横浜に滞在中だったのである。

勝船将とブルック大尉の出会い

勝がブルック大尉と初めて会ったのは、日本使節迎えの軍艦ポーハタン号が横浜に入港した直後の一二月二三日であったことについては前述した。そのとき、「観光丸では構造上おそらく遠洋航海は難しいだろう、他の軍艦にしてはどうか」との意見を出したのはブルック大尉であった。

ブルック大尉は経験上、外車船での長期遠洋航海は困難であるとし、他の軍艦、つまりプロペラ艦にしてはどうかという提案である。

当初、木村奉行も勝頭取も今回のサンフランシスコ航海は長い距離の帆走が見込まれるので、長期航海にはプロペラ推進機器が適しているという世界の趨勢から、随伴艦は朝陽丸(プロペラ艦)とした。ところが、観光丸(四〇〇トン)は朝陽丸(三八〇トン）よりやや大形で、人員や荷物の積み込みにやや余裕があるという単純な理由で、前軍艦奉行・井上直清によってプロペラ船から外車船に変更されたこともあり、木村も勝もブルック大尉の提案に賛成であった。

またこのとき、ブルック大尉は勝に対して、横浜からサンフランシスコまでの航路計画を提示した。その詳細については、彼の『横浜日記』一月二九日の記事からも明らかであるが、この航路計画は、ブルックが日本使節の随伴艦に同乗することを決めたときから準備していたものと思われる。

一月二十九日　日曜日（正月七日）

大圏航路をとれば、キング岬からサンフランシスコまでの距離は四千四百七十六マイル、メルケーター航法で行けば四千六百九十七マイル、差は二百二十一マイルである。

キング岬から大圏航路の起程針路

北五十四度二十分東

サン・フランシスコの着達針路

北五十七度二十二分西

メルケーター航路と最も離れる点

北緯四十八度十五分

西経百六十六度二分

最高緯度（大圏航路）北緯四十八度十七分

その経度

東経百七十六度五十七分

キング岬からメルケーター発進角度

北八十七度五十七分東

私は大圏航路を行くことを計画している。天候さえ寒すぎなければ大圏航路にできるだけそって行こうと思う。

ここで、キング岬とは房総半島の南端の野島埼あたりを指し、今でも太平洋航路の基点とされる場所である。

大圏航路（グレートサークル・トラック、greatcircle track）とは、「球面上の二点間の最短距離はその二点と球の中心を通る大圏である」という定理を利用した航路のことで、大洋航海の基本的な航法として使用される。

メルケーター航法とは、メルカトール航法(Mercator sailing)あるいは漸長緯度航法ともいわれ、出発点から到達点まで同一針路で航海することができる利点はあるが、二点間の小圏を通ることになるので、当然のことながら航海距離は長くなる。

ここで、前述したブルックの大圏航海計画を検討してみよう。

計算の都合上、野島埼沖の航海の起程位置を

北緯　三四度五〇分

東経　一四〇度〇〇分

サンフランシスコ沖の着達位置を

北緯　三七度五〇分

西経　一二二度三〇分

とした。計算結果は次のとおりである。

大圏距離　四四七五海里

漸長緯度航法による距離　四七二三海里

(大圏距離より二四二海里増)

野島埼沖から大圏航路の起程針路

北五四度二〇分東

サンフランシスコ沖の着達針路

南五七度三五分東

最高緯度(大圏航路)　北緯四八度一一分

その経度　西経一六八度三〇分

野島埼から漸長緯度航法の発進角度

北八七度四九分東

この計算結果とブルックの計算を比較してみると、サンフランシスコ沖の着達針路の符号が反対(当時はブルックの記載どおりの表現であったかも知れない)であることと、大圏航路の最北端の経度が多少相違している程度である。

この計算の一事を見ても、ブルックは随伴艦の大洋航海について、乗艦前から相当綿密な航海計画を立てていたことがうかがえる。

なお大圏航海は、大洋上をきれいな曲線を描いて航海するわけではない。一般には起程点から着達点までの大圏と、経度一〇度ごとの子午線上を通る大圏の緯度を計算して海図に記入し、その点を結んだコース上を航海する。つまり経度一〇度ごとの折線

上を航海するわけだ。たとえば野島埼沖からサンフランシスコ沖に向かう場合、起程点を北緯三四度五〇分、東経一四〇度とすれば、次の点は東経一五〇度の子午線上に、この子午線を通る大圏の計算緯度を記入、次は東経一六〇度の子午線上に、この子午線を通る大圏の計算緯度を記入する。このようにして一〇度ごとの子午線上の点を結んだ折線が、野島埼沖からサンフランシスコ沖までの大圏コースとなる。

しかし船の位置は風や潮の影響、あるいは操舵の誤差などによって、記入されたコースから外れることがあるので、船の位置を測定するごとに針路を修正しながら航海する。

このようなこともあって、勝はブルック大尉に会ってからその人物、航海者としての力量に惚れ込み、願ってもない案内者として認め、かえって士官たちを説得するまでに変貌した。この時の通弁(通訳)が中浜万次郎であったことも幸いした。

ブルック大尉は嘉永六年(一八五三)ペリー来日当時、ヴィンセネス号を旗艦とする五隻の水路探検隊の船隊航海士として中国、日本からベーリング海まで航海したが、今回は先の水路探検隊の最小艦であった九六トンのスクーナー艦フェニモア・クーパー号の艦長(キャプテン)となって、一八五八年の秋サンフランシスコを発港して、ホノルル、マニラ、香港、琉球近辺の測量を続けながら、一八五九年七月下旬に神奈川に着いた。

これらの経歴からもわかるように、当時三三歳のブルック艦長(以後、キャプテン・ブルックとする)は熟練した帆船乗りであるばかりでなく、アメリカ海軍随一の北太平洋横断航海経験者であった。なお、当時の日本では太平洋を太平海と呼んでいた。

彼の次の任務は、アメリカ公使タウンゼンド・ハリスが開港の約定を取り付けた神奈川(横浜)、箱館、長崎、新潟、兵庫(神戸)などの港の測量であった。キャプテン・ブルックがその交渉のために江戸に赴いた留守中の七月九日(一八五九年八月七日)、神奈川沖に停泊中のフェニモア・クーパー号は暴風雨のため流され、錨を引きずったまま陸岸に座礁、破船した。幸い人命と航海用器械類は救うことができた。二週間後に離礁させたが肋材三九本が破損し、他の損傷もひどく、修復の見込みが立たないので競売に付された。キャプテン・ブルック一行は神奈川に仮宿して帰国便を待っていた。

それから半年間、空しく横浜に留まっていたところへ咸臨丸の話が出てきたわけであるから、ブルックらにとってはまさに渡りに船であった。

第五章

咸臨丸に乗り組んだ人々

木村摂津守（喜毅）

生い立ち

木村家は七代続いた譜代の旗本で、三代前の曾祖父・喜之《よしゆき》の代から江戸・浜御殿奉行を世襲していた。喜毅は父・喜彦《よしひさ》の嫡男として天保元年（一八三〇）二月五日、江戸の浜御殿の役宅で生まれ、幼名を勘助《かんすけ》といった。

浜御殿について、木村喜毅（勘助）の嗣子・浩吉が編んだ『木村芥舟ノ履歴及経歴ノ大要』は次のように記している。

浜御殿ハ徳川五代将軍綱吉公、元禄一六年ノ大震災ニ生ジタル砂泥ノ洲ヲ利用シテ築造シタル秘園ナリ。代々ノ将軍御台所茲《ココ》ニ鴨猟釣魚の遊ヲ催ス。保養所タルト共ニ、水軍水馬水泳ヲ閲シ、或イハ食塩ヲ製セシメ、又製薬染織ノ工場ヲ設ケシ処トス。現今ノ浜離宮コレナリ。

奉行ハ本務ノ外、日光ニ朝鮮人参《チョウセンニンジン》栽培、伊豆ニ樟林《ショウリン》ノ視察並ニ東海諸国ノ甘藷《カンショ》栽培製糖ニ関スル御用ヲ承《ウケタマ》ワル事アリ。

江戸城内では将軍と臣下とは厳重に隔てられており、将軍には特に誰かと親しく話を交わす場はなかった。ところが浜御殿は、適当な広さで侍臣も少ない保養所的な性格をもった御殿であったところから、将軍にとっては比較的自由に振る舞える場所であった。

天保一三年（一八四二）三月一三日、勘助一三歳のとき浜御殿奉行見習いとなり、その一週間後の同月二一日には将軍・家慶に浜御殿で拝謁した。家慶の喜彦父子に対する特別の恩寵によるものであった。

また、この年から昌平坂学問所《しょうへい》（昌平黌《こう》ともいう）に通い、優れた学者であり外交家でもあった林復斎《ふくさい》（一一代大学頭《だいがくのかみ》、煒《あきら》）に学んだ。同門の先輩に林晃《あきら》（林復斎の子）、堀利熙《としひろ》、岩瀬忠震《ただなり》がいた。木村と岩瀬の出会いである。

弘化元年（一八四四）一五歳のとき両番格・浜御殿添《そえ》奉行を命じられた。「両番格」とは両番に準ずる地位ということであって、両番、番士の勤務をするわけではなく、本務は浜御殿添奉行である。両番とは小姓番、書院番を合わせたものをいい、いずれも将軍の身辺、城内を守る番士の職である。添奉行とは副奉行というところである。

嘉永元年（一八四八）一九歳のとき昌平黌試験の乙科に合格し、出世の足掛かりを作る。

老中首座・阿部正弘に抜擢される

安政二年（一八五五）二月五日、講武所出役（兼務）を命じられた。講武所は蕃書調所、長崎海軍伝習所と共に、開国後に老中・阿部正弘によって創設された新しい機関である。

勘助がこの新設の講武所に出役として勤務するようになったとき、岩瀬忠震は阿部正弘に見いだされて目付局の海防掛に抜擢されていた。その目付局の筆頭は鵜殿長鋭《うどのながとし》で講武所の頭取を兼ね、大目付の土岐頼旨《ときよりむね》は講武所総裁として出役していたのである。

総裁も頭取もそれぞれ複数の人がいたが、あるとき一同が集まって講武所のあり方について議論した際、勘助はその様子やメンバーの人物評を先輩の岩瀬に伝えたことが阿部正弘の耳に入り、同年九月一五日、西の丸目付に抜擢された。

安政三年（一八五六）二月一〇日、本丸目付となり、役宅を出て築地に住むようになった。同年一二月一六日、長崎表取締《おもてとりしまり》を命じられる。

安政四年（一八五七）、勘助を図書《ずしょ》と改名した。二月二四日、長崎に赴任のため江戸を出発し、四月九日、長崎に到着した。五月、長崎奉行・永井尚志のあとを受けて海軍伝習所取締および医学館学問取締となった。

安政五年（一八五八）、咸臨丸で鹿児島、天草などに練習航海を実施し、このとき島津斉彬《なりあきら》に会う。

安政六年（一八五九）二月、長崎海軍伝習所が閉鎖となり、六月、江戸に帰った。九月一〇日、軍艦奉行並を命じられ一千石を賜る。一一月二四日アメリカ渡航の命を受け、同月二八日、軍艦奉行に昇進し摂津守に叙せられ遣米副使に任命される。二千石を賜う。この間にアメリカ海軍大尉ジョン・マーサー・ブルックらの同乗、中浜万次郎の通弁役採用、福沢諭吉の同行を許可した。

万延元年（一八六〇、安政七年）正月一九日、浦賀発、初のサンフランシスコ航海に挑んだ。

軍艦奉行としての功績

軍艦奉行・木村摂津守にとって福沢諭吉を従者に採用したことは大正解であった。諭吉は航海中、船酔いの激しかった木村奉行を従者の誰よりもこまめに介抱したのである。

このことは『福翁自伝』の「銀貨狼藉」の項を見ても明らかである。

その咸臨丸というのは百馬力の船であるから、航海中始終《しじゅう》石炭を焚《た》くということは出来ない。ただ港を出るとき這入《はい》るときに焚くだけで、沖に出れば丸《まる》で帆前船《ほまえせん》、というのは、石炭が積まれますまい、石炭がなければ帆で行かねばならぬ。その帆前船に乗って太平海を渡るのであるから、それはそれは毎日の暴風で、艀船《はしけぶね》が四艘あったが、激浪のために二艘も取られてしもうた。その時は、私は艦長（木村奉行のこと）の家来であるから、艦長のために始終左右の用を弁じていた。艦長は船の艫《とも》の方の部屋にいるので、ある日、朝起きて、いつもの通り用を弁じましょうと思って艫の部屋に行った、ところがその部屋に弗《ドルラル》が何百枚か、何千枚か知れぬほど散乱している。如何《どう》したのかと思うと、前夜の大嵐で、袋に入れて押入の中に積み上げてあった弗、定めし錠《じょう》も卸《おろ》してあったに違いないが、劇《はげ》しい船の動揺で、弗《ドル》の袋が戸を押し破って外に散乱したものと見える。これは大変なことと思って、直《すぐ》に引き返して舳《おもて》の方にいる公用方の吉岡勇平にその次第を告げると、同人も大いに驚き、場所に駆けつけ、私も加勢してその弗を拾い集めて、袋に入れて元の通り戸棚に入れたことがある。

木村奉行は部屋に「弗《ドルラル》」が何百枚か、何千枚か知れぬほど散乱」していても、誰かに知らせて片付けてもらう気力も体力も萎《な》えてしまっていたのである。この一事からもわかるように、とにかく木村奉行は船に弱かった。だから、勝からイジメのような仕打ちを受けてもどうにもならなかったのである。

しかし、それも往航の半ば過ぎまでで、サンフランシスコ入港前には普段の、温厚で我慢強く、人の意見をよく聞いて実行する熟慮断行型の、乗組員の信望も厚い軍艦奉行に戻っていた。木村は勝から受けたイジメや嫌がらせに対して、リベンジどころか彼の職務遂行のサポートまでしていたのである。

サンフランシスコ入港後の木村奉行は、咸臨丸の復路航海の成功に向かって積極的に行動した。その内容は本書の随所に紹介するが、木村奉行のリーダーシップ、つまり統率力、先見性、判断力、決断力、行動力などがあったからこそ、日本人初の遠洋航海が成功したのである。

勝麟太郎（義邦）

蘭学修業

勝麟太郎は文政六年（一八二三）の正月晦日《みそか》、御《ご》家人《けにん》・勝小吉《こきち》の長男として江戸に生まれた。御家人といっても禄高四一俵二人扶持の微禄であったから、幼少から貧乏な生活を送っていた。

御家人とは旗本《はたもと》と同様に将軍の直臣《じきしん》（直参《じきさん》）であるが、旗本は一万石未満、御目見《おめみえ》（将軍に謁見することができる格式）以上の者であるのに対し、御家人は同じ将軍の直臣でも御目見以下の者であった。

天保九年（一八三八）七月、一六歳のとき、隠居した父の跡を継いで勝家の当主となった。麟太郎は一三歳の頃から始めていた剣術の修行を続け、二一歳ごろには中津藩士で浅草に道場を構えていた島田虎之助から免許皆伝を受けた。島田が剣術の極意を極めるにはまず禅学を始めよと奨めたこともあって、麟太郎は禅の修行も怠らなかった。

そして、このころから麟太郎の生涯を決めたともいえる蘭学修行が始まったのである。それは島田虎之助が奨めたといい、また、江戸城中でオランダから献納された大砲を見て、その砲身に書かれた横文字を読みたかったからだとも言われている。しかしそのころ、島田の代稽古として諸藩の江戸屋敷に巡回教授していたこともあって、日本内外の逼迫《ひっぱく》した情勢や、旧来の日本の兵学ではそれに対処しきれないことなどを耳にする機会が多く、兵学研究の目的から蘭学修業の道を選んだというのが真相のようである。

麟太郎は、赤坂溜池《ためいけ》の福岡藩黒田家の屋敷内に住んでいた永井青崖《せいがい》の門を叩いた。二三歳のときという。

嘉永三年（一八五〇）には赤坂田町に蘭学塾を開き、兵学を中心として門人を取り立てるところまでになった。二八歳のこの年、父・小吉が死去した。

微禄の御家人であった父の背中を見て育った麟太郎は、貧乏御家人の誰もが夢みる高禄の旗本に出世したかったのである。剣の修業も兵学研究や蘭学修業も、当時のほとんどの貧乏御家人がそうであったように、すべて自分をアピールするための方策であったとみると納得がいく。

「海防意見書」認められる

嘉永六年（一八五三）六月、ペリーがアメリカ軍艦四隻を率いて来航した。アメリカの正面切っての国交要求である。

それまでにオランダ国王ウィレム三世は「日本の安危に関する忠告書」を二度にわたって幕府に通告していたにもかかわらず、これに対する幕府の対応はまったくできていなかった。ペリーの持ってきた国書は受け取ったものの、その対応に苦慮した幕府老中首座・阿部正弘は、アメリカの国書を諸大名や幕臣に提示して意見を求めた。

これまで表舞台―政治面に顔を出すチャンスのなかった幕臣たちに、千載一遇の好機を与えたのである。勝はこのチャンスを決して見逃さず、「海防意見書」を幕府に提出した。

七月一二日付のこの意見書に興味をもった目付兼海防掛の大久保忠寛《ただひろ》（一翁）は勝を抜擢し、三か月にわたる大坂の海岸検分にも同行させた。これがきっかけとなって勝の幕府内の地位は少しずつ向上することになる。

海軍伝習生となる

安政二年（一八五五）正月一二日、三三歳のとき、無役の小普請組《こぶしんぐみ》四〇俵扶持から下田取締掛手付に登用されて蘭書翻訳に従事することになった。さらに七月には小十人組《こじゅうにんぐみ》百俵扶持に昇進し、海軍伝習生を命じられて長崎に赴き、船将（船長）候補者として教育を受けることになった。当時、船将候補者は御目見《おめみえ》以上の旗本のなかから幕閣が指名した。ところが、その候補者であった勝は御目見以下の御家人であったところから、伝習生発令に先立って組替え昇進の措置がとられたのである。

小十人組は扈従人《こじゅうにん》組ともいい、元来、主将の床《しょう》机《ぎ》の前後を警衛する役をいうが、平時には江戸城本丸御殿小十人番所に詰め、将軍の外出時の先駆として従った。

勝は御目見得への昇進で晴れて「旗本」になったわけだ。

小普請組四〇俵の無役時代の努力が実を結び、幕閣に認められて小十人組の旗本に登用されてからの勝は、どちらかといえば順風満帆の人生を送ってきた。そこには勝一流のはったりや駆け引き、腹芸もあっただろうが、それはほとんど表沙汰になることはなく、結果良ければすべて良しで過ぎてきた。

また、安政二年から六年にかけては攘夷派と開国派の錯綜した血生臭い政争が続き、その終局点は安政の大獄であった。

勝はまだそのような政争に巻き込まれるような立場の人間ではなかったが、それでも長崎にいたことで陰湿な世情から身を遠ざけることができ、恵まれた環境のもとで海軍伝習に励むことができたのである。

安政六年（一八五九）正月五日、勝は長崎伝習を終え軍艦・朝陽丸に乗って長崎を出港した。ところがこの航海はさんざんで、「衆と共に海中の鬼とならん」と覚悟を決めるほどの暴風雨に遭遇し、江戸に着いたのは正月一五日であった。

江戸に帰った勝は軍艦操練所教授方頭取となった。三七歳の春である。

別船仕立との関わり

安政五年六月一九日（一八五八年七月二九日）横浜沖のアメリカ軍艦ポーハタン号上で、下田奉行・井上清直、海防掛目付・岩瀬忠震とアメリカ総領事タウンゼンド・ハリスとの間で、日米修好通商条約が結ばれた。その条約の中で、批准書の交換は一年以内にアメリカ・ワシントンで行うことが決められていた。

その遣米使節として八月二三日、外国奉行・水野筑後守（忠徳）、同・永井玄蕃頭（尚志）、目付・津田半三郎、同・加藤正三郎が発令された。その直後、この四名は連名で「亜墨利加国へ別船仕立之儀申上候書付」を老中に提出した。別船仕立というのは、遣米使節一行の送迎はアメリカ軍艦によるが、その際、日本側からも一隻の軍艦を仕立てて同行させようという案である。

この案は老中から一蹴された。しかし彼らはひるまず、翌月には再願の書付を提出した。

安政五年八月（初回）および九月（再願）の「別船仕立」の建議のあった頃は、勝は長崎にいたので、この議には与っていない。しかし、人一倍顕示欲の強かった勝は、その情報を得るや否や、アメリカ渡航の夢の実現に向かってただちに行動を開始した。水野筑後守、永井玄蕃頭へ手紙を送って執拗に同行を願い出たのである。そのせいかどうかは分からないが、翌安政六年正月、伝習生の大部分を率いて江戸に帰り、軍艦操練所教授方頭取に就任した。

最初の遣米使節が発令されてから一年後、改めて遣米使節に新見豊前守、村垣淡路守、小栗上野守（忠順《ただまさ》）の三名が任命された。その直前、外国奉行であった水野筑後守はその職を解かれて軍艦奉行に任命され、木村図書（喜毅）が軍艦奉行並に登用された。

水野は木村を部下に置き、軍艦操練所教授方頭取・勝麟太郎を使って別船仕立の具体案を作成し、実現に動き出したのである。勝と水野は長崎海軍伝習所以来の密接な関係で、水野は二度目の長崎奉行当時から勝とは十分接触の機会があったからである。

安政六年（一八五九）一一月、スクリュー船・朝陽丸のアメリカ行きが決まった。ところが幕府内で朝陽丸は小さすぎる、少しでも余分に人員、荷物を積める外車船・観光丸に変更せよというのである。

勝は幕吏と議論しているうちに別船仕立そのものが危うくなってきたので、観光丸で妥協せざるを得なくなった。ところが、一二月二三日になって突然、観光丸からさらに咸臨丸に変更させられたのである。

定見のない幕吏に振り回された一連の別船派遣問題で、最も苦労したのは勝であり、具体案の作成から派遣船の検討、さらに渡航準備まで、その苦労は並大抵のものではなかった。だから、咸臨丸のサンフランシスコ航海は自分が手掛けたプロジェクトであるという意識が人一倍強かった。その過剰意識が横柄な言動と相俟って、咸臨丸のなかで勝を孤立化させてしまったのである。

また、功名心の強かった勝は自負心に匹敵する見返りを期待していたふしもある。ところが、その見返りは意に反して両番二百俵扶持という微々たるものので、これもしゃくの種であった。

あれやこれやで憤懣やるかたない勝を乗せた咸臨丸は、冬の荒れる大海に乗り出したのであるから、勝の不平不満が爆発するのは時間の問題であった。

船中の勝

木村摂津守が咸臨丸の初の大洋航海を懸念して、キャプテン・ブルックを水先案内として同乗させようとしたときも、勝は外国人の力は絶対に借りない、「外蕃」の力は借りないとまで言明していた。

ところが、ブルックに会ってからは、かえって士官たちを説得するまでになった。キャプテン・ブルックの航海者としての力量は、勝の遠く及ぶところではなく、水先案内者として認めざるを得なかったのだ。

　このように、勝は相手の弱点や長所を見つけるのがうまく、それに対応した巧みな処世術を身に付けて生きてきたのである。

　ところが、咸臨丸航米という国家的行事のため、初めて表舞台でその手腕を問われることになった。咸臨丸船将となると、船将としての技能やリーダーシップ、さらに私生活まで人目に曝《さら》すことになる。つまり、一挙手一投足が四六時中、乗組員に見られることになるのである。

　浦賀を出港した咸臨丸は、すぐさま強烈な低気圧に遭遇した。勝が経験した日本近海の航海では、嵐が来れば近くの港に避難してやり過ごせばよかったが、大洋の真ん中ではそれは不可能である。しかも、勝船将以下、日本人乗組員はほとんどの者が船酔いでダウンし、この強烈な自然の猛威にどう対処すればよいのか、その術《すべ》を知らなかった。

　ところが、同乗したアメリカ人たちはキャプテン・ブルックの指揮のもと、やすやすとそれをやってのけて咸臨丸の危急を救ったのである。


　船酔いで寝込んだままだった勝にはたいへんショッキングなことであり、彼の誇りと自信をいたく傷つけたが、それよりも、乗員わずか九四名の咸臨丸の指揮は執れず、荒天を乗り切ることもできなかった勝の姿は、乗組員の目にどう映っていたであろうか。そのことを一番よく知っていたのは勝自身ではなかったか。

　一船の指揮者にはリーダーシップが要求されるが、それは船酔いしたからと言って免責されるものではない。

　船酔いすると食事もままならず、体力は衰え、思考力もはなはだしく減退するところから、理性を失って短絡的な思考をする。つまりトラブルメーカーが多くなる。この時点での勝船将の心身状況についてはすでに述べたが、サンフランシスコへ着くまではまさに危機的状態だったのである。

　咸臨丸船将・勝麟太郎は往路航海で数々の失態を演じた。そして部屋に引きこもっている間に、乗組員らの航海、運航技術や船内生活マナーなどはキャプテン・ブルックの指導よろしきを得て格段に進歩しており、勝の遠く及ぶところではなかった。船将として咸臨丸の指揮はもはやとれなくなっていたのである。

　しかし、勝の凄いところは船内での自分の立場をいち早く察知したことである。遣米使節・新見豊前守一行を乗せたアメリカ軍艦ポーハタン号がサンフランシスコを出港してからは、船の修理は士官らにまかせ、自分はもっぱらアメリカの沿岸防備の状況、アメリカ海軍の軍事施設の視察に時間を割いていたのである。

　もともと自分は咸臨丸船将ではなく教授方頭取であると広言していた勝は、その時点で咸臨丸船将の職を自ら放棄したといっても過言ではない。そしてその代価として、誰も知らず誰も研究していないアメリカの軍備（陸軍も含めて）について研究を開始したのである。そしてこのような先見性が後刻、勝を新政府の中枢に押し上げることになるのである。

　それはさておき、修理工事中の船内に、「我が在らざれば取締《とりしまり》向《むき》如何と掛念《けねん》なきにもあらず」とする空気があることを察知した木村奉行は、遣米使節副使としてのワシントン行きを自ら断念し、咸臨丸で帰国することを決意したのである。

　咸臨丸船中に限っていえば、勝はリーダーシップを発揮できなかった船将であった。

「海舟」の号について

勝は「号の由来」について

　おれが海舟という号を付けたのは、象山の書いた『海舟書屋』という額がよく出来て居たから、それで思いついたのだ。しかし海舟とは、もと誰の号だか知らないのだ。安芳といふのは、安房守の安房と同音だから改めたのよ。

と語っているように（『氷川清話』より）、「海舟」はもともと妹の順が嫁いでいた佐久間象山が書斎の号として使用していたものである。

　元治元年（一八六四）七月一一日、象山は京都で暗殺された。この頃から、象山の妻であった順は元氷川の勝の屋敷に同居しており、「海舟書屋」の額が勝家の座敷に掲げられていたという。

明治二年、沼津兵学校長であった西周助《しゅうすけ》が西周《あまね》と改名したことはよく知られているが、この改名の事情について、石橋絢彦は次のように紹介している。（沼津兵学校沿革（六）、同方会誌・四三、大正五年）

（略）古来より慣用したる助、右衛門、などの名は数多かりしなり然るに明治二巳年七月行政官の御達にて

百官名、国名、大夫、輔、亮、祐、助、介、丞、允、進、正、右衛門、左衛門、兵衛、の文字に差障《さしさわ》り候《そうろう》向《むき》は早々改名可致《いたすべく》候

とあり是に依りて、西、塚本、天野、高島、諸先生多く改名せられたり。

序《ついで》に記す此《この》布令は取消されし哉《や》知らざれども今は百官名国名の他は概《おおむ》ね通用せらるゝなり又平民の苗氏《みょうじ》を唱ふるを許されたるは明治三午年九月なり

明治二年（一八六九）七月、戊辰戦争が終結して間もないこの時期に、新政府行政官御達により改名した人は多い。伊藤俊輔が伊藤博文に、西郷吉之助が西郷隆盛に、黒田了介が黒田清隆に改名したのもこの頃と思われる。

勝麟太郎も自分の役名であった安房守《あわのかみ》の音からとって安芳《やすよし》と改名した。安房は国名だったからである。以上のことから、「海舟」の号を使い始めたのは、佐久間象山の死後か、あるいは勝麟太郎義邦を勝安芳と改名した頃からと思われる。

なお、上記行政官御達を調査の結果、これを取り消す布令は見当たらない。

人間像

勝の人となりについて、文倉平次郎は『幕末軍艦咸臨丸』の中で

勝の性行を忌憚《きたん》なくいえば、細心で剛毅をてらい、名誉心に焦《こ》がれ、反対者を威服又は懐柔する手腕を有し、筆に口に自己を宣伝するの癖がある。

だから自分より七歳も若い若年で而も文官である木村摂津守が提督として尊敬されているのが不満であったかも知れない。又長崎伝習所時代の士官中に彼と内心融和せぬものもあったためか勝は怒って許《ばか》り居った。（中略）木村将官が幸いに温厚の人格者であったから論争も表面化されずに済んだ。一面から見ればこれも勝の才智が勝自身を反省せしめたのかも知れない。

と評している。

咸臨丸出航に際し、外国人の力は絶対に借りない、外蕃の力は借りないとまで明言していた勝が、キャプテン・ブルックに会ってからはその人柄と航海者としての力量を認識し、士官らを説得するまでになったのは、今回の遠洋航海に成算がなかったからである。そこでブルックに懐柔策で望み、航海を成就させようとしたのである。

このように勝は、相手が優れていると見ると懐柔策で臨むが、逆に劣っていると見ると相手―攘夷論者が多かった―の外国事情に疎《うと》いという弱点を一喝することで自分を優位に立たせ、以後、相手に対する主導権を握って屈服させる、つまり恫喝《どうかつ》という手段を使う術《すべ》に長《た》けていたのである。

福沢も、勝の咸臨丸での一連の行状から、その人間像について同じような見方をしていたようである。そして福沢の勝を見る目は、延々と『瘠我慢の説』にまで及んだと思うのである。

福沢が『瘠我慢の説』の中で勝を論じた一節を次に紹介しておこう。

其口《そのくち》に説く所を聞けば、主公の安危、又は外交の利害など云うと雖《いえど》も其心術《しんじゅつ》の底を叩いて之《これ》を極《きわ》むる時は、彼の哲学流の一種にして、人事国事に瘠我慢は無益なりとて、古来日本国の上流社会に最も重んずる所の一大主義を曖昧模糊《あいまいもこ》の間に瞞《まん》着したる者なりと評して、之に答ふる辞はなかる可《べ》し。一時の豪気は、以て懦夫《だふ》の胆を驚かすに足り、一場の詭言《きげん》は、以て少年輩の心を籠絡《ろうらく》するに足ると雖も、具眼《ぐがん》卓識の君子は、終《つい》に欺く可らず惘ふ可からざるなり。

【解説】曖昧模糊《あいまいもこ》：ぼんやりしていて物事がはっきりしないさま。瞞《まん》着：だますこと。ごまかすこと。懦夫《だふ》：いくじなし。詭言《きげん》：こじつけの言葉。篭絡《ろうらく》：うまく言いくるめて、人を自由に操ること。具眼《ぐがん》：正しく判断する見識のあること。卓識：すぐれた見識。惘（ボウ、モウ）：あきれる。あきれかえる。あきれはてる。

勝はサンフランシスコ入港に際し、礼砲や旗章の掲揚、入港手続きなどの問題で木村奉行や士官との間でトラブルがあり、また、ポーハタン号の遣米使節一行と会ってから、態度がすっかり変わってきたのである。特に咸臨丸の運航については、以後、帰国するまで一切、口出ししなくなった。

江戸出航に際し、乗組員に『船中申合書』を告示して、「船中の規則は船将より令するなり、我輩教頭の名有りて船将にあらず、然れども運転針路その他航海の諸術は又指揮なさざること能わず」と胸を張った気概は、もはやどこにも見られない。

ともあれ、勝にはこの航海は耐え難い毎日であった。だから咸臨丸の航海については多くを語ろうとしなかったのである。『海軍歴史』のなかに咸臨丸航米のことがほとんど収録されなかった理由もそこにある。

咸臨丸に乗艦してからの勝は奇異でわがままな言動が多く、木村奉行や乗組員らのひんしゅくを買うことになったが、大自然を相手とし一蓮托生《いちれんたくしょう》の船の上では決して許される言動ではないことくらい承知していたはずなのに、それが許されると思っていたところに大きな誤算があった。

勇躍して乗り組んだ勝を、咸臨丸は冷たく突き放した。それでも、このチャンスを決して見逃がしはしなかった。そこが機を見るに敏な勝の凄いところである。

勝は咸臨丸で自分の欠点—自己中心の身の処し方と閉鎖社会での集団生活の不適格性を知ってからは、集団の外に自分を位置させるようになった。そしてそのことが、アメリカ滞在中に見聞した最先端技術の知識と相俟って、日本という国を冷静に見つめることができたのであろう。

それにしても、後年、勝はこの航海について

万延年間に、おれが咸臨丸に乗って、外国人の手は少しも借らないでアメリカへ行ったのは、日本の軍艦が、外国へ航海した初めだ。

と自慢しているが何か空々しい。(『氷川清話』より)

中浜万次郎

漂流

万次郎は、文政一〇年一月一日(一八二七年一月二三日)土佐国幡多《はた》郡中ノ浜浦谷前の漁師の家に生まれた。中ノ浜は足摺岬の西側の小さな漁村で、現在は土佐清水市になっている。

父は悦助、母は汐《しお》といい、兄と二人の姉と一人の妹がいた。父は万次郎が九歳のときに他界した。兄は病身で仕事にならず、また漁村の風習もあって、万次郎は一〇歳を過ぎる頃から近くの家へ奉公に出て家計を助けていた。

万次郎は日頃から積極的で活動的であったところから、奉公先でのトラブルも絶えなかった。中ノ浜を出て、家から遠く離れた宇佐浦に奉公に出て漁師・筆之丞《ふでのじょう》の家に寄居し、宇佐の船主・徳右衛門《とくえもん》の持ち船の漁船に乗った。

宇佐浦は現在の土佐市宇佐町宇佐、高知市から南西に約二二キロ、土佐湾のほぼ中央に位置する漁村である。

天保一二年正月五日(一八四一年一月二七日)、一四歳になったばかりの万次郎は船頭・筆之丞の漁船に、重助、五右衛門、寅右衛門の三人の漁師と乗り組み宇佐浦を離れ、延縄《はえなわ》漁に出かけた。

出漁してから三日目の正月七日午前一〇時頃、南西寄りの風が吹きはじめ雲行きも怪しくなってきたので、急いで延縄を引き揚げ、陸岸の方へ漕ぎ寄せはじめたが、正午頃になって風は和らぎ波もやや穏やかになってきたので、再び漁を始めたところ、しばらくして西方に雲が現れたと見るまに全天に広がり、北西寄りの風は強くなって海はものすごい有様

になってきた。万次郎たちは急いで陸岸に漕ぎ寄せようとしたが時すでに遅く、頼みの櫓もすべて折れ、自航能力を失ってしまった。

この嵐は、冬季に日本列島沿いに東進する温帯低気圧によるもので、低気圧の通過後は強烈な北西の季節風―大西風ともいう―が吹き荒れる。

万次郎らの乗った漁船はこの冬季の大西風に遭遇し、自航力を失って漂流を始めた。

漂流七日目の正月一三日正午頃、南東の方向に小島を発見した。総員必死になって島に漕ぎ寄せ、暮れ頃にその北端にたどり着いた。翌日、上陸したが無人島であった。この無人島は北緯三〇度二八・五分、東経一四〇度一三・五分にある鳥島であった。

ジョン・万の誕生

一八四一年六月二七日（天保三年五月九日）、一隻の捕鯨船が鳥島に近づき、漂泊を始めた。この捕鯨船はアメリカのニュー・ベッドフォードに船籍をもつジョン・ハウランド号で、船長はウィリアム・H・ホイットフィールドといった。

その日のジョン・ハウランド号の航海日記には次のように記録されている。（中濱博『中濱万次郎』より）

日曜日、六月二十七日東南の微風。島が見える。この島に海亀がいるかどうかを探るため、午後一時に二隻のボートを降す。島には遭難して疲れ果てた五名の者がいるのを発見し、本船に収容した。飢えを訴えている他彼らから何事も理解することはできなかった。

島の位置北緯三十度三十一分

万次郎たちは鳥島に漂着していたところをアメリカ捕鯨船ジョン・ハウランド号に救われたのである。万次郎は捕鯨船で蔭日向《かげひなた》なく一生懸命働いた。乗組員らはこの働き者の万次郎を、船の名前をとって「ジョン・マン」と呼んで可愛がった。

ジョン・ハウランド号はこの年の暮れにホノルルに寄港し、救助された五人の日本人は役所で登録を終えた後、陸上に移り住んだ。

一八四二年一月中旬ジョン・ハウランド号はホノルルを出港した。ところが出港直前になって、ホイットフィールド船長は船頭の筆之丞に「万次郎をアメリカ本国へ連れて行って教育を受けさせたい」と申し出たのである。筆之丞は思い悩んだが、これは本人の気持ちを尊重するほかないと考えて万次郎に船長の申し出を伝えた。ところが万次郎は即座に船長の好意を受け入れたのである。

アメリカでの生活

ホイットフィールド船長は万次郎を故郷の港町フェアーヘブンに連れて帰った。船長が万次郎だけをアメリカ本国へ連れて行って教育を受けさせたいと申し出たのは、この少年が利発で、英語の習得も早く、乗組員とのコミュニケーションもよく、彼らの生活習慣に素早く溶け込む資質を持っていることを見抜いたからであった。そしてさらに、万次郎の生い立ちやジョン・ハウランド号での働きぶりから、彼を海で働く「捕鯨船士官」に育てることを夢みたのである。

ホイットフィールド船長は万次郎を塾に通わせ、英語、習字、数学などを習わせた。次いでパートレット校へ入学させて、高等数学から測量術、航海術まで勉強させた。

このパートレット校に入校して間もなく、万次郎はナザニエル・ボーディッチ（Nathaniel Bowditch）という名前を教わった。『新アメリカ航海士』（The New American Practical Navigator）の著者で、この著書は航海者のバイブルという評判を得ていた。万次郎はこの航海学書を手に入れて勉強した。

万次郎は、自分がアメリカの土地に来てから学び得たさまざまな知識を実際に役立ててみたい、そして、多分まだホノルルにいるらしい四人の仲間の様子も知りたいという思いから、捕鯨船フランクリン号の航海士として乗船することを決意し、一八四六年五月一六日フェアーヘブン港を後にした。一九歳のときであった。

一八四七年一〇月ホノルルに寄港した。万次郎にとってホノルルは五年九か月ぶりのことで、早速、かつての仲間の消息を調べたところ、ホノルルに居るのは寅右衛門ひとりで、重助はすでに病死し、筆之丞と五右衛門の兄弟は便船を得て日本へ帰ったという。

一八四九年八月末、フランクリン号はニュー・ベッドフォードに入港し、三年四か月に及ぶ捕鯨航海を終えた。この間、万次郎は最新のアメリカ航海術を駆使し、捕鯨船の航海士として大西洋、インド洋、日本東岸沖、アメリカ西岸沖を航海して豊富な経験を積んで帰ってきたのである。万次郎が救助されてから八年二か月の歳月が経っており、フェアーヘブンでの基礎勉学の三年間を除けば五年二か月を海の上で過ごしたことになる。

万次郎は根っから海が好きであった。それを感じ取ったホイットフィールド船長は、万次郎に船乗りになるための「シーマンシップ教育」を受けることを奨めた。そしていま、それが見事に開花したのである。二二歳の夏であった。

後に万次郎は日本に帰国したが、薩摩藩の取り調べに対し、「民百姓ナリトモ学問次第ニテ、挙ゲ用ヒラル」と述べている。貧乏漁師の小せがれが学問と経験によって捕鯨船の士官にまでなったからこそ言えた言葉で、アメリカ生活の実感だったに違いない。

日本への帰国

万次郎はニュー・ベッドフォードで下船するとすぐにフェアーヘブンのホイットフィールド家に行った。ちょうど船長も航海を終えて帰ってきたところであった。

この頃、アメリカ大陸西岸のカリフォルニアはゴールドラッシュに沸き、その人気はフェアーヘブンにも届いていた。万次郎はその話を聞くとある計画を思いついた。これからすぐにカリフォルニアへ赴き、砂金採りをして旅費をこしらえ、日本へ帰るという計画である。この計画をホイットフィールド船長に話したところ、賛成し励ましてくれたので、一八四九年一一月二七日、カリフォルニア・クリッパーと呼ばれるスティグリッツ号に乗船し、ニュー・ベッドフォードを出港してサンフランシスコに向かった。翌年五月末にサクラメントを経て金鉱山に入った。

ここで十分な旅費を稼ぎ、八月初めに山を下りてサンフランシスコに帰った。その時ちょうどホノルル行きの客船があったので船客として二五ドルを払って乗船し、八月末にホノルルに着いた。ホノルルでは日本への帰国がかなわなかった伝蔵（筆之丞改め）と五右衛門の兄弟と寅右衛門に再会し、日本帰国について相談した。

一八五〇年一二月一七日、万次郎は伝蔵と五右衛門の兄弟と共に、帰国に応じない寅右衛門を残し、上海に向かうサラボイド号に乗り組んでホノルルを出港した。

嘉永四年一月三日（一八五一年二月三日）の朝、万次郎らはホノルル出航前にサラボイド号に積んでもらっていたボートを降ろし、琉球の摩文仁《まぶに》海岸に上陸した。

その後、鹿児島藩や長崎奉行で取り調べを受けた後、嘉永五年七月一一日（一八五二年八月二五日）高知に着き、一〇月五日、故郷である足摺《あしずり》岬の中ノ浜に帰った。

中浜姓を名乗る

帰郷して数日後、土佐藩主・山内容堂《ようどう》に召し出され、侍《さむらい》に取り立てられて中浜万次郎を名乗った。二六歳のときである。

翌嘉永六年（一八五三）六月、老中・阿部伊勢守により江戸に召し出され幕府の直参となった。幕府に召し出されてからブランター（E. C. Branter）の『実践航海者』（The Practical Navigator）の翻訳を手がけた。この航海書はナザニエル・ボーディッチの『新アメリカ航海士』をさらに実用化したもので、万次郎には「新航海術」（ニュー・ナビ、**new navigation**）の素養があり、航海の経験があったからこそ翻訳できた航海書であった。

このように、彼の航海技術は後にキャプテン・ブルックも認める第一級品だったのである。

中浜万次郎は我が国に初めて新しい航海技術を導入した偉大な航海者であったことを特筆しておきたい。

咸臨丸乗艦

安政四年（一八五七）四月、中浜万次郎は軍艦操練所教授に任命された。

安政六年（一八五九）一一月、観光丸が航米することになり、軍艦操練所教授方の面々に観光丸乗組の辞令が出た。ところが一二月二三日になって突如、随伴艦は咸臨丸に変更された。万次郎は通弁役の辞令であったが、これは木村摂津守の強い希望によるものであった。

万次郎が咸臨丸に通弁役として乗艦するについては種々問題があった。アメリカ東海岸で教育を受けたので英語は達者で、アメリカ人とのコミュニケーションに事欠かなかった。それだけに、幕府の関係者からはアメリカ人の肩を持つのではないかと、いつも疑われる立場にあった。そのようなことから咸臨丸内での立場は極めて微妙だったのである。

キャプテン・ブルックは、フェニモア・クーパー号が難破した六週間あまり後の一八五九年一〇月九日から、咸臨丸に乗艦した一八六〇年二月一〇日までの日本滞在中の記録を遺している。これが『横浜日記』（YOKOHAMA JOURNAL, John Mercer Brooke、万延元年遣米使節資料集成・第五巻）で、ブルックはこのなかで万次郎について次のように書いている。

一月二九日

万次郎といって、小舟で難破していたのを救われ、その後カリフォルニアの鉱山で数年働いていた日本人が、咸臨丸で行く予定だと教えてくれた。彼がどのくらい通訳できるか疑問だ。日本側が有能な通訳を寄こしてくれるとよい。というのは、艦長に自然地理などに関し、多くの説明を必要とするだろうから。

この頃、ブルックは万次郎の能力を疑っている。

二月九日

万次郎はまさに、私が今までに会った人の中で、最も注目にあたいする人物の一人である。今朝彼は、乾湿寒暖計を使う目的を説明して欲しいと、私に尋ねた。私は彼の納得の行く迄説明した。（略）我々が暇な時彼に教えることを大変楽しみにしている。

ここで、ブルックは万次郎の人間性について高く評価している。

そして次のように寸評する。

万次郎は背が低く、肩幅は広くがっちりした体躯で、その体に適した顔付、即《すなわち》いささか幅が広いが知性にあふれた顔をしている。表情には強い意志をあらわし、唇は厚い。歯を見せている。彼は全くすばらしい男だ。

往路航海中の万次郎は苦難の連続であった。ブルックの『咸臨丸日記』の記事を見ても分かるように、ブルックはそれまで自分の意思を日本人乗組員に伝えるときは、すべて通弁の中浜万次郎を通していた。そのため万次郎は、ブルックと日本人乗組員の狭間《はざま》で大変な苦労をしていた。

その万次郎の苦悩をブルックはよく知っていた。このことは、サンフランシスコ到着後にキャプテン・ブルックが海軍長官アイザック・トウシイに提出した報告書（万延元年遣米使節資料集成・第五巻）のなかで、わざわざ次のように書いていることからも知ることができる。

日本軍艦咸臨丸
サンフランシスコにて
一八六〇年三月二十五日

謹啓〔海軍長官アイザック・トウシイ宛〕

小官は咸臨丸に搭乗し、江戸湾を出発してより三十七日の航海の後、今月十七日にサンフランシスコ港に到着したことを謹んで海軍省に報告いたします。（略）

万次郎は心から彼の祖国に関心をよせているように見えます。彼は微妙な立場にあり彼の国の特異な性格やその制度を充分理解しており、自分の立場を悪くせぬよう常に細心の注意を払っております。

航海中我々の乗組員と日本人達との間が、非常にしっくりいっていたということを海軍省に報告することは私の大いなる喜びであります。我々全員は深い心づくしを以て待遇されました。

〔ジョン・M・ブルック〕

万次郎はこの報告書にあるように、細心の注意を払いながら、咸臨丸乗組員とキャプテン・ブルック以下のフェニモア・クーパー号乗組員間の潤滑剤的な役割を果たしていた。双方からの絶大な信頼があったからこそ、この役割が果たせたのである。

福沢諭吉

漢学から蘭学、そして江戸へ

福沢諭吉の父・百　助《ひゃくすけ》は中津藩大坂蔵屋敷の回米《かいまい》方であったが、諭吉三歳の時に死亡したので、長兄・三之助が一一歳で家督を継いだ。兄姉五人は母・順と一緒に藩地の中津に帰った。諭吉一五歳のとき、地元の漢学者・白石照山の塾に入り、正式に漢学を学んだ。

嘉永六年（一八五三）七月、ペリー艦隊の浦賀来航と江戸大混乱のニュースは、たちまち九州の中津藩にも伝わった。兄は諭吉に長崎での蘭学修行を勧めた。

安政元年（一八五四）二月、二一歳のとき、長崎に出て蘭学を学ぶことにした。これまで研鑽を積んだ漢学をなげうって蘭学への転進を決意させたのは、時代の流れを的確に把握する鋭い感性、それに対応する実行力があったからであろう。

安政二年二月、長崎を発って江戸での修行を志した。途中、大坂に立ち寄ったところ、兄が蘭学者・緒方洪庵《おがたこうあん》の適々斎塾《てきてきさい》（適塾）への入門を勧めるので、それに従った。

翌安政三年（一八五六）九月上旬、中津で病気療養中の兄・三之助が死亡した。諭吉は中津に帰り家督を相続した。同時に、幼児からの養子先の中村姓を福沢姓に復した。福沢家の家督を相続した諭吉は藩の許可を得て再び緒方洪庵の適塾へ旅立った。

安政四年（一八五七）、適塾の塾長となる。

中津藩主・奥平昌服《まさもと》は時代の変化に敏感な人物で、黒船来航を聞くや、直ちに国元の龍王浜三百間の突端に砲台を築いて外敵に備え、築地鉄砲洲の中津藩中屋敷に蘭学塾を開いて藩中の子弟教育を熱心に推進した。

安政五年（一八五八）それまでの蘭学教師が辞職したので、その後任として適塾の塾頭を務めていた福沢諭吉に白羽の矢がたった。この年の一〇月下旬、福沢は江戸屋敷に入り蘭学塾を引き継いだ。「慶応義塾」の起源である。

蘭学から英学へ

安政六年六月二日（一八五九年七月一日）、幕府は約定どおり横浜を開港した。

その数日後の夜半過ぎ、福沢は江戸築地鉄砲洲の中津藩中屋敷を出て横浜見物に出かけた。当時、中津藩中屋敷の外出門限は一昼夜以内と定められていたので、横浜までのおよそ九里（約三五・三キロメートル）の道を夜半前までに往復しなければならなかった。

福沢は、横浜へ来るまで蘭学は万国に通じるものであると思っていた。ところが、居留地へ来てみると店の看板も壜《びん》のラベルも読めず、言葉も通じなかったのだ。愕然とした。やっとのことで蘭語のわかるドイツ商人キニッフルと出会い、筆談で居留地の現状を知り、居留地では英語が使われていることを知ったのである。

福沢の機を見るに敏な洞察力と柔軟な思考力は、「これからの世界の窓は英学によって開かれる」ことを察知し、間髪《かんはつ》を入れず蘭学から英学へと転進した。

渡米計画

横浜見物を契機に蘭学から英学に転じた福沢であったが、当時、英語塾があるわけではなく、ほとんど独学に近い勉強であった。

ちょうどその頃、福沢は幕府が日米修好通商条約の批准書交換のため使節団をアメリカ軍艦ポーハタン号でワシントンへ派遣すること、さらに使節団の護衛として軍艦・咸臨丸をサンフランシスコまで随伴させること、咸臨丸には軍艦奉行・木村摂津守と軍艦操練所教授方頭取・勝麟太郎が乗艦することなどの情報を入手した。

当時の日本は幕府の厳しい鎖国体制下にあり、海外に出ることはもちろん、帰国することも厳禁されていたので、海外渡航は至難のことであった。したがって、外国に行くには国禁を犯しての密航か、幕府には内密に行われていた各藩の海外留学生派遣か、幕府の命令による合法的な海外派遣かの方法しかなかった。

福沢はサンフランシスコ航海が決まった咸臨丸に合法的に乗りたかった。しかし、幕府役人に手づるはなかった。

咸臨丸乗船のいきさつ

咸臨丸乗船のため幕府役人に手づるを探していた福沢は、蘭学者の桂川《かつらがわ》甫周《ほしゅう》が木村軍艦奉行と姻戚関係にあることを知った。木村家には久迩《くに》という娘がいて、この娘に将軍・家慶《いえよし》が目をつけて、代々御殿医をつとめる蘭学の桂川家七代の甫周に嫁がせたのである。

福沢は桂川甫周に木村奉行への紹介を懇願した。甫周は福沢の人物の確かさについて、大坂の緒方洪庵からも聞いていたし、自らも承知していたので、喜んで木村に紹介した。

福沢は『自伝』のなかで咸臨丸乗船のいきさつを次のように書いている。

桂川の手紙を貰って木村の家に行ってその願意を述べたところが、木村では即刻許してくれて「宜しい、連れていってやろう」ということになった。というのは、案ずるに、その時の世態人情において、外国航海など言えば開闢《かいびゃく》以来の珍事と言おうか、むしろ恐ろしい命掛けのことで、木村は勿論軍艦奉行であるから家来はある、あるけれどもその家来という者も余り行く気はないところに、仮初《かりそめ》にも自分から進んで行きたいと言うのであるから、実は彼方でも妙な奴だ、幸というくらいなことであったろうと思う。直に許されて私はお供をすることになった。

福沢は木村奉行の従者の一人に加えられた。ところが、渡米のために乗った咸臨丸での生活や知見が、それからの人生を大きく変えることになろうとは、自身もまだ気付いていなかったのではあるまいか。

木村喜毅との親交

一八六〇年二月三日（安政七年正月一二日）品川沖を発ってから、同年六月二四日（万延元年五月六日）品川沖に帰るまでの一四二日間、木村軍艦奉行の従者として身辺に仕えていた福沢は、木村奉行の行動や苦労をつぶさに知っていた。

明治三四年（一九〇一）一二月九日、木村喜毅（芥舟）は死去した。

木村は生前「人生知己を得るはすこぶる難いが、余は幸いに二人の友を得た」と人に語っていた。これは幕府時代では岩瀬忠震《ただなり》、明治時代では福沢諭吉を指したのである。（『幕末軍艦咸臨丸』より）

その福沢は明治三〇年一〇月二三日、時事新報に「文明先輩の功労忘る可からず」と題して、我が海軍の建設に功労のあった木村の功績を讃えた社説を掲げた。その末節に

翁は当時航海に長じたる技師に非ざれども、兎《と》に角《かく》に日本建国以来最第一発の軍艦長として太平洋の彼岸に渡り、諸外国までも其名を知られたる人なれば、我国の海軍史上に特筆大書して其功労は遂に埋没す可《べか》らず、又当時艦長の部下として咸臨丸に乗組たる百何十人の士官・水夫の如き、既に多くは死したる事ならん、なれども中には尚《な》ほ生存する者もある可《べ》し。今日浮世の実際を見るに社会人文の進歩には何等の功労ある可しとも思はれざる変な古人物などを捜し出して位を贈り、又は華族に列する等の事も行はるゝ其中に、木村旧艦長を始《はじめ》として咸臨丸の乗組員が其偉勲功労の明白なるにも拘《かかわ》はらず、単に旧幕府時代の事なりとて、恰《あたか》も忘れられて社会の暗處に屏息《へいそく》するとは扨《そ》も扨も驚《おどろきいり》入たる次第にして我輩は唯明治政府の小局量を憫笑《びんしょう》するのみ。

と書いて、病床にあった木村の功績を讃えて、せめ

て生存中に何らかの表彰の特典を与えてほしいとの気持ちを世に訴えた。

咸臨丸を下船してからの福沢は、木村に対して敬愛と友情の念を抱き続けていた。この社説はそれを物語って余りある。

キャプテン・ブルック、中浜万次郎との出会い

英学を志し、初めて渡米する福沢にとって、ジョン・マーサー・ブルックとの出会いは極めて僥倖《ぎょうこう》であった。咸臨丸で浦賀を出港しサンフランシスコに入港するまでの三八日間、同乗したアメリカ人一一人と起居を共にしたことは、彼らの国民性や生活習慣などを知るうえで大いに役立ったはずだからだ。

特に、福沢はキャプテン・ブルックの率直で真摯な言動に深く感銘したと同時に、頑迷固陋《がんめいころう》な幕臣の姿を木村奉行や勝船将に見たのではあるまいか。ともあれ、初めてアメリカ人と行動を共にした福沢にとって、キャプテン・ブルックの存在は大きく、以後の人間形成に大きな影響を与えたであろうことは想像に難くない。

中浜万次郎についてはすでに述べたが、かつて立身の道は坊主になる以外にないと聞かされていた福沢は、七歳年長の万次郎が苦難のすえ身分にこだわらず自由に勉強のできるアメリカで研鑽をつみ、帰国後は幕府軍艦操練所教授に、今は通弁役として活躍している姿に深い感銘を受けた。そしてこのときに、それを可能にしたアメリカの教育制度に大きな関心を持ち、さらに、サンフランシスコやメーアアイランド海軍造船所における見聞は、教育への関心を一層深めることになったと思われる。

教育のロマン

福沢は咸臨丸に乗船したことでいろいろな人たちと出会ったが、なかでもキャプテン・ブルックや中浜万次郎との出会いは強烈なインパクトを与えた。

第一は、彼らの持つ実力優先の考え方である。

航海中は常に木村奉行の身辺に仕え、木村とブルックの会話を中浜通弁役を介して聞いていた福沢は、ブルックの「航海技術の優れた者はたとえ身分が低くとも士官に登用し、航海当直に立たせるべきであ

る」という進言を聞いて大きなショックを受けたと思うのである。これまで「門閥制度は親の敵」と思っていた福沢にとって、ブルックのこの一言はまさに青天の霹靂《へきれき》であり、新しい時代の考え方と写ったはずである。

第二は、キャプテン・ブルックのシーマンシップ教育である。

ブルックの咸臨丸乗組員に対する教育目標は、「航海者の技術を向上させて船の安全を確保する。そのためには航海技術教育と並行して、必要最低限の船内マナー教育を進める」というものであったが、特に船内マナー教育に重点を置いた。

前述したように、船内マナーは船と自分たちの身の安全を確保するための、つまりは海で生きるための生活習慣であり作法である。ところが、ブルックが見た咸臨丸乗組員は、ドアは開けっ放しでバタンバタンしていても平気、海が荒れてきても開口部を密閉しようとしない、火鉢を囲んでお茶を飲みキセルと煙草で一服しないと仕事が始まらない、それに対して誰も何も文句を言わない、という有様であった。

船に乗り苛酷な大自然を相手に生活すると、その大自然と対話しながら共存を図ろうとする知恵が生まれる。そして、長い経験から生まれた知恵は、常に大自然を観察しながらそれとのバランスを考えることであった。具体例を挙げると、風も強くなり海も荒れると判断されるときには、直ちに帆を減じ、開口部は閉鎖し、移動物は固縛して荒天に備えるといったことは、船乗りにとってはごく当たり前のことなのだ。

ところが、このごく当たり前のことが咸臨丸乗組員にはできなかった。海上ではこの当たり前と思われる過程で、危機管理能力や勇気、決断力、実行力などが養われていくのであるが、乗組員にはその経験も訓練もなされていなかったのである。

また、船のような集団生活では協調性が要求されるが、協調性はお互いの立場を理解し認め合うことから始まるもので、集団の中の一員としてそれを経験することは、リーダーシップの基本を学ぶことにも通じるのである。

福沢が咸臨丸に乗船するまでの生い立ちを『自伝』で見るかぎり、危機管理能力、勇気、決断力、実行力など、リーダーに要求される資質に恵まれている。もし欠けているとすれば協調性ではなかったかと思うのである。

協調性については、幼時の父親の死による生活環境の激変が大きく影響していることは否めない。ところが、蘭学に転向し適塾での内塾生として集団生活を送るようになってからは、直ぐに集団の中に溶け込んでいる。

福沢が適塾の内塾生になってからの生活について、飯田鼎は『福沢諭吉』の中で

> この若者たちの集団の乱暴な行動のなかで諭吉の演じている役割をみると、どこかさめた部分があって、相当にはげしいことをいって罵倒したり、ひどいことをやっているのだが、窮地に追い込まれないようにちゃんと抜道ができている。福沢に特有なバランス感覚はこの適塾の生活のなかで養われ発達したのではないかと思う。

と述べている。

その視点で福沢の行動を見ると、要領のよい狡賢《ずるがし》こい青年としか映らない。果たしてそうであろうか。福沢にしてみれば、『自伝』に述べた適塾でのさまざまな生活は、適塾の環境の中での生活手段として仕方なくとった方法であって、これを「抜道」ととられ、さらに、これらの生活事例から「福沢に特有なバランス感覚は適塾の生活のなかで養われ発達したのではないか」と言われるのは、はなはだ迷惑なことではないだろうか。

確かに、適塾の塾生になるまでの福沢は一見、自分本位の生活を送っている。それは、「混和することが出来ない」中津という狭い封建社会、しかも下級武士社会の次男坊として育った福沢にとっては、いたしかたのないことであった。逆に言えば、その環境が自分本位の、別の言い方をすれば独立心旺盛な福沢を育てたと思うのである。それが中津を出るまでの福沢のバランス感覚ではなかったか。

その後、適塾に入って内塾生となり、多くの塾生と勉学に励み寝食を共にするようになると、福沢の

生き方も変わってきた。特に塾長になってからの生活は一見バンカラ風であるが、決してそうではない。商都大坂という土地にあり、地方からの塾生が多かった適塾には、バンカラ生活が似合っており、それで生活パターンのバランスがとれていたのである。

我々は社会生活の中で、「私」の部分と「公」の部分を適当に使い分けながらバランスよく生きている。「私」を強調しすぎると人のひんしゅくを買い、「公」を強調しすぎるとうるさがられる。ところが人は、住む環境や自分の立場によってそのバランスを大胆に変えなくてはならない。これが福沢のバランス感覚なのではあるまいか。

適塾の生活は端から見ればいろいろ批判もあろうが、彼と彼の周辺から見ればごく当たり前のことだったのである。だから福沢は塾長というよりも良きリーダーとして塾生から認められたのである。

抜け道をつくりながら、つまり、責任逃れのための逃げ道を作りながら生活しているようなバランス感覚ではリーダーは務まるわけはなく、資格もない。

福沢は、「日本を出るまでは天下独歩、眼中人なし怖いものなしと威張っていた磊落《らいらく》書生」と『自伝』にいうが、確かに福沢には一度心に決めたことについて、その実現のためには形振《なりふ》りかまわないところがある。ところがそれは、福沢の先見性、情報収集力、判断力、決断力、行動力などの総合的な結果から出た結論であったから、その本質を誤ることはなかった。しかし、その言動は時にひんしゅくを買ったり誤解を招くこともあった。

福沢は軍艦奉行・木村摂津守のことは何も知らぬまま、自分から木村の従者を志願して咸臨丸乗船を実現した。だから当初、木村奉行を「門閥制度の申し子」程度にしか見ていなかった。ところが咸臨丸に乗船し、木村奉行の身辺の世話をするうちに、なかなかどうして尊敬に値する奉行であることを知ったのである。

一方、船将・勝麟太郎とは初対面であったが、勝は大嵐に遭遇した咸臨丸をどのように操船したらよいのか、どうしたら危機的状況から脱出できるのか、その術《すべ》を知らなかったのである。ところが、同乗したアメリカ人たちはキャプテン・ブルックの指揮のもと、やすやすとそれをやってのけ、咸臨丸の危急を救ったのである。船酔いで寝込んでいたとはいえ勝は大変な失態をしでかし、一船の指揮者としての危機管理能力の欠如を衆目に曝す結果となった。福沢は噂に聞く勝と現実の勝とのギャップに落胆を隠せなかった。

このようなことから、咸臨丸内での勝船将に対する信頼感は徐々に失われていったと同時に、勝自身も無気力になり、まったくやる気を無くして、ふてくされてばかりいたのである。

そのような勝を咎めるでもなく、むしろサポートまでして咸臨丸を無事帰国させたのは木村奉行であった。それらの経緯を木村の傍らで見ていた福沢が、木村に対して敬愛の念を深めていったのは当然の成りゆきで、それとは逆に、勝に対して批判的であったとしても何ら不思議はない。

サンフランシスコ在泊中の福沢は、木村奉行の従者として行動をともにすることが多く、パーティーへの出席、各種工場の見学、市内見物などと見聞を広める機会に恵まれていた。そのおかげで、アメリカの社会制度や生活慣習を肌で感じとることができたのであった。福沢の日本国民に対する啓蒙活動は、ここに端を発していると言っても過言ではない。

また、『ウエブスター』の辞書や、清国商人から『華英通語』を買い求めたり、秘かに写真屋の娘とのツーショットとしゃれ込んでみたりと、ときには思いきった行動もしている。これらは、独学で勉強を始めた「英学」を実地に試してみたかったからであろう。

福沢はこうして教育の偉大さと素晴らしさを実感し、初めて教育のロマンを知った。そして生涯そのロマンを追い続けるのである。

紳士となって帰る

海や船の長い伝統を持つイギリスには「海へ送り出した子供は紳士となって戻ってくる」（We sent away a boy and got back a young gentleman.）という言葉がある。

二七歳にして初めて大洋航海を経験し、また、短期間ではあったがアメリカでの生活を経験した福沢は、海を一つ隔てたアメリカの社会は日本と根本的に違うところがあることに気付いたが、それがどのようなものなのか、さっぱり見当も付かなかったのである。『自伝』にいうように、「理学上の事に就《つ》いては少しも胆《きも》を潰すということはなかったが、一方の社会上の事に就いては全く方角が付かなかった」状態であった。

ところが、サンフランシスコでの生活は福沢をはじめ乗組員らにアメリカ社会の一端を垣間見る機会を与えてくれたのである。

咸臨丸士官たちや福沢は、大海原を翔《かけ》る小さな咸臨丸のなかで生活しながらアメリカを見聞し、紳士となって帰国したのだ。

キャプテン・ブルックや中浜万次郎がそうであったように、福沢もまた海に出て海に育てられた一人だったのではなかろうか。

キャプテン・ブルック

キャプテン・ブルックの報告

一八六〇年二月七日（安政七年正月一六日）咸臨丸は横浜を出航し、夕刻、浦賀に着いた。

ところが、二月一〇日（旧正月一九日）に浦賀を出港して外洋に乗り出してみると、勝船将をはじめ日本人乗組員はほとんど役に立たなかった。この状況は往路航海の半ば過ぎまで続いたが、その間、キャプテン・ブルックは手を拱いていたわけではなく、咸臨丸乗組員に対して航海当直の組み合わせや当直中の職務の指導、さらには帆船運用や航海技術―シーマンシップ―の教育までも実施していたのである。

しかし、キャプテン・ブルックはこの日本人の無能ぶりを外部に対してほとんど洩らしていない。サンフランシスコに到着したとき、同地の新聞記者に日本人の技術をほめこそすれ、自分のしたことは一切、話していない。

一八六〇年三月一八日のデイリー・アルタ・カリフォルニア紙を見てみよう。同紙は咸臨丸の装備、要目などを簡単に紹介し、アメリカ測量艦フェニモア・クーパー号に乗っていたブルック以下一一名の同乗者があったことなどを伝えた後、「われわれ記者は、船内の興味ある事情をブルック艦長とカーン氏から聞くことが出来た」として

この軍艦は日本海軍の数隻中の一艦で、初めて外国の港を訪問したものである。もし、前記のアメリカ海軍士官が横浜にいなかったならば、この軍艦は外国へ出ることが出来なかっただろう。しかし、表面の目的はポーハタン号が遣米使節団を無事に送り届けたのを見届けて、直ちに帰国、それを報告するにあった。

と書いている。ブルックが見た咸臨丸の使命と、彼の自負のほどがうかがえて興味深い。さらに

日本の水夫達は海上生活に慣れ、航海技術に精通している。マストの上高く上り実に敏活に帆の操作をしている。航海中べつに処罰を受けた者はなく、すべて円滑にそして愉快に航海がつづけられた。役人（士官）は非常にやさしく情こまやかである。

彼等は長崎市の学校でオランダ人の教官たちから訓練を受けた。すべての機械器具はオランダ及びイギリス製のを使っており、イギリス製測時器二箇も備えつけてある。航海術はすべてオランダ語である。暴風雨の時でも命令はオランダ語で下されるといったあんばいだった。

と、ブルックが『咸臨丸日記』に書いたような、「日本人が無能なので、帆を充分にあげる事ができない。士官達は全く無知である」といったようなことは一切、口にしていないのである。ただ、アメリカ海軍長官アイザック・トウシイに宛てた報告書の中で、初めて率直に航海中のことを述べている。しかしその中でも日本人は遠洋航海に慣れ、いまではかなり熟達したと結んでいる。

この件に関して、キャプテン・ブルックがサンフランシスコ到着後に海軍長官アイザック・トウシイ

に提出した書簡（万延元年遣米使節資料集成・第五巻）を紹介しよう。

日本軍艦咸臨丸
サンフランシスコにて
一八六〇年三月二五日

謹啓〔海軍長官アイザック・トウシイ宛〕

小官は咸臨丸に搭乗し、江戸湾を出発してより三十七日の航海の後、今月十七日にサンフランシスコ港に到着したことを謹んで海軍省に報告いたします。カーン氏とフェニモア・クーパー号の乗組員と一緒であります。（中略）

咸臨丸は長崎と江戸の間を幾度か往復しておりますが、普段は蒸気を用いるので乗組員達は荒天時の帆の操作になれておりません。それで港を出るとすぐ強風にあい、また航海の後半にも同じような強風にしばしば見舞われたので、アメリカ人水夫達の働きは重要でありました。

日本人達は航海術や船の運用に関してオランダ人から教えを受けているに拘わらず、この咸臨丸の乗組員は各自の部署が決まっておらず、ひどい嵐の中を船が風にのり大浪を切って走っている時も、しばしば二、三人の乗組員しかデッキにおらず、出港後（空白）日たってから、ようやく士官達が当直に立つようになりました。それまでは、たまたま何かやりたい気持ちになった人が見張りに立つという状態で、これは全く驚くべきことであります。

アメリカ水兵が当直を行い、荒天の場合も見張りに立ち舵をとり、また舵手の指揮をとりました。しかし日本人も経験を積むに従って腕をあげ今では充分船をあやつることができるようになったと推察いたします。

浦賀出帆の日艦長勝麟太郎は病気となり（空白）まで寝室に閉じこもっていました。

士官たちは立派な観測者であり、江戸でクロノメーターの時差を測定し、時間を決めて観測をしております。機関士官も大変有能であり、当直士官も訓練をすれば熟達すると思います。

このように、キャプテン・ブルックは咸臨丸乗組員のことを極めて好意的に報告することはあっても、彼が日記の中に書いたような日本人乗組員に対する不平、不満、不信を外部に漏らすことはなかった。

偉丈夫《いじょうぶ》は偉丈夫を知る

軍艦奉行・木村摂津守は日記『奉使米利堅紀行』（『幕末軍艦咸臨丸』所載）のなかで、キャプテン・ブルックについて次のように述べている。

　甲比丹《かぴたん》ブルーク近日其《その》都府に帰らんとの由なれば、予 聊《いささか》旅舎に於いて送別の宴を設《もう》けたり。（中略）予此《この》人の良友懇篤《こんとく》なるを感ぜしは航海中はさらなり着船の後も、予の爲に諸事周旋《しゅうせん》し、又船の修補につきては種々心を尽くし数日造船場に居残り都合よく計らい、予の意の如く其《その》工不日《ふじつ》に成就せしは実に此人の力なりき、予 屡《しばしば》其労を謝したればブルーク日本にありし時、政府より特別の御《おん》扱を受けしにより、聊《いささか》其《その》万一に報いんため、且は両国かく親睦を結びぬれば是全くプレシデントへの奉公なりといえり、益《ますます》其《その》偉丈夫なる事を知れり。

また、ブルックが咸臨丸を去るに当たり、木村奉行は持参の千両箱を開けて、この中から好きなだけ持っていくように勧めたが、ブルックはこれを受け取らなかったという。

このことについて、『万延元年遣米使節図録』（田中一貞訳）所収のポーハタン号士官ジョンストンの日記は

　送別会の前後に木村は八万ドル入っている鉄の箱をブルックに示し、感謝の意をこめて彼の欲する額を取り出すようすすめたが、ブルックはこれに応じなかった。「何となればブルック中尉はこの異邦の珍客を自国および自国民に紹介せる先駆者たるの一事を以て満足し他には何等報酬を求むるの念慮は無かったから」であった。

と述べている。

ブルックは、「日本と日本人をアメリカとアメリカ人に初めて紹介した名誉」の一事に満足し、他には何の報酬も求めなかったのである。キャプテン・ブルックはそういう人物であり、そういう指導者にシーマンシップ教育を受けたからこそ、咸臨丸は無事に日本へ帰着できたのである。

偉丈夫は、よく偉丈夫を知っていたのである。

晩　年

一八六一年、南北戦争が勃発した。ブルックは南部連合に属し、南部海軍科学技術士官として勤務し目覚ましい活躍を見せたが、この時に発明したのが大型鋳鉄砲「ブルック砲」である。これは、滑腔砲としても施条砲としても、また陸上砲としても艦砲としても利用できるという優れた大砲であった。

その前にもブルックには発明がある。合衆国海軍水路部に勤務していた一八四〇年代の後半、アメリカでは海底電線を敷設するため大西洋の水深を測定する必要に迫られた。

測深はロープの付いた測深鉛を水中に垂らして行うが、深い場所の測深には重測鉛（ディープシー・レッド、deep sea lead）を使用する。重測鉛は普通三〇ポンド（約一三・六キログラム）の測鉛で、これでは二〇〇〇メートルが精一杯でそれ以上の測深は不可能であった。そこでアメリカ海軍水路部は三二ポンド（約一四・五キログラム）の砲丸（炸裂弾が発明されるまで使用していた砲弾用の鉄球）を使い、それを深海に吊り下げる丈夫な細いロープを開発したが、砲丸着底の瞬間を知るのは困難であった。そこで砲丸の中心に穴を開け、鉄棒を刺し通し、着底と同時に鉄棒だけが砲丸から抜け出る方法を発明したのがブルックであった。鉄棒の下端には獣脂を詰める穴を設け、砲丸が海底に達したときにその場所の小石、砂、泥など、底質を構成する物質を粘着させて引き揚げるよう工夫されていた。

一八六五年、南部連合が全面降伏した後もブルックは許されず、やむなくレキシントンのヴァージニア陸軍大学の物理学、天文学教授の職に就き、静かな生活を送ったが一九〇六年、波乱に満ちた七九年の生涯を終えた。

咸臨丸の船将は誰であったか

軍艦奉行

前述した咸臨丸乗組員名簿には、軍艦奉行と教授方頭取の名称はあるが、艦長（船長）に相当する咸臨丸頭取、咸臨丸船将の名称はない。

軍艦奉行という名称は、安政六年（一八五九）二月に創設された幕府の職名で、禄高二千石、若年寄支配であったが後に老中支配となる。

初代は長崎海軍伝習所以来、海軍創設に力を尽くした永井尚志《なおゆき》である。軍艦奉行は事実上、幕府海軍を統括する職務であった。

軍艦操練所教授方頭取

軍艦操練所は安政四年（一八五七）六月、幕府海軍の調練機関として江戸築地講武所に併設され、長崎海軍伝習所でオランダ式の伝習を受けた修業生らを教授方に用いて、測量術、算術、操船術、運用術、砲術、造船学、機関術、操船調練、水泳などの科目を伝授した。幕臣に限らず、大名の家臣にも門戸が開かれていた。

初代総督は永井尚志で、矢田堀鴻《こう》（長崎海軍伝習所一期生）が教授方頭取を務めた。この職制からも分かるように、教授方頭取は「教頭」に相当する職である。

咸臨丸の職制

前述したように、当時の幕府海軍には船内組織も船内規則もなく、陸上の組織をそのまま海上に持ち込んだに過ぎなかったので、咸臨丸乗組員の階級は極めてあいまいだった。特に勝は、咸臨丸頭取であればまだしも、教授方頭取というあいまいな名目で乗船させられたのであるから、憤懣《ふんまん》やるかたなかった。

船内規則

随伴艦が観光丸に変更された安政六年一一月晦日《みそか》、翌年一月の出航に先立ち、勝は船内規律ともいうべき「船中申合書」（『海軍歴史』より）をつくり乗組員に告示した。

船中の規則は船将より令するなり。我輩教頭の名有りて船将に非ず、然れども運転針路其他航海の諸術は又指揮なさざる可《べか》らず、故に今仮に則を定め諸士へ告示す。

一、船内水の用方を減ずるを以て第一とす。上下を等敷《ひとしく》一日一人二升五合とはかり余量は決して用《もち》ゆることを免《ゆ》るさず、病用は制外なるべし。

　米一人一日五合、飯と成すに海水を以て洗ひ清水を以て流すこと一度、此の用一升、焚くに五合用ゆ、此外三度の食用五合。雑用五合合せて二升五合とす。

一、梳剃《そてい》（まげ・ひげの手入れ）の為に多水を用ゆることなかれ、梳剃四五日目一度水一合より多きを禁ず。

一、平日衣服は適宜の温度なる処にて一衣三日を経、他衣に換ふを定《さだめ》とすべし。厳暑の地にては一日二衣を換ゆべし、雨雪霜露に濡れたる衣は必らず速に着替すべし、汗出たる時また同断、垢付汚穢《こうふおわい》之衣は著《き》ることなかるべし、悪臭ある服は 尤《もっとも》禁ず、 虱《しらみ》を生ぜしむる者は過銭《かせん》（罰金）を出すべし。

　但《ただし》換へ用ゆる衣は木綿《もめん》或は布の下著而已《のみ》

一、当番の者は必らず 括 袴《くくりばかま》或は小袴を用ゆ、非番の者は部屋内のみ白衣、甲板上は袴を用ゆ、白衣細帯尾籠《びろう》（不作法）の体《てい》にて船内歩行を厳禁す、総而《すべての》士官は衣服整頓形容端正《たんせい》なるべし。

一、日々の食事は常《つね》時限極《き》めの外《ほか》食することを免《ゆ》るさず、当番の者は非番之者と交代し後《のち》食に附くべし。

一、夜中当番の者非常の働きありし時は食二度を免《ゆ》るす、常時は一度なるべし、但飽食を禁ず、他に火酒（焼酎）二三杯を与ふべし、厳寒之夜火酒多量を一時に用ゆることを免るさず、時々軽量を与ふべし、厳暑又同断。

一、自分貯之食料敗腐に傾きかゝりたるものは速に捨つべし、又臭気を生じ又酸味を生じたるものは喰うことなかれ、時々清涼下剤を服し逆《ぎゃく》上眩暈《じょうめまい》を未然に防ぐべし。

一、昼間は甲板を緩歩し事なきも昼寝を禁ず、夜番の者制外なるべし。

一、寒夜烈火に温まり寒風に冒露するなかれ、火鉢は極の数より（二個以上）用ゆるを禁ず。

一、非常の烈風怒涛起り或は賊船不測に襲ひ来るとも恐怖転動大声を発し混雑すべからず必らず船将の命を待ち其指揮に応ずべし。

彼邦《かのくに》諸国の式に従ふ時は一船大小の事業悉《ことごと》く船将の指令に出ざることなし、就中《なかんずく》前文云《いう》処《ところ》の如きは其《その》令一に出ざる時は衆人疑惑し水夫混乱して危険殆《ほと》んど避くべからざるに至らん、今《いま》名義当らず（船将ではなく）頗僭上《すこぶるせんじょう》なりといへども諸君子に我少《すこしく》長たるを以て万一危険に至らば衆議を公裁せんとす。

一、出納官は薪水飲食諸料日々の定量を細記し、其減耗の増減を比較し之を船将に告げ、且つ半夜に交代して士官水夫の部屋々々失火を監護し可ならん歟《か》。

彼国に而《て》出納官員者《は》指揮官の属下《ぞくか》士官の下列に置き一船の出納を司る、今我国にて者《は》一船指揮の定めなく教頭纔《わずか》に其運転を指揮し烏合《うごう》の衆を使う故に船内入用の諸品必要備品とを論ぜず悉く出納官の監を経て減少せらる、爰《ここ》を以て今此官の進退を定めず。

一、水夫を役すること公用にあらざれば漫《みだり》にする事なかれ、定まれる役夫といへども心を用ひ厳に過ぐることなかるべし。

彼国にては兵卒水夫指揮官の諸用を弁じ役使すること我が奴隷の如し、是規則厳酷なると全権指揮官に在るを以て若し其命《そのめい》に違《たが》へば放逐するが故なり。皇国は属殊にして外国の風に似ず、唯恩義と廉恥を以て衆心を維持し、危険生命を失ふ際にも臨ましむる故に平常下に厚からざれば一致せず、上官苦心焦思《しょうし》すること下の十倍ならざれば能はざるべし、諸君子これをおもへ。

この船中中合書のなかで、勝は水の使用量の制限、特に髷《まげ》の手入れについては厳しく制限し、次いで船内の服装、食事、船内生活上の注意、さらには船内統率《とうそつ》、出納官《すいとうかん》の職務に言及している。最後に、西洋流の厳酷な規制とは違い、日本では恩義と恥を知る心を持っており、危険に直面してもそれに立ち向かうために、上に立つ者は日頃から下に恩義を施し、恥じない行動をとり、部下の信頼を得なければ全体の秩序は保たれない、上官たる者、部下の「十倍」も「苦心焦思」しなければそれは達成できない、と士官たちの自覚を促した。

なお、船中申合書の冒頭にも見られるように、現場ではすでに船将（艦長）―正式な呼称ではなかったが―という言葉を使っているので、以後は船将とする。

咸臨丸の船将は誰であったか

勝は、船中申合書のなかで

> 船中の規則は船将より令するなり、我輩教頭の名有りて船将にあらず、然れども運転針路その他航海の諸術は又指揮なさざること能わず、故に今仮に則を定め諸子に告示す。

と述べ、自分は船将ではないと強調する一方で、航海については自分が指揮を執らざるを得ないと覚悟している。

一方、木村は日記『奉使米利堅紀行』のなかで

> この航海は吾國未曽有《みぞう》の大業なれば、乗組を精選する事、最緊要なりとて、
> 運用方は　佐々倉桐太郎
> 　　　　　浜口興右衛門
> 　　　　　鈴藤勇次郎
> 測量は　　小野友五郎
> 　　　　　伴鉄太郎
> 　　　　　松岡磐吉
> 蒸気は　　肥田浜五郎
> 　　　　　山本金次郎
> 公用方には　吉岡勇平
> 　　　　　小永井五八郎
> 通弁官は　中浜万次郎
> 而して指揮官は勝麟太郎とす。

と述べているように、勝に咸臨丸の指揮を執らせる、つまり、勝を咸臨丸の船将（艦長）とすることをは

っきりと認識している。おそらく口頭でも伝えたと思われるが、勝は「口頭では駄目だ、辞令を出せ」と正論を口にして応じなかったと思うのである。しかし木村には、いまさらどうすることもできなかった。この両者の認識のズレは、この航海が終わるまで続くのである。

また、ブルックは『咸臨丸日記』のなかで木村を「アドミラル」（提督）、勝を「キャプテン」（艦長）と呼んでいるが、長崎海軍伝習所でオランダ海軍士官から教育を受けた勝ほどの者が、一艦に同乗する軍艦奉行と教授方頭取（船将）の役割を知らぬはずはない。軍艦奉行・木村摂津守は幕府海軍総帥、遣米使節副使として咸臨丸に乗船したのであって、咸臨丸の船将は勝麟太郎であったことは明白である。

第六章

咸臨丸がゆく

食料、日用品の積込み

咸臨丸には軍艦奉行・木村摂津守以下九六名の乗組員と元アメリカ海軍測量艦フェニモア・クーパー号艦長ジョン・M・ブルック大尉以下一一名が乗船したので、総計は一〇五名となった。かなりの大所帯のうえ、なにぶんにも初めての遠洋航海であるから、積込み品も実に多種多様で、細かい配慮がなされている。内容は『海軍歴史』に詳しいが、その一部を紹介する。（括弧内は筆者）

米は一人一日五合ずつとして、百人・一五〇日分
として七十五石（約一一・二五トン）
水は一人一日二升五合として、百人・四十日分と
して百石（約一八トン）
灯油七斗五升　一夜五ヶ所にて五合　用意とも一石
蝋燭《ろうそく》七百五十挺　一夜五本ずつ　用意とも千挺
半紙七束《そく》（一束は一〇帖、半紙一帖は二〇枚）
一日五枚ずつ
美濃紙《みのがみ》三束　程村《ほどむら》紙三束　西の内紙三束
是等は図取其の他日記用
（美濃、程村＝栃木程村、西の内＝茨城西野内
村の原産）
炭百五十俵　九十日分　用意とも二百俵
薪千三百五十把《ぱ》　九十日分　ただし一日十五把《わ》ずつ
醤油七斗五升　一日一人五勺《しゃく》ずつ　一石五斗
是を多量に与ふる時は咽《のど》乾きて湯水を多く用ゆ
るに至るべし

味噌六樽　茶五十斤
（一斤は一六〇匁、六〇〇グラム）
焼酎七斗五升　一日一人五勺ずつ　一石五斗
麦四石　引割麦二石　葛粉《くずこ》二斗
　此の三品は病人用
鶏三十羽　家鴨《あひる》二十羽　豕《ぶた》二疋《ひき》

ほかに、水夫たちはみな筒袖で草鞋《わらじ》ばきなので、草鞋を何百足も用意するというありさまで、船内はいたるところ雑然たるものであったと伝えられる。

蒸気機械入用の諸品積込み

咸臨丸は百馬力スクリュー船である。蒸気機械は七昼夜使用するとしたが、さらに甲板上や空隙のある所に石炭を積み込めば二昼夜分は増えると計算し、次の数字を挙げている。

石炭　八万四千斤（一斤＝一六〇匁＝六〇〇グラム、約五〇・四トン）
機械油　八斗四升（一斗＝一八・〇三九リットル、約一五一リットル）
灯油　二斗一升（一斗＝一〇升、約三七・九リットル）
ヘット（牛脂）　三斗三升九合
麻　一斤
サボン（石鹸）　十八斤

出航

安政七年（万延元年）正月一二日（一八六〇年二月三日）、軍艦奉行・木村摂津守は朝早く登営し、将軍・家茂《いえもち》に拝謁して暇乞《いとまご》いし、それから閣老はじめ他の僚輩にも別れを告げ、家に帰った。

家では家族、親戚、僚友が集まり、杯を上げて無事の航海を祝った。その夕刻、講武所内の操練所より端艇（ボート）で品川沖の咸臨丸に向かい、到着したのは夜の八時であった。

正月一三日午後二時半、船将・勝麟太郎は咸臨丸を指揮して品川沖を抜錨、横浜に向かい、午後五時二分、横浜沖に投錨した。

　正月一四日キャプテン・ブルックらの荷物を積み込む予定であったが、日曜日のためアメリカ側の都合で積込みは翌一五日に変更された。

　正月一五日ブルックらの荷物を積込み、翌一六日午後一時ブルックほか一〇名、残らず乗船、午後一時四〇分、抜錨して浦賀に向かった。

　同日午後四時五七分、浦賀港に投錨した。この日より飲料水や諸品の積入れが急ピッチで行われ、出航前日の正月一八日夜おそくまで続いた。

　安政七年（万延元年）正月一九日（一八六〇年二月一〇日）午後三時三〇分、咸臨丸は浦賀を抜錨して北米サンフランシスコに向け出航した。

荒れる海

　咸臨丸は二月一〇日（正月一九日）浦賀を出港して間もなく強烈な荒天に遭遇した。特に犬吠埼《いぬぼうさき》から三陸沖にかけては強烈な低気圧の通過と、そのあとに続く季節風の吹出しによる大西風《おおにしかぜ》で、海上は時化《しけ》に時化るのである。

　このような荒海を初めて経験する木村奉行、勝船将はじめ日本人乗組員は、ほとんど船酔いで倒れてしまった。だから、咸臨丸の運航はベテランのキャプテン・ブルックと彼の部下、および中浜万次郎らが従事せざるを得なかった。それに、船酔いに強かった浜口興右衛門、小野友五郎らが手助けをするというありさまであった。

　その状況をキャプテン・ブルックの『咸臨丸日記』で見てみよう。（括弧内は筆者）

　二月十日の記事
　午後三時浦賀出帆。出港の際和船の間を縫って走る。右舷ウイスカー（バウスプリットの両側から出ている円材）が落ちて流れてしまった。湾の中で西南西の強い風にのる。和船は小帆で湾にはいってくる。艦長（勝）は下痢を起こし、提督（木村）は船に酔っている。洲崎と大島の間の航路に入ったので、私は北からの強い風を期待している。

二月十一日（旧正月二十日）

明け方目を覚ました。船は激しく縦揺れしている。デッキに出てみると、二段縮帆《しゅくはん》した大檣（メーン）トップスルが裂けていた。その帆をたたむ。フォースル（前檣大帆、フォアマストの最下段の帆）の半分も破れている。それもたたむ。スパンカーを絞ったが、裂けて流れてしまった。非常に荒い海で、しばしば波が打込む。日本人は全員船酔いだ。

今、船は大檣トライスル（メーンマストの縦帆）で走っている。蒸気もたいている（機関も使用している）。陸地はどんどん遠ざかる。黒潮に入ったらしい。船は北東微東（ＮＥ／Ｅ、巻末資料参照）に向っている。風が西に変わりそうだ。変わるとよいのだが。

午後四時、パテント・ログ（曳航測程儀）十六・1/2マイル。風が非常に弱いのでトライスル（縦帆）とヘッドスル（艦首の縦帆）を捲き上げ北東に転舵する。（略）提督はまだ自室にいる。艦長も同様。（略）

二月十二日（旧正月二十一日）

今朝は雨模様、水銀晴雨計は水銀の動揺のため役に立たない。小さいアネロイド晴雨計（巻末資料参照）はかなり調子がよい。午前九時、風は東から南東に変わった。新しいコースを北東にとる。九時半、気圧はアネロイドで七六〇。（略）

午後二時四十五分、気圧七五〇・三四、天候定まらず。風が北に変わった。小雨。雲多し。帆をたたむ。三日分の石炭しか持っていないので、午後三時には蒸気を止めよう。しかし、じき西風が吹くだろうと思う。もし米国の石炭を積んでいたら、順風の吹きはじめるまで、六日か七日は蒸気で走れるのに。（略）

二月十三日（旧正月二十二日）

夜のうち非常に強く風が吹いた。北北西の疾強風をうけて、船はトライスルと前檣の中檣ステースルを張って進む。（略）波高く船は七ノット（時速約一三キロメートル）で進む。日本人達もだんだん船酔いから回復してきた。私はひどい風邪を引き、横にならざるを得なかった。頭痛がする。提督も艦長もまだ病気である。陰鬱な天候で、雲が濃く寒い。

二月十四日（旧正月二十三日）

船は夜のうちよく進んだ。午前八時三十分、約一二〇マイル（約二二二キロメートル）走っていた。船は南東微東（ＳＥ／Ｅ、巻末資料参照）に変針を余儀なくされた。右舷中部甲板のボートをとりいれる。日本人がキャビンの天窓を踏み破ってこなごなにしてしまったので、我々は円窓のあかりだけになってしまった。富蔵《とみぞう》（塩飽出身の水夫、サンフランシスコで病死、サン・マテオの日本人墓地に埋葬）が今朝姿を見せた。にこにこしていたけれど、まだ全快してないようだ。万次郎はほとんど一晩中起きていた。彼はこの生活を楽しんでいる。昔を思い出しているのだ。（略）

昨日はアホウ鳥をみ、今日は黒いカモメを見た。

（略）

二月十六日（旧正月二十五日）

夜のうち、風は西に変わった。ほぼ北西。日本人達が前帆桁（フォア・ヤード）を風にあわせて動かさなかったので、思った程進まなかった。雨とみぞれを伴った強いスコール。波が荒い。九時に二段縮帆の大檣トップスルをあげる。天測をなす。カーン氏はキャビンを転げている重たい箱を片付けてもらいたいといった。それは日本人の食物が入っているのだろうと、我々は考えていた。ところが、驚いた事には、その箱にはキャビンを吹き飛ばすに十分な一四万個もの雷管《らいかん》（火薬の発火具）が一杯つまっていた。私は万次郎の助けをかりて片付けた。現在非常に調子よく走っている。太陽が見えてきた。

日本人は火に関して全く不注意だ。昨夜は料理室から火を出した。正午の天測によればキング岬から四八〇マイル（約八八九キロメートル）である。

キャプテン・ブルックの記したこのような事実に

ついて、咸臨丸士官らの残した航海日記類にはほとんど記録されていない。おそらく、士官―武士としてのプライドが、それを許さなかったのであろう。

ところが、士官以外の咸臨丸乗組員たちは、事実は事実として書き残している。

水夫小頭・石川政太郎は出港後の大時化について『安政七申歳正月十三日・日記』(『万延元年遣米使節史料集成』所載)に

　船之上テ或ハ表《オモテ》ヨリ塩(潮)打込ミ、誠ニ大サワギ、此時壱同《コノトキイチドウ》心配ス

と言っている。

また、木村奉行の従者であった斎藤留藏は、日記『亜行新書』(『万延元年遣米使節史料集成』所載)に次のように記録している。

　正月廿日、土曜　早暁より風猛強、波涛甲板上に潅《そそ》ぐ事三尺或いは四尺、舟の動揺も又従って甚だしく、その傾く事凡《およ》そ廿七、八度、而も波涛の高さ四、五丈を下らず。

【解説】四、五丈：約一二～一五メートル。

また、斎藤留藏と同じく木村奉行の従者であった長尾幸作は、彼の日記『亜行日記・鴻目魁耳《こうもくかいじ》』(『万延元年遣米使節史料集成』所載)に

　(正月)廿日
　船病《せんびょう》我《わが》同床七士皆《みな》絶喰《しょく》

と記録している。浦賀出港の翌日、同室七人(木村奉行の従者五人と医師の弟子二人)は船酔いで食事もとらずにダウンしたというのだ。さらに

　(正月)廿二日、雨(略)
　船中皆病《ヤム》、暫《シバラク》十二三人ヲ以テ船ヲ便ズ、実《ジツハ》余出生初テ命ノ戦々恐々《センセンキョウキョウ》ヲ知ル、衆人皆死色唯《タダ》亜人三輩言笑スルヲ聞ク、皆中ハ絶喰、夜五更《ゴコウ》後睡《ネム》リ成ル。

【解説】唯《タダ》亜人三輩：アメリカ人三人だけ。

五更：午前三時〜五時。

と記録している。

また、福沢は航海中の大荒れについて『自伝』の中で

これは何の事はない、生まれてからマダ試みたことはないが、牢屋に這入って毎日毎夜大地震にあっていると思えば宣《い》いじゃないか。（略）

と、いつも同船の人に戯れていたと語っている。さらに

船中はもうビショビショで、カラリとした天気は三七日の間に四日か五日あったと思います。誠に船の中は大変な混雑であった。

とも書いている。サンフランシスコ航路のこの季節の天候は常にそのようなものなのである。

後年、木村奉行は

殊に諸藩から従僕名義で乗組んだ連中など皆ヘトヘトになって役に立たぬ中に、独り福沢のみ平然として船に酔わず、私の介抱をして飲食衣服の世話をなし熱心に働いて居たのには感心した。

と話しているが（土居良三『軍艦奉行木村摂津守』より）、福沢も船酔いしたことは長尾幸作の正月二〇日の日記からも明らかであり、負けず嫌いで痩せ我慢を張る性格から船酔いも早く回復したのであろう。

日付変更線の通過

『咸臨丸航米日誌』（『幕末軍艦咸臨丸』所載）によれば安政七年二月四日、経度一八〇度の日付変更線を通過して西経に入った。翌日の日付は一日だぶらせて、今日と同じ二月四日にすべきなのだ。ところが、日本人の遺した日記類の日付はそのまま二月五日と書いている。したがって、日付変更線を過ぎてからの日付は一日進んだままになっているので注

意しなければならない。

また、復航時に日付変更線を通過して西経から東経に入るときは、一日スキップした日付とする。日本人の遺した日記類の浦賀出航日と入航日が日本の暦と一致するのは、東航時にプラスした一日が西航時には一日マイナスされて相殺されたからである。

この日付変更が最初に問題となったのはマゼラン艦隊の西回りの世界周航であった。

一五一九年八月一〇日、スペイン国王カルロス一世の援助を受けたフェルディナンド・マゼランは、トリニダード号(一一〇トン)を旗艦とする五隻の艦隊と二七〇名の乗組員を率いてセビリアを出港した。

その目的は西回りによる香料諸島への航路の開拓であった。

大西洋を南下したマゼラン艦隊は、翌年一〇月二一日アメリカ大陸南端に海峡を発見し、嵐と雪の中を三七日かけて二〇〇海里のこの海峡を突破した。この間に一隻は難破し、一隻は本国へ向けて脱走した。この海峡は、のちにマゼラン海峡と名付けられた。

大西洋とはうって変わり静かな大洋に出たマゼランは、この大洋を「太平洋」と命名し、針路を西北西にとって香料諸島を目指した。

一五二一年三月六日、のちにグアム島と命名したこの島にたどり着くまでの九八日間は島影ひとつ見ない航海が続き、多くの乗組員が壊血病で死亡し、生き残った者も半病人の有様だった。

ここで新鮮な水と食糧を入手し、三月一六日にはフィリピンのスルアン島に着き、さらにレイテ島を経由して四月七日セブ島に到着した。セブ島の王は対岸のマクタン島の王と戦争していたので、マゼランはセブ島の王の応援に乗り出した。ところが四月二七日マゼランは敵の大軍に包囲され、部下とともに槍で殺されてしまった。

マゼランの死後はデ・エルカノが指揮をとって航海を続け、一一月八日の夕方、ついに香料諸島に到着した。途中、使いものにならなくなった一隻を焼き捨てたので、トリニダード号とビクトリア号(八五トン)の二隻のみとなっていた。

一二月二一日、香料を満載したビクトリア号は破損の激しいトリニダード号を残し、また、残留を希望する者に別れを告げて、帰国の途についた。残留者五一名、ビクトリア号で帰国する者四七名であった。しかし、その四七名も苦難に満ちた帰航の途中で少しずつ倒れ、一五二二年九月六日、南スペインのサンルーカルに帰り着いたときには一八名となっていた。セルビア入港は九月八日であった。

ところが、ここで問題が持ち上がった。それはビクトリア号の航海日誌の日付と本国スペインの日付が一日だけ違っており、厳密な調査の結果からも航海日誌には誤りは認められず、ここで初めて「日付変更」の必要性が生じたのである。

マゼラン艦隊は西回りで世界周航中、どこかで日付を一日進めなければならなかったのだ。

この当時のアメリカは、イギリスのグリニッチ天文台を通る子午線を本初子午線（基準子午線）とし、日付変更線を経度一八〇度の子午線としていた。したがって、キャプテン・ブルックの『咸臨丸日記』では、往航時の日付変更線通過時に日付を一日だぶらせていたので、サンフランシスコ入港時の日記の日付は現地の日付と合致していたのである。

ところで、世界各国が本初子午線、つまり経度〇度の線をグリニッチ天文台を通るものと決定したのは一八八四年（明治一七）で、それまでは、たとえばイギリスとフランスは別々の本初子午線を定めていたのである。（巻末資料参照）

この本初子午線の決定によって東経と西経の合致する一八〇度子午線は太平洋上に位置することも決まり、これによって日付変更線は経度一八〇度線を基準にすることも正式に決定した。

わが国がこれを採用したのは、二年後の一八八六年（明治一九）である。

船内規律

船は陸上社会と隔離され特殊な小社会を形成しているので、秩序維持のための規律が強調される。そのために、勝船将は船中申合書を告示して乗組員を戒めたのである。前述したように、この告示は一二項目からなり、乗組員が同乗のアメリカ人に侮《あなど》られぬようにと戒めたものである。

それでは浦賀出港後の咸臨丸の船内規律はどうなっていたのであろうか。

ブルックは『咸臨丸日記』二月一六日（旧正月二五日）の項に

船の中で、秩序とか規律とかいうものは全く見られない。事実、わが国の軍艦に見るような規律とか秩序とかは、日本人の習慣に相入れないものだ。日本人水夫は船室で火鉢と、熱いお茶と、煙管《キセル》とをそばにおかなければ満足しないのだ。艦長はまだ寝台に寝たきり、提督も同様。士官達はドアを開け放しにし、それがバタンバタンとあおり、自分達のコップや皿や、やかんが床の上を転げ廻るにまかせ、全くだらしのないこと言語道断。

と驚き、かつ怒っている。サンフランシスコ入港三〇日前のことである。

このような状況の中でもキャプテン・ブルックは勝船将に、船内規律の確立について度々意見を具申していたようで、『勝・航米日記』二月一一日（三月二日）の項に

亜カピタンブロック、船内無規律、水夫働く者少なく、士官等また同断、此の如くにしては我《われ》其の裨益《ひえき》あることを伝えんと欲すとも其の詮《せん》無し、宜敷《よろし》く規則を定め、航海学を研究せしむべしといって置かず。

と書き留めている。サンフランシスコ入港一五日前であるから、ブルックは一五日間にわたって「宜敷く規則を定め、航海学を研究せしむべし」と進言し続けたことになる。しかし、勝は船酔いと〝ふてくされ〟で動かなかったのである。

海が荒れて木村奉行も勝船将も、また乗組員のほとんどがダウンし、斎藤留藏が『亜行新書』に記録したように、「皆大いに疲労し、人々互いに狼狽《ろうばい》し、不撓《ふとう》の規律をも失し」たものだから、船中申合書は有名無実となってしまった。

江戸出航に際し、乗組員に一層の奮起を促した気概は、今の勝にはどこにも見られない。

第七章
士官の航海技術

経度と時計

地球は一日に一回転、つまり二四時間に三六〇度回転している。一時間に一五度回転している勘定である。地球を三六〇度の経線で区切ると、経度一五度は一時間に相当する。ロンドンのグリニッチを通る経度線（当時の基準子午線、本初子午線ともいう。巻末資料参照）を〇度とすると、東回りの一三五度の子午線は日本の明石を通り、時間に換算すると九時間である。ロンドンの時刻が午前〇時のとき、日本の明石では午前九時ということである。これは、正確な時計があれば正確な経度を求めることができることを示している。

正確な時計の発明

一六七五年、イギリスはグリニッチに天文台を設置、フランスも一六七八年パリに天文台を設置した。いずれの動機にも航海上の覇権、とりわけ「経度算出法の発見」がかかっていたのである。そして各国は賞金を用意して、その方法の発見を待望していた。スペインは一五九八年に一千ダカットの褒賞金と二千ダカットの終身年金、オランダも一七世紀初めに一千〜二万ギルダー、イギリスは一七一四年に二万ポンド、フランスも一七一五年に一万ルーブルの賞金をかけた。かの有名なガリレオ、ニュートン、ハレーもこれに挑戦したが、いずれも失敗に終わっている。

一七六一年、イギリスの一介の大工であったジョン・ハリソンが「正確な時計」の作成に成功した。二七年間にわたってＨ１、Ｈ２、Ｈ３という航海用時計の製作に没頭し、ついにＨ４という最高の作品を完成したのである。Ｈ４は王室海軍のデプトフォード号によってテストが行われたが、八一日間の航海中、その誤差はわずか五・一秒というものであった。衆目の見るところ賞金二万ポンドはハリソンのものであったが、議会とのトラブル（議会が時計と設計図の提出を求めたことに反発した）もあって、彼がその賞金を得たのは一七七三年、八〇歳のときであった。ちなみに、ハリソンの時計はギリシャ神話の「時の神」の名、クロノスにちなんで「クロノメーター」と呼ばれる。

ハリソンのクロノメーターは彼の秘密保持の懸命の努力にもかかわらず、意外に早くコピーが出回った。ラーカム・ケンドールがコピーしたのがＫ１で、このＫ１はキャプテン・クックの第二回目の探検航海（一七七二〜一七七五）のとき旗艦レゾリューション号に搭載され、随伴艦アドベンチャー号とともに史上初の南半球探検航海に従事した。このＫ１のおかげで、南極圏を横切り、南極大陸がそれまで考えられていたよりもはるかに小さいことを証明し、ニューカレドニア島、フィジー諸島、南極海の南ジョージア島などを発見することができたのである。またタヒチ島のビーナス・ポイントでは金星観測を行い、そこの経度を二分三〇秒の誤差で決定するという成果をあげ、クロノメーターの精度を実証した。

続いて作られたＫ２はキャプテン・ブライの乗ったバウンティ号に搭載されたが、クリスチャン航海士らの叛乱によって、バウンティ号終焉の地ピトケアン島に陸揚げされた。のちに、Ｋ２はピトケアン島で発見され、磁気コンパスとともにイギリスに持ち帰られた。

咸臨丸には少なくとも八個の時辰儀が搭載されていたことがキャプテン・ブルックの航海日記に見えるが、その中には、フェニモア・クーパー号の時辰儀も含まれていた。

小野友五郎の航海技術

小野友五郎は幕府天文方から長崎での海軍伝習を命じられ、長崎海軍伝習所第一期生としてオランダ教官から航海術を学んだ。

海軍伝習所における教授内容について、藤井哲博は『咸臨丸航海長・小野友五郎の生涯』のなかで

航海術の教授は、オランダ海軍で使われていたピラールの教科書に準拠して進められた。この教科書は上下二巻にわかれ、上巻は理論篇、下巻には航海術の実施に必要な各種の数表を収めている。上巻の第一編は数学、第二編は経緯度・海図・地磁気・推測航法、第三編は天文学・天測高度改正法、第四編は時刻・子午線・時辰儀・経緯度決定法、第五編は羅辰儀・六分儀の構造および使用法というように、当時の西欧航海術教科書の標準的構成をとっていた。また経緯度決定法も時辰儀法と月距法の両方を扱っており、これらの点で先に友五郎らがすでに解読していたスワルトの航海術書と大同小異であった。

と述べている。

天体の高度を観測し、船の位置（船位という）を計算する方法を単に天測というが、咸臨丸乗組員のうち、天測によって船の位置を計算できるのは教授方（測量）小野友五郎と通弁役・中浜万次郎の二人であった。このことはブルックの『咸臨丸日記』の次の記事からも知ることができる。

二月十七日（旧暦・正月二十六日）

真夜中ごろに風が衰え、我々は午後五時まで進めなかった。精密な天測をする。万次郎、友五郎と一緒に高度を測った。私は万次郎の六分儀を調節してやった。

小野友五郎の天測による船位計算は「月距法」に依っていた。

月距法とはグリニッチの現在時刻を求める方法で、グリニッチの時刻と現在地の時刻（船内時）との時

間差から経度を求めようとするものである。

月距法では、まず、月と他の天体（太陽と月距表にある恒星）との角距離（月距）およびその高度を観測する。したがって、月距法には二つの正確な計器が必要であった。一つは測角器で、他の一つは時計であった。測角器はグリニッチ天文台の二代目台長であったエドモンド・ハレーが反射象限儀（バック・スタッフ、四分儀）を考案してその精度を高めたが、問題は時計であった。時計の一分の差は経度にして一五分（＝三六〇÷二四÷六〇）、四分の差は経度にして一度に相当する。たとえば四〇日間の航海後、五〇海里（約九三キロメートル）の範囲内にいるためには、誤差が一日六秒以内の正確な時計を必要とする。

月距の天体としては太陽が最も適当である。もちろん恒星や惑星も利用できるが、船内時を求めるのに手数がかかる。また、月齢ゼロを挟む三日間は月が見えないから、月距法は使えない。

観測は普通、三名で行い、視月距、太陽視高度と月の視高度を同時に測るが、このとき記録者もいたほうがよい。観測者が一名ならば次々と測って時刻とともに記録し、あとで比例計算して同一時刻における観測値を出す。観測した月距と太陽視高度および月の視高度に、六分儀器差、視半径、眼高差を改正して、地球の中心から見た真月距を算出し、航海暦に載せられている月距と比較してグリニッチ時刻を得る。

グリニッチ時刻が得られたならば、月距観測と同時に月と太陽の高度も測ってあるから、それによって船内時を計算する。ただし、高度はそれほど正確さを必要としないから、水平線の見えないときは、推定位置で逆算した高度を利用する。

船内時とグリニッチ時との差が求める経度である。

イギリス政府発行の航海暦は一七六七年用が最初で、太陽と七個の恒星との月距が、グリニッチを基準に三時間とびに与えられていた。

この航法は、時辰儀が発明される前か、あるいは時辰儀があっても高価で入手しにくい一般船で盛んに使われた。

イギリスでは一九〇七年に航海者用の航海暦から

月距表が除かれた。

我が国の航海暦は、航海表として明治八年（一八七五）に兵学寮（海軍兵学校の前身）から初めて出版され、月距表も掲載されていたが、大正二年（一九一三）には削除された。

二月二十五日（二月五日）
友五郎は優秀な航海士である。私は彼にスマーの方式を教えている。

ここでいう「スマーの方式」とはサムナー法（Summer method）のことである。

一八三七年、アメリカ貨物船カボット号の船長トーマス・H・サムナー（Captain Thomas H. Sumner）は、本国アメリカからイギリスへの航海中に「等高度の圏」を発見した。

等高度の圏とは、ある天体を等高度に見る点の地球表面上の軌跡のことで、その天体と地球の中心を結んだ線の、地球の表面上の点を中心とした小圏である。つまり、自分の位置は常にその小圏上に存在することになるので、この圏のことを「位置の圏」と呼ぶ。位置の圏は、小範囲ではほとんど直線とみなして差し支えないので「位置の線」ともいう。

サムナー法では一つの観測高度に対し、推定位置を挟む二つの仮定緯度を与え、二つの時角を計算して二つの経度を求める。すなわち、時辰経度法によって二つの船の位置を求め、これを海図上にプロットしてその二点を結ぶと、この線が位置の線で、同時に他の天体、あるいは何時間かを経て同一天体を観測し（この場合には航走距離の改正が必要である）、同様にして位置の線を引くと、この位置の線と先に引いた位置の線との交点が船の位置となる。このようにして船の位置を求めるのがサムナー法である。

この頃に友五郎はブルックからサムナー法、つまり「位置の線航法」を教わった。それまで友五郎は時辰儀法や月距法によって船の位置を測定していたのである。

サムナー法は、それまでの航海術とは異なる「位置の線」の概念を取り入れた新しい航海術であった。

また、『咸臨丸航米日誌』所載のメーアアイランド海軍造船所での日記の

閏《うるう》三月四日（新暦・四月二十三日）
勝は御船付経線儀其他の船具買入れの為、午後四時定時発の通航蒸気船に乗組桑港へ出張に付、測量方小野、伴、赤松、公用方小永井、水夫源次郎及弥十郎同行す。

閏三月八日（四月二十七日）
一昨日桑港にて買入れし晴雨計二個、寒暖計二個を御船に備付く。サンフランシスコの町人トーマス・テネントという人、奉行へ献上の潮流図及右の書一冊、航海日誌一冊、米国の燈台を誌した る書一冊は小野が携えて帰る。
小野は当番なりしが方鍼偏差《コンパス》を知る為め太陽測量をして止宿所へ行き、暫時にして帰船、又々夜に入り月の測量の為め同様往復せり。

などの記事から、友五郎の航海技術は相当なものであったことが分かる。

キャプテン・ブルックと中浜万次郎

万次郎が、他の四人の漁師たちと漁に出て難破し、鳥島に漂着していたところをアメリカの捕鯨船ジョン・ハウランド号に助けられたこと、乗組員たちはこの働き者の万次郎を船の名前をとって「ジョン・マン」と呼んだこと、ホイットフィールド船長は、勉強したいという万次郎を故郷のフェアーヘブンに連れて帰り、塾に通わせて英語、習字、数学などを習わせ、次いでパートレット校へ進学させたことについてはすでに述べた。

このパートレット校に入学して間もなく、万次郎はナザニエル・ボーディッチの航海学書を手に入れ、最新の航海術を勉強し、さらに、捕鯨船の航海士として世界各地を航海し、豊富な経験を積んだ。万次郎はまさに練達の航海士であった。

キャプテン・ブルックの『咸臨丸日記』の二月一六日に次のような記事がある。

Manjiro obsd for Lat.	
36° 18′ N	
Long 152 29 Manjiro	
	Dept off Lat
144 E by S true	141 E 285〔28° 5′〕
36 17	＋2° 55′
－28	149 50
Lt DR 35 49	152° 45 Long DR

ブルックの日記について解説したジョージ・M・ブルック二世は、その欄外に〔注〕を設け「この経緯度等はブルックの覚え書きであって、今日その意味を解読することは困難である」（原文：These figures must have meant something to Brooke, but they are difficult to decipher now even by a professional navigator）と説明している。

ところがこのメモは、中分緯度航法と呼ばれる航法計算による緯度と経度の計算過程を示したもので、昨日の正午位置から本日の正午位置を計算したものである。

この解説と計算を試みると次のとおりである。

【Manjiro obsd for Lat】は、万次郎の緯度観測

【144 E by S true】

①　144の数字は、昨日の正午から本日正午までの航走距離（海里）を示している。このことは日記のなかに、はっきりと書いてある。

②　E by S true は、イースト・バイ・サウス・ツルー（真針路・東微南、東一ポイント南。一ポイント＝一一度一五分＝一一・二五度）という意味。当時一般的であったポイント方式による表示で、真針路は一〇一・二五度（＝九〇度＋一一・二五度）ということである。

【off Lat】は d.l.（difference latitude：変緯）

【Lt DR】は推測緯度（latitude Dead-Reckoning）

【Long DR】は推測経度(longitude Dead- Reckoning)

ここで、英文日記には、昨日の正午経度が「146° 50′」となっているが、訳文のほうは「149° 50′」となっており、また、計算結果からも「149° 50′」が正しいので、9と6のミスプリントであろう。なお原著の〔28° 5′〕は〔28′ 5″〕の誤りである。

中分緯度航法の原理図から

d.l.（変緯）＝dist×cos Co＝144×cos 78.75
＝28.09′≒28′
〔針路には南の成分が入っているので符号はマイナスとなる〕

dept（東西距）＝dist×sin Co＝144×sin 78.75
＝141.2≒141

D.L.（変経）＝dept÷cos m.l.＝141÷cos 36.1
＝174.5′≒2° 55′
〔針路には東の成分が入っているので符号はプラスとなる〕

出発点（A）：緯　度
変緯（±
到達点（B）：緯　度

出発点（A）：経　度
変経（±
到達点（B）：経　度

d.l.　＝dist×cos Co
dep＝dist×sin Co
D.L.＝dep÷cos m.l.

∠CAB：Co（course、針路）
AB　：dist（distance、距離）
AC　：d.l.（difference of latitude、変緯）
BC　：dep（departure、東西距）
∠CBD：m.l.（middle latitude、中分緯度）
BD　：D.L.（difference of longitude、変経）
〔注〕m.l. は 2 地点の平均緯度

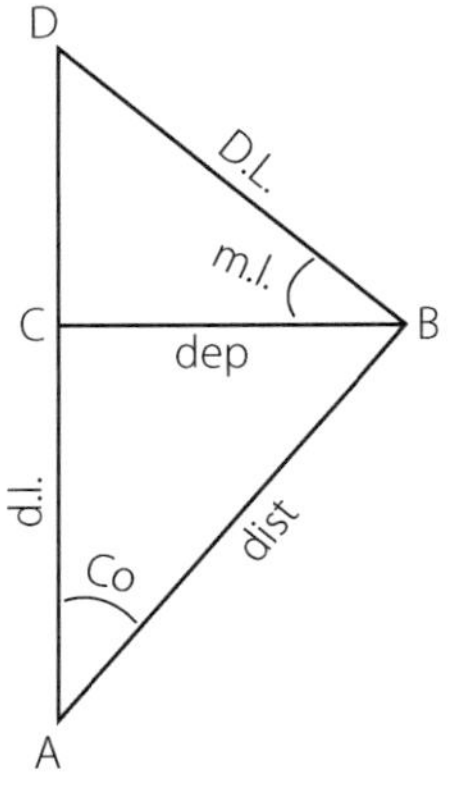

中分緯度航法の原理図

以上の計算結果から本日の正午位置を求めると次のとおりである。

昨日の正午緯度	36°	17′	N
変緯（d.l.）		28′	(−)
本日の正午推測緯度	35°	49′	N
昨日の正午経度	149°	50′	E
変経（D.L.）	2°	55′	(+)
本日の正午推測経度	152°	45′	E

正午位置の計算結果は、ブルックの航海日記のメモと同じである。この日記の疑問点は見事に解決したわけだ。

ところで、ブルックはなぜ、ここに万次郎の計算位置と自分の計算結果をメモしたのであろうか。

咸臨丸が浦賀を出港したのは二月一〇日（新暦）で、このメモの日付は二月一六日であるから、出航してわずか六日後のことである。それまで、ブルックは咸臨丸乗組員の航海技術については何ひとつ知らなかった。万次郎についても、ほとんど知らなかった。

そこでブルックは、出航まもない早い時機に万次郎の航海技術をチェックしようとしたのではないかと思うのである。自分と万次郎の計算位置の比較によって万次郎の航海技量を知ろうとしたのである。その結果が、ここにメモ書きとして残ったのであろう。ちなみに、このときの万次郎の計算位置はブルックの位置に対して二九分北寄り、一六分西寄りであった。

ブルックの日記によると、浦賀を出港した日からこの日まで荒天続きであった。だから、船の位置はコースとパテント・ログの示す航走距離から計算する推測位置であった。ブルックは万次郎の約五日間の推測計算結果と自分の計算結果を比較して、その数値に満足したのである。このことは、以後の日記の中に、このような計算メモが見当たらないことからも知ることができる。むしろ、「万次郎の天測」とわざわざ断って、緯度、経度による船の位置を記入している。

このように、往航の荒天続きの咸臨丸の中で、万次郎の人柄や考え方、航海技術を初めて認めて評価したのはブルックであったと思う。そして、そのきっかけとなったのが、この「メモ」だったのではあるまいか。そう考えると、このメモはブルックと万次郎の信頼関係を醸成し、また、咸臨丸乗組員にも信頼される立場を築いた「メモ」だったのである。

第八章

船将としての勝麟太郎

自覚

咸臨丸に乗船するまでの勝は、微禄の旗本とは思えない極めて順調な歩みであった。もちろん本人の並々ならぬ努力や先見性による結果であろうが、運もまた味方していた。このことが勝の性格と相まって、咸臨丸航米に際し、ブルックらの乗船に反対して「外蕃の力は借りない」とまで言わしめたのであろう。

その自信も大海には通用しなかった。

木村奉行も勝船将も船酔いに苦しんだが、特に勝はひどかった。食物はほとんど食べられず、身体は衰弱するばかりであった。

ここで、勝の心身状況を、『勝義邦航米日誌』で見てみよう。浦賀出港の翌日と翌々日の記事である。

（正月）廿日、廿一日病苦先日に増し殆ど人事を弁《わきま》えず、之に加えて高涛風強《こうとうふうきょう》人々船暈《ふなよい》を発し、然《しか》らざる者は甲板上にありて万事を指揮するを以て、唯《ただ》一人問う者なく両日両夜の間飲食を絶し、艦内に簸揚《はよう》せられ、其の苦《くるしみ》生来《せいらい》かって此の如きをしらず。

浦賀を出港してからは飲まず食わずの毎日で、そのうえ船の動揺も激しく、こんな苦しみは生まれて初めてだ、一人として見舞う者もないと、嘆くことしきりであった。

なおも苦しみは続く。

（二月）三日吐剤《とざい》を用ゆる一帖《じょう》、大いに吐す。爰《ここ》に到って熱分離せしや気分快を覚う。食べざるは同断。

此の後次第に快方に赴くといえども、絶食、醤水の咽《のど》に通さざる事一両日、又絶えて食気なし。十三、四日の頃迄日々纔《わず》かに蕎麦粉《そばこ》を泥《でい》し、之を食すのみ。故に気力なく、精神もまた減耗し絶えて人間に念なし。

息も絶え絶え、今にも死にそうな書きぶりで、この頃が極限ではなかったか。

日誌はさらに続く。

（二月）十一日

我今生死の境定まらず、奉行は寝室に安眠して敢えて諸士水卒の勤動に注意せず、困難極まれり。しかず速やかに死せんにはと思慮すること再三、此の際の苦心誰か知らん。又誰にか告げん。

木村奉行は部屋にこもって乗組員のことには一切、無関心で、まったく困ってしまった、いっそのこと死んだ方がましだ、この苦悩は誰にも言えないし、分かってももらえないと嘆く。

この記事は本心だったに違いない。〝あまえ〟である。船将としての自覚がほとんどなく、船将失格と言われても仕方のない状態であった。

力量

安政二年（一八五五）七月末に決まった長崎伝習の体制は、伝習所長・永井尚志、伝習主務者は長崎に在勤していた御勘定格徒目付・永持亨次郎であった。また、江戸からの伝習生の代表（学生長）として、小十人組・矢田堀景蔵（鴻）と同・勝麟太郎の二人が任命された。永持は、この二人とよく相談し、伝習生一同の上に立って指導するよう申し渡された。

伝習所における教育の実情は、伝習生の大部分が蘭語と洋算を知らなかったので、講義は通弁役を通じて行われた。ところが、その通弁役でさえ初めての用語が多く、オランダ人教官は講義の前に通弁役によく説明し、理解させてから教壇に立たなければならなかった。

一方、ある程度の予備知識をもっていた伝習生でも、組織だった西洋教育を受けた経験がなかったので、戸惑うことが多く、カリキュラムの進行もバラバラの状態であった。さらに、幕藩体制における身分制度が伝習の妨げとなり、無能の上士と有能な下士との軋轢が絶えなかったという。

伝習所における教授の状況について、松浦玲は『勝海舟』のなかで「海舟が書いているところに従えば」として、次のように紹介している。

> 其の教授の時間、朝八時に始め十二時に終わる。午後は一時より四時に到る。是《こ》れ陸上の教示なり、又、時々艦上に就《つい》て其の運転・諸帆の操作等、実地演習あり、悉《ことごと》く暗記せしめて敢《あえ》て書記せしめず、其の言語の不通なるを以て、通弁官数名を役す。彼我《ひが》互いに隔靴《かっか》の思いあり、教官は大《おおい》に其《その》教示に苦しみ、生徒はまた暗誦《あんしょう》に苦しみ、甚《はなは》だ苦労す。矢田堀・塚本・永持氏の如きは、昌平学校に漢書を学び、早く学中少年才子の誉《ほまれ》英敏の聞こえありと雖《いえど》も、猶《なお》今日暗誦に刻苦す、其の才之に及ばざるものの如きは、困苦の甚《はなはだ》しき、亦宜《またむべ》なる哉《かな》。

【解説】隔靴の思い：「隔靴掻痒《そうよう》」（靴の上からかゆい所をかくの意）から、はがゆく、もどかしいこと。宜なる哉：もっともなことだ。

このころに勝は、夫に先立たれ実家に帰っていた梶くまと出会い、長崎妻の関係をもった。伝習生の身分で妾《めかけ》をもったのは勝一人であった。足かけ五年滞在の間に一男一女をもうけた。

安政四年（一八五七）幕府は海軍伝習のめどがつき始めたので、江戸に軍艦教授所を作って、より大掛かりな訓練を実施しようと計画した。三月四日、永井尚志は矢田堀景蔵と第一期伝習生の大部分と共に観光丸で長崎を出航し、江戸に向かった。後任に木村図書《ずしょ》（喜毅）が発令された。

しかし勝は長崎に居残った。

この長崎残留について、松浦玲は「勝はこのとき江戸に帰るはずであった。ところが、出発の直前になってオランダ人教師団の方から異議が出た。それは、オランダ人教師団もこの年に交代することになっており、生徒も教師も総入れ替えになったのでは、創設期の苦労を繰り返すことになりかねないので、誰か一人残って生徒の面倒を見てくれということになって、勝はその要望に応えて居残ることになった」（『勝海舟』より）とするが、その背景には長崎妻の存在があったと思うのである。長崎に未練のあった勝が、オランダ人教師団の申し入れを渡りに舟と応じたと見ることもできるからである。

　一方、藤井哲博は「勝は学生長としてオランダ人教官と伝習生の間をとりもったので、教官には重宝がられたが、肝心の自分の学業の方はおろそかになり、留年を余儀なくされた」（『咸臨丸航海長・小野友五郎の生涯』より）とする。

　蘭語に長じていた勝は、最初のうちは他の伝習生に先んじていたが、授業内容が算法になってくると理解が難しくなり、後れをとるようになってきた。長崎時代、勝が後援者の竹川竹斎や江戸勘定方の役人で蘭学の親友である岡田新五太郎に送った手紙が残っているが、その手紙の中で、何度か算法の苦手なことをこぼしている（土居良三『咸臨丸海を渡る』より）。

岡田新五太郎宛　安政二年十一月（略）
右之内算数は御存知《ごぞんじ》の通り小子《しょうし》無算大いに困苦仕り候。此の節は割掛《わりかけ》は先ず覚え候。
【解説】小子：わたくし。無算：算数に弱いこと。割掛：割り算、掛け算。

竹川竹斎宛　安政三年一月十日（略）
御存知の通り小子無算故《ゆえ》大いに、困却、此の節少々会得《えとく》いたし候哉と存ずる位、大いに精心を費やし候。

　そして土居良三は「とにかく、数学が出来ず船酔いする体質の勝にとって、海軍軍人は所詮無理だったようである。」と結論する。しかし、航海学に必要な数学は努力によって「会得」できるものであり、船酔いについても肉体的な欠陥のない限り必ず克服できるものであることを付記しておく。

誇り高い勝は面《おもて》には出さなかったが、心に焦りがあった。そのような心情のとき、梶くまが現れたのである。彼女に安らぎを求めたとしても不思議はない。

こうしてみると、後に咸臨丸に乗り組むことになる幕府第一期伝習生の佐々倉桐太郎、鈴藤勇次郎、浜口興右衛門、小野友五郎らが必死になって勉学に励んでいたのに比べると、勝の学業の成果はやや見劣りするものであったかも知れない。

安政六年（一八五九）正月五日、長崎海軍伝習所縮小の幕府の方針に従い、江戸に帰ることになった勝は、残留していた多くの伝習生を朝陽丸に乗せ、足かけ五年も滞在した長崎に別れを告げ出帆した。勝は名目的には船将ということであったが、乗組員はすべてオランダ人の教師団員で構成されていた。日本人のみによる江戸回航は無理と見た伝習所長・木村喜毅がオランダ教師団長カッテンダイケと協議して決めた臨時の措置であった。この航海では勝が身をマストに縛り付けて「衆と共に海中の鬼とならむ」と覚悟を決めるほどの大嵐に出会ったが、正月一五日には無事江戸に着いた。このころから〝海に臆病な勝〟に変身したのではあるまいか。

咸臨丸のサンフランシスコ航海に際し、軍艦奉行・木村喜毅が早くから老中を通じてアメリカ公使タウンゼンド・ハリスに適当な案内役を依頼していたことからも、勝の遠洋航海技術について不安を抱いていたことをうかがわせる。

乗組員の船舶運用技術

咸臨丸は正月一九日（二月一〇日）に浦賀を出港して間もなく荒天に遭遇した。前述したように、老練の水夫小頭・石川政太郎をして

船之上テ或ハ表《オモテ》ヨリ塩（潮）打込ミ、誠ニ大サワギ、此時《コノトキ》壱同《イチドウ》心配ス

と言わしめるほどの荒れようであった（『安政七申

歳正月十三日・日記』より)。

このような荒海を初めて経験する木村奉行、勝船将はじめ日本人乗組員は、ほとんど船酔いで倒れてしまった。

木村奉行の従者であった斎藤留蔵は日記『亜行新書』に

正月廿日　土曜

我が同船の人員初めて此の擾騒《じょうそう》に逢って皆大いに疲労し、人々互いに狼狽《ろうばい》し、不撓《ふとう》の規律をも失し、多人数の中甲板に出で動作をなすものは僅かに四、五人のみ。此の時に当たって帆布《はんぷ》を縮長上下する等の事は一切に亜人の助力を受く。

彼等は此の暴風雨に逢うと雖《いえど》も一人も恐怖を抱く者なく、殆ど平常に異なる事無く諸動をなす、之に継ぐ者は我が士人にて唯僅《ただわず》かに中浜（万次郎）氏、小野（友五郎）氏、浜口（興右衛門）氏三人のみ、その他は皆恐懼《きょうく》し、殆ど食料を用うる事能《あた》わざるに至る。

【解説】恐懼《きょうく》：恐れおののくこと。

日本人で荒天をものともせず活躍していたのは中浜万次郎、小野友五郎、浜口興右衛門の三人だけであり、他の者は食事もとれない状態で、同乗したアメリカ人が咸臨丸の運航に当たったと記録している。

当時、浜口と小野にしてみれば、キャプテン・ブルックたちから、彼らのもつ素晴らしい荒天運用や大洋航海の技術を教えてもらい、一刻も早く自分たちの技術として身につけたいという一念から、必死になって航海当直に励んでいたと思うのである。

その結果、ブルックをして

浜口興右衛門は、乗組員中の最も有能な士官で常に感謝して教えをうけている。

小野友五郎は、優れた航海士である。

と言わしめるほど、二人の帆走技術や運航技術は目に見えて向上しはじめた。

他の乗組員についても、キャプテン・ブルックが海軍長官アイザック・トウシイ宛の報告書に書いたように「(咸臨丸乗組員らは）経験を積むに従って腕を上げ、いまでは充分船をあやつることができるようになったと推察いたします」というまでに向上した。

しかし、勝船将は航海中ほとんど甲板上に出なかったこともあって、帆走技術や運航技術の向上はほとんど見られず、他の士官にも及ばなくなっていた。

第九章

キャプテン・ブルックのシーマンシップ教育

海上生活の特性

浦賀を出港してサンフランシスコに入港するまでの咸臨丸の往路航海は苦難に満ちたもので、いろいろな困難に遭遇した。

第一に、浦賀出港早々、大洋航海の経験を持たない日本人は、自分たちだけではとうてい航海を続けられないことを思い知らされた。しかも、外国人の力は絶対に借りない、「外蕃」の力は借りないと、かたくなに同乗を拒んでいたアメリカ人の助力によって、咸臨丸は破船の危機から脱出することができたという事実から、乗組員が自信を喪失してしまった。

第二は、勝船将は船酔いと病気でダウンし、往航はリーダー不在のまま航海が続けられたことである。しかも、この航海に限っていえば、リーダーの勝がトラブルメーカー的存在となったため、乗組員全員がこの航海に対して大きな不安と不信を抱いたのである。

第三は、初めての遠洋航海による乗組員の情緒不安である。

以上のうち、最も厄介な問題は第三である。そしてそれは、次のような海上生活の特性から発生する。

① 船は洋上にあってあらゆる地点を移動する。したがって、常に動揺し、気温や湿度などの変化が激しく、季節感に乏しい。

② 風、海潮流など自然の影響を大きく受ける。

③ 陸上社会と隔離されているので、一般の社会機

構（教育、娯楽、休息、公安、消防など）の恩恵が少なく、また、秩序維持のために規律が強調される。

④ 狭い場所で多人数が起居を共にし、さらに、住居と職場が同じであるため、公私のけじめがつけにくい。

⑤ レクリエーションが難しく、生活が単調になる。

⑥ 特殊な小社会を形成し、構成員が限定されているので、人間関係が複雑になる。

⑦ 食糧、水その他の生活物資に限りがある。

⑧ 諸外国に寄港するので国際的な感覚が要求される。

ところが、咸臨丸乗組員にとって遠洋航海は初めての経験であり、その戸惑いからくる船内生活は、ブルックの目に、「全くだらしのないこと言語道断」の振る舞いと映っても仕方のないことであった。

もともと咸臨丸の派遣は

もし彼地《かのち》にて使節の内、疾病又は不時の故障を生じた時、軍艦奉行がその欠を補い又は非常の備をなすにあるのだが、それは口実で、実は遠洋航海の技能を実験させたき希望に外ならないのだ。

（『幕末軍艦咸臨丸』より）

というように、軍艦乗組員に遠洋航海の技能を経験させるのが幕府の主目的であった。

この「遠洋航海の技能」がシーマンシップなのである。

シーマンシップとは

英和辞典でシーマンシップ（seamanship）をみると、「（船舶の）操縦技術、船乗りの技術、航海術」などと訳されている。

一方、『英和海事大辞典』では「船舶運用術、海技、船乗り道」、航海訓練所調査研究雑報（第七四号）の〝文献に見る海と船に関する用語とその用例〟（荒川博）では「船舶の操縦運用に関する百般の技能、船乗り道」と解説されている。

seamanshipという英語が、何時の頃からか〝シーマンシップ〟という日本語で語られるようになるとともに、そのニュアンスが多少変化してきている。それは前述のように「船乗り道」という言葉が付加されていることからも明らかである。

つまり、シーマンシップには純粋な航海技術（操船術、運用術など）を指す面と、その技術を支えるために必要な船乗りとしてのマナー――海上生活の行動や慣習から自然と身についた心構えや身のこなし――を指す面とがあり、この両者が渾然一体となったのが日本語としての〝シーマンシップ〟であると考えられる。

前者の技術面については、「海難を防ぎ、所期の地点に船を進め、または停泊するための技術」（斎藤浄元《じゃっき》『海難論』日本海事振興会）、すなわち、海難を惹起する諸因を未然に防止しながら、人や貨物を安全、確実、迅速に目的地まで運ぶ技術であるとされる。

後者については、「（シーマンシップは）舟で海へ乗り出し、風波にもまれて働くあいだに身につけた生活の知恵であり作法」であり、「それは狭い場所を広く住みわけ、隅から隅まであます所なく活用し、物は何一つ粗末にせずに役に立てる。そしてすべての物は在るべき所に置かれ、いざという時にはすぐに間に合うように整頓されている。眼は常に自然の変化から離れず、心は変化の機先を制して労を省きながら安全をはかる」（千葉宗雄、ラメール・第六号、日本海事広報協会）と説明される。

キャプテン・ブルックの決意

浦賀出港一〇日後の『咸臨丸日記』に興味深い記事がある。

二月二十日（正月二十九日）

今日私は水夫や士官の当直を割り当て、部署を決めるよう提案した。しかし予期しなかった困難にぶつかった。尉官級の六人の士官のうち、何人かは職務に全く無知である。提督は能力のある者を当直につけたがらない。つまり彼らが無能な者ほどに身分が高くないからというのである。結局、提督は誰にも部署、当直を割り当てず、もとのままにしておくことを望んでいるのだ。

提督自身も船舶運用に関して何一つ知っていない（The Commodore knows nothing whatever of seamanship）。彼は私が船を動かす事ができるのだから安心だと思っている。（略）とはいえ、私は下船するまでに、何とかこの点を議論して改めさせよう。

万次郎はひどく、うんざりしている。彼は仕方なしに提督に従っている。しかし彼は当直の必要を士官達に納得させた。私が彼に、もし私が部下を当直からはずし、船の仕事を拒否したら提督はどうするだろう、と聞いてみた。船を沈めてしまうでしょうよ、と彼は答えた。そして万次郎は自分自身としては、そんなことで死ぬのは惜しいといった。

もめ事が、はじめて士官達の間で起こり、艦長や提督のさばきにもち込まれた。

ここで初めて「シーマンシップ」の言葉が出てくる。ブルックの言うシーマンシップは、彼が日記の中で並べ立てた咸臨丸乗組員に対する不満、すなわち、乗組員の船内マナーの悪さや船内の無規律さ、拙劣な運航技術などを総称していることは明らかである。

一方、このままでは咸臨丸は沈没してしまうのではないかという不安感からか、船内には不穏な空気が流れていた。

そのような船内の空気を察したブルックは、自分がサンフランシスコで下船するまでの間に、咸臨丸乗組全員にシーマンシップを教えようと決意した。そこには、自分がサンフランシスコで下船した後の咸臨丸を、無事に日本へ帰着させたいという願いも込められていたのである。

木村奉行とキャプテン・ブルック

ブルックは咸臨丸に乗船し、軍艦奉行（彼は提督と呼んでいた）という職名から、木村提督は海や船のことをよく知っていると勝手に思い込んでいた。ところがこの提督、思ったほどには知らなかったのだ。

　また、咸臨丸乗組員について木村奉行は『奉使米利堅紀行』のなかで

　此《この》航海は吾国未曾有《みぞう》の大業なれハ、乗り組を精撰する事最緊要《もっともきんよう》なり。

とし、運用方（佐々倉、浜口、鈴藤）、測量方（小野、伴、松岡）、蒸気方（肥田、山本）、公用方（吉岡、小永井）および通弁官（中浜）の名を挙げたうえで

　而《しか》して指揮官は勝麟太郎とす、此人々は皆《みな》予の親友にして能其《よくその》心腹をも知《しる》、業前《わざまえ》も抜群たるを以て、政府へ申立《もうしたて》、此度《このたび》の乗組に定めしなり。


というように、最も信頼できる部下を選りすぐって咸臨丸に乗り組ませ、船の運航はすべて有能な彼らに任せたのである。

　ところが、そこまで知らないブルックは、彼の言う「乗組員の無能ぶり」を目の当たりにして、下も下なら上も上だと、「提督自身も船舶運用に関して何一つ知っていない」と憤懣を日記に綴ったのである。提督の地位にある以上、海のことも船のこともよく知らないとだめだと不満をぶつけたのだ。

　一方、木村奉行は二歳年上のブルックに対して、彼が咸臨丸の運航に誠心誠意協力してくれていることに感謝と敬意の念をもって接していた。ブルックもそのような木村の人間性に日々敬服の念を深めていった。そして以後の日記では、木村奉行を労《いた》わりこそすれ、批評めいたことを二度と書くことはなかった。

　こうして二人の間には徐々に友情と信頼関係が醸し出され、後に木村をして「予此《この》人の良友懇篤《こんとく》なるを感ぜしは航海中はさらなり着船の後も、予の爲に諸事周旋《しゅうせん》し」と言わしめるほどの仲になった。

シーマンシップ教育

キャプテン・ブルックの立場

ブルックは咸臨丸乗艦について、自分は日本政府の要請とポーハタン号タットナル提督の命令により、航海技術などについて艦長を援助するために搭乗したのだという自負をもっていた。しかし、乗組員はそうは見ていなかったのである。『咸臨丸日記』は次のように記録する。

二月十九日（正月二十八日）
この日の夕方、私は日本人たちの無神経さに全く驚かされた。暴風の兆《きざ》しがはっきり現れているのに、ハッチ（船倉開口部）もしっかり閉めていないし、そのうえ羅針箱（操舵用磁気コンパス箱）の明かりも非常に薄暗いままであった。

これらの内容からも分かるように、乗組員の船内マナーの悪さや船内規律のルーズさ、運航技術の拙劣さに辟易《へきえき》したブルックは、勝船将にその教育についてたびたび進言したが受け入れられることはなかった。

艦内規律の遵守

勝船将は咸臨丸の出航に先立ち、船内の規律とその維持についての遵守事項を、「船中申合書」として乗組員に厳しく申し渡した。しかし荒天に遭遇し、さんざんな体《てい》たらくの乗組員には、船内規律を守る意思も気力もすっかり消え失せていたのである。

咸臨丸内の規律について『咸臨丸日記』から再度抜粋すると次のとおりである。

二月十五日（旧正月二十四日）
万次郎がいうには、昨夜彼が日本の水夫達に登檣を命じたとき、彼らは万次郎を帆桁《ほげた》（ヤード）に吊るすぞ、とおどしたそうだ。彼らがもしそのおどしを実行に移すような事をしたらすぐ私に知らせろ、命令に反抗する奴等は、艦長が私に権限を与えてくれ次第、すぐ吊るしてやると彼に言っておいた。（略）

日本人は本当に当直に立つとはいい難い。三、四人の例外を除いては、彼らは皆船室に入りこみ、デッキに出て来るのに十五分から二十分もかかる。今日非常に美しい虹が見えた。艦長もしばらく出てきた。提督（木村）は私にこんな事情の下で船の指揮をする労をねぎらってくれた。

われわれの乗組員が操舵や見張りなど当直士官のなすべきことを皆やっている。今朝日本人が前檣(フォア・マスト)のトップスルを畳んだ。（略）

艦長（勝）はまだ寝台に寝たきり、提督（木村）も同様。（略）

日本人達は全く我々に頼りきっているようだ。このような重大な事態でなかったならば、彼らが船を全く我々の二、三人の当直に委せきっているのを見るのは面白いに違いないのだが。

二月十六日（旧正月二十五日）

当直に水夫は二人ずつしか立たない。船の中で、秩序とか規律とかいうものは全く見られない。事実、わが国の軍艦に見るような規律とか秩序とかは、日本人の習慣に相容れないものだ。日本人水夫は船室で火鉢と、熱いお茶と、煙管《キセル》とをそばにおかなければ満足しないのだ。

二月十九日（旧正月二十八日）

当直士官は部屋に帰り、二、三人の水夫達が甲板にうずくまっていた。私は万次郎を呼びにやり、やっとのことで当直士官のみならず、すべての士官達を船尾に呼び集めることに成功した。真夜中、暴風の中で船室にもぐっている日本人は、砂の中に頭だけを突っ込んで全身を隠しているつもりの駝鳥とよく似ている。真夜中に乗組員中の最も有能な日本人士官「(空白)」が上がってきて形ばかりの当直をはじめた。

今夕、万次郎が私に士官達の当直の組分けができたと報告した。そうすると、いままでの当直士官は特に決められていたのではなかったらしい。

ブルックが日記に羅列したように、乗組員の規律と秩序の弛緩は目にあまるものがあった。特に、当直制について厳しく指摘している。しかし、『咸臨丸航米日誌』を見るかぎり、当直割当は決められているので、この指摘は当直勤務に入るべき士官や水夫がサボっていたとしか考えられない。ブルックが怒るのも無理はない。

帆船運用技術と航海技術の再教育

大洋に乗り出した咸臨丸乗組員の航海技術を見たブルックは、驚くよりもあきれ果てた。『咸臨丸日記』によれば

二月十四日（旧正月二十三日）

午前十時、針路、東北東、日本人が無能なので、帆を充分にあげる事ができない。士官達は全く無知である。多分悪天候の経験が全然ないのだろう。命令はすべてオランダ語で下される。私は日本人が彼ら自身の航海用語を持つべき必要を強く感じる。舵手は風を見て舵をとることが出来ない。操桁索（ブレース）や、はらみ索（ボーライン）に全く気をくばらない。非常に不愉快なお天気だ。天測のチャンスなし。（略）

午後四時。この三時間は南寄りに向っていた。ほぼ東南東だったが、今は東北東に向っている。非常に強い風。気圧は低い。雨。甲板が非常に滑りやすいので、私は転んでしまった。この船は砂を積んでいない。航海のはじめから不愉快な事だ。

（略）

日本人達はなかなかよい油をひいた外套と手袋を持っている。彼らはだんだん船乗りらしくなってきている。（略）

という状況であった。ブルックは、これは乗組員らが悪天候に遭遇した経験がないからであろうと自分自身に言い聞かせているのであろうが、相当イライラが高じているような雰囲気である。

ここで、ブルックが「舵手は風を見て舵を取ることが出来ない。風上の操桁索（ブレース）やはらみ索（ボーライン）に全く気をくばらない」と嘆いていることについて、多少の説明を加えておく必要があろう。

実のところ、帆船の舵を取るには高度な操舵技術が要求される。操舵員は常に帆を監視し、船の針路と帆に吹き込む風の方向を見ながら操舵しなければならないからである。特に詰め開き（風に向かって前進できる限度の状態をいい、一杯開きともいう）で斜め前方からの風を帆に受けて船を風上に進める―これを間切《まぎ》るという―ときには、操舵員は風上のブレース（ヤードを回す索）の張り具合やボーライン（詰め開きで帆走中は横帆最下段のセールの風上側が風でばたばたするので、それを防ぐために前方に張り出す索）の張り具合を見ながら、帆と風の角度をぎりぎりのところでバランスさせ、風が帆の後面から吹き込むように操舵している。ところが操舵を誤ると、一瞬にしてそのバランスが崩れ、風は帆の前面から吹き込むようになる。これが逆帆《ぎゃくはん》で、帆船にとっては致命的な結果になる。帆船の操舵はそれほど技術を要するものなのだ。

引用文中、「この船は砂を積んでいない。航海のはじめから不愉快な事だ」と怒っているのは、帆船では荒天時に露天甲板（最上甲板）が雨や海水で滑りやすくなるので、砂を撒いて滑り止めとするが、その滑り止め用の砂を積んでいないと怒っているのである。

さらに日記を見よう。

二月二十日（旧正月二十九日）

夕刻、私は縮帆している船の絵を描いて、水夫達に番号さえつければ、縮帆等をさせるための配置がわけなく出来ることを士官達に示した。彼らは喜んだようだった。

三月三日（旧二月十二日）

三月一日に私は士官達や艦長と話し合いがついた。これまで日本人達があまりに無能力であったため、私自身常時警戒をしていることが必要だったし、また私の部下を当直に立てねばならなかった。向かい風になったので、私は士官達に上手廻《うわてまわ》し（タッキング、tacking）の技術を教えようと申し出た。ところが彼らは非常に物ぐさで、デッキに出て来ない。種々の言い訳等をしている。そこで私は部下全員を集め、私の承諾なしには何もするなと言い渡し船室に入らせた。そして艦長に、もし士官達が協力しないなら、もうこの船の面倒を見ない、と申し送った。艦長は士官達を説き諭し、彼らを私の配下につけたので私も当直をデッキに送った。艦長と提督はまだ自室に閉じこもっているが、提督の方は今夕デッキに二、三分出て来た。よい月夜だが霧が深い。

最後にブルックが取り組もうとしたのは、乗組員の安全運航に対する非常識さの啓蒙、つまり帆船運用技術と航海技術の再教育であった。

ブルックはこのようなシーマンシップ教育には乗組員総員が甲板に出て行う共同作業が最も適切であるという考えを持っていた。これは彼の長い海上生活の経験から出たものであった。

その第一弾は荒天準備作業であった。

ブルックの日記の二月一九日にある「私は万次郎を呼びにやり、やっとのことで当直士官のみならず、すべての士官達を船尾に呼び集めることに成功した」という記事は、「真夜中、暴風の中で船室にもぐっている日本人」士官総員を起こして、嵐に備えての船内移動物の固縛、開口部の閉鎖、帆装設備の点検など行ったことを意味している。

第二弾は上手回《うわてまわ》し（タッキング）であった。

この日（三月三日）の記事に「向かい風になったので、私は士官達に上手廻《うわてまわ》しの技術を教えようと申し出た」とある。

すでに述べたように、斜め前方からの風を帆に受けて船を風上に進めることを「間切《まぎ》る」といい、帆船が間切る（風上に向かってジグザグに進む）場合に、船首を風上に旋回させて風を受ける舷を変えることを「上手回し」という。上手回しは、船速をできるだけ落とさず、一気に船首を風上に回して風を受ける舷を変えるのであるから、相応の技術と操帆員が必要となる。

逆に船尾に風を受けながら風を受ける舷を変える操法を「下手回《したてまわ》し」（ウエアリング、wearing）という。この作業は追い風で行うので、操帆は当直員で間に合う。

このように、上手回しは乗組員総員で作業に当たる格好の共同作業なのである。

ところが、このブルックの申し入れに対して勝船将は難色を示したのである。ブルックに言わせれば「彼らは非常に物ぐさで、種々の言い訳等をしてデッキに出て来ない」のである。

ブルックはそれまで、自分の意思を日本人乗組員に伝えるときは、すべて通弁役の中浜万次郎を通していた。そのため万次郎は、ブルックと日本人乗組員の狭間《はざま》で大変な苦労をしていた。万次郎のストレスは限界に近かった。

ここでブルックは、咸臨丸乗組員に対して強硬手段に出た。

部下全員を集め、「私の承諾なしには何もするな」と言い渡して船室に入らせたのだ。そして勝船将に、「もし士官達が協力しないなら、もうこの船の面倒は見ない」と申し送った。

このショック療法の効果はてきめんであった。艦長は士官らを説き諭し「彼らを私の配下につけた」のである。三月一日のことである。ブルックが二月一九日に「水夫や士官の当直を割り当て、部署を決めるよう」木村奉行と勝船将に提案したことはすでに述べたが、それでもまだ乗組員の航海当直はあまりにも無責任で人まかせであったことから、三月一日のこの日に、もう一度、当直体制についての話し合いを持ち、責任体制を明確にすることで合意したものである。

ここで勝は士官を説得し、士官乗組員をブルックの指揮下においたというのである。これが事実とすれば、勝は船将の権限を一時的ではあろうがブルックに移譲したのである。この行為は勝の「吾輩教頭の名有りて船将にあらず」という認識からでたものであろうが、この時点で勝は船将としてのすべての権限を放棄し、乗組士官ではない同乗者のアメリカ人に委譲したことになり、重大な背任行為である。

キャプテン・ブルックの咸臨丸乗組員に対するシーマンシップ教育は、日本人のみによる復路航海を成功させるための努力であったが、咸臨丸がサンフランシスコに入港する頃にはその努力が報われ、ブルックを満足させるまでになっていた。

第一〇章　航海中の出来事

勝の不平不満

勝麟太郎は安政二年（一八五五）正月一九日、三三歳のとき、無役《むやく》の小普請組《こぶしんぐみ》四十一俵二人扶持《ぶち》の御《ご》家人《けにん》から下田取締掛手付《てつき》に登用されて蘭書翻訳に従事していたが、七月には小十人組《こじゅうにんぐみ》百俵扶持に昇進し御目見《おめみえ》の身分となった。これは、船将候補としての海軍伝習は、直臣で御目見以上の身分の者でなければ受けられなかったからであった。発令後、直ちに長崎に赴き教育を受けた。のちに咸臨丸船将となり、両番二百俵扶持を与えられた。

ここで、小普請組とは江戸幕府直属家臣の組織の一つで、非役の者が編入され、無役かつ無勤であるが、各自の扶持（家禄《かろく》）は支給された。非役のうち三千石以上が寄合《よりあい》、三千石未満を小普請といった。

また、扶持《ふち》とは本来は扶助の意味で、下級家臣に支給された給与であり、江戸時代には主として蔵米取《くらまいどり》（俸禄として幕府や諸藩の蔵に収納された米穀の支給を受けた武士）の一部の武士に本給として支給される米穀（扶持米）を扶持というようになった。支給される米穀は玄米を原則としたが、実際には一定の割合で金銭に換算して支給されることもあった。江戸幕府の場合、御目見《おめみえ》より下の御家人は浅草御蔵から扶持米を支給されていた。

扶持米は月俸制で、一日五合を基準とし、月一斗五升、年一石八斗を一人《いちにん》扶持とした。たとえば二百俵扶持というのは、一俵は四斗入りであるから二〇〇俵は八〇〇斗であり、一石は一〇斗なので八〇〇斗は八〇石。つまり、二百俵扶持とは八〇石の扶持米を支給されるということである。

一方、知行《ちぎょう》といった場合、たとえば知行二百石というのは米二〇〇石の収穫があると査定された土地を与えられていることで、その土地の領主である。ところが領主が収穫米を全部取ってしまったのでは農民の生活が成り立たないので、江戸時代には四公六民、つまり農民は収穫米の四割を年貢《ねんぐ》として領主に納め、六割を手もとに残すという方法が採られた。この公称四公六民を基準とすると、知行二百石の実収は二〇〇石の一〇分の四であるから八〇石となる。つまり、二百俵の蔵米取と知行二百石の実収入は同じなのである。

木村勘助《かんすけ》（木村摂津守の幼名）は安政三年一二月、長崎駐在目付《めつけ》を命じられ、翌年二月に赴任の際、名を図書《ずしょ》と改めた。長崎着後、永井玄蕃頭《げんばのかみ》（尚志《なおゆき》）の後任として長崎海軍伝習所取締に就任した。禄高《ろくだか》は五百石であった。安政六年二月、海軍伝習所閉鎖にともない江戸に帰ったが、同年九月、新たに創設された軍艦奉行並《なみ》（副）に任じられて禄高千石となり、同年一一月二四日、遣米副使としてアメリカ渡航を命じられた。

その四日後の一一月二八日、軍艦奉行に昇進、摂津守に叙されて禄高は二千石となった。木村摂津守は三〇歳にして幕府海軍最高責任者になったのである。

この二人の禄高の相違、木村奉行の二千石に対して、勝船将はわずか二百俵扶持ということが、勝の「不平不満」の原因の一つになったと思われる。

勝には、さらに不満の種があった。それは、航海一日につき支払われる航海手当である。記録によれば木村奉行は一〇〇両（一か月）、勝船将は一両一二六文、教授方は三分、教授方手伝は一分一二五文である。勝の航海手当は木村の三分の一に過ぎないのであるから、憤懣やるかたなしといったところであろう。

ちなみに、咸臨丸の航海日数は一四二日なので、航海手当の総額は、木村・四七三両一分一朱三六文、勝・一四六両一分三朱、教授・一〇六両二分、教授手伝・三九両三分三朱となる。なお、一両＝四分

（金）＝四〇〇〇文（銅）、二五〇文＝一朱（銀）である。

　勝の不平不満はもっと根深いところにもあった。

　木村家は三河以来の譜代ではなく、初代・木村昌高《まさたか》が甲府の徳川綱重《つなしげ》（五代将軍・綱吉の弟）に仕えたのが始まりで、二代・政重《まさしげ》のとき、綱重の子の家宣《いえのぶ》が六代将軍になったことから吹上《ふきあげ》奉行支配になった新しい家柄で、家禄は二十俵二人扶持であった。四代・喜之《よしゆき》のとき浜御殿添《そえ》（副）奉行に抜擢され奉行に進んだ。五代・喜繁《よししげ》が家督を継ぎ、姫君用人格布衣《ほい》百俵となり、御目得《おめみえ》に昇進し旗本になった。六代・喜彦《よしひこ》のとき二百俵に加増された。四代以降、木村家は浜御殿奉行を世襲していたのである。

　一般に、勝は低い身分から出世したとされ、当人は自他の身分にこだわらない人柄であったとされているが、その実、家柄―門閥―にこだわっていたようである。だから、門閥に対する反感―家柄に役職がついてくる―から、年下の木村奉行を「成り上がりの他国者も同様な浜御殿の小せがれ」程度にしか見ていなかったのではあるまいか。おそらく、他の士官らを見る目も同様だったに違いない。

　艦中の勝に、木村奉行や士官らをなにか小馬鹿にしたような、見下したような言動が垣間《かいま》見えるのは、家柄に対する反発からではなかろうか。

バッテーラ事件

　勝が、「しかず速やかに死せんにはと思慮すること再三、此の際の苦心誰か知らん。又誰にか告げん。」と嘆いた、そのような心理状態のときに、バッテーラ事件が起きた。

　この話は後年、木村芥舟《かいしゅう》―木村は三九歳で幕府役職から退隠後、芥舟と号した―と夫人との談話として「咸臨丸船中の勝」（巖本善治編『海舟座談』付録）の中に収録されているものである。

　咸臨丸の艦長にするのでも、どうか行きたいという事ですから、お前さんが行ってくれればと云うので、私から計ったのですが、何分身分を上《あげ》る事もせず、まだあの比《ころ》は、切迫して居ないものですから、ソウ格式を破ると云う具合にいかないので、夫《それ》が第一不平で、八当《やつあた》りです。終始部屋にばかり引込んでいるのですが、艦長の事ですから相談しないわけにも行かず、相談すると、「どうでもしろ」という調子で、夫《そ》れからまた色々反対されるので、実に困りました。甚だしいのは、太平洋の真中で、己《おれ》は之から帰るからバッテーラ（ボート）を卸《おろ》してくれなどと、水夫に命じた位です。福沢の伝にあるように、ただ舟によった（酔った）と云うのではない、つまり不平だったのです。

この談話を要約すると

勝がどうしてもアメリカに行きたいというから私が取り計らったのに、身分を上げてくれなかったことが不平で、回りに八つ当たりをする。相談事があっても「どうぞご勝手に」といったり反対したりで実に困った。太平洋の真ん中でボートを降ろせ、俺は国に帰るからと八つ当たりもいいところ。福沢（諭吉）がいうように、勝が始終部屋にこもって出てこないのは、ただ船に酔ったというのではなく、不平不満がそうさせたのでしょう。

木村は勝に対して批判めいたことは一切、口にしたことはなかったが、この話は勝の死後に語られたこともあって一躍有名になった。

おおらかな木村奉行と、憔悴しきった勝船将の言い分には相当な隔たりがあるが、勝は本当にボートを降ろして死んでしまいたかったのかも知れないし、木村や福沢は勝のめちゃくちゃな言動は八つ当たりか彼一流のはったりだと思っていたのかも知れない。

ここで、バッテーラはポルトガル語でボートのことである。関西地方でサバの棒ずしのことをバッテラと言うが、これはバッテーラが転じたもので、本来はコノシロの半身を乗せたすしの形がバッテーラに似ていることからバッテラと呼ぶようになったという。

また当時、教授方手伝として乗船していた赤松大三郎（後の海軍中将・赤松則良《のりよし》）が後年、息子に語った話として大洋中へ乗出してみると、暴風やら大浪やらのために日本の水夫は中途で弱ってしまって遂には、行くのは嫌だ、日本へ帰り度いなどゝいひ出し、まるでコロンブスのアメリカ発見の話にでもあるような騒ぎになったそうだが、其時には此便乗者の米国水兵が大変役に立ったそうである。

と伝えている。

水夫たちは、嵐と激浪と船酔いで気力も体力も萎えてしまい、航海そのものに不安を感じて「アメリカへ行くのは嫌だ」「このまま日本に帰りたい」と言いだしたというのである。

勝を含めて船内の一部にそのような空気があったことを伝える話ではある。

この件に似た話はブルックの『咸臨丸日記』にも現れる。

二月二十日（正月二十九日）

（略）もめ事が、はじめて士官達の間で起こり、艦長や提督のさばきにもち込まれた。

浦賀出港から一〇日後の日記である。

このバッテーラ事件の発端となった理由が何であれ、いやしくも一艦を統率する立場にある勝が口にする言葉ではない。木村奉行の従者であった福沢が、このような傲慢無礼な勝に対して不快な感情をもったとしても不思議ではない。

ワシントンへ行きたかった勝

ブルックの『咸臨丸日記』によれば

二月二十八日（旧二月七日）

九時半、メーンスル（主帆）をあげる。天測をする。艦長麟太郎が起きてきた。彼は私と一緒にワシントンに行きたいという。それはよい計画だと答える。

勝は前日、浦賀出港以来一七日ぶりに甲板に出てきたが、立つこともできなかった。ところがこの日は、甲板に出てくるなりブルックと一緒にワシントンへ行きたいというのだ。ブルックは「それはよい計画だ」としか答えようがなかった。

船将の立場にある一艦の責任者が、航海の途中に下船してワシントンへ行きたいというのであるから無責任な話で、生粋のアメリカ海軍軍人であるブルックは驚いたに違いない。

この話は乗組員の間にも聞こえてきたと思われるが、木村奉行は一切、口にしなかった。

後に福沢は、明治一九年一〇月二四日、紀伊半島東岸で起きたノルマントン号沈没事件に際し、ジョン・ウイリアム・ドレーク船長以下ヨーロッパ人は全員救命ボートで脱出して助かり、日本人乗客二三名は全員溺死したにもかかわらず、英国神戸領事館が船長のとった行動は正当であるとして無罪判決を下したことに対し、自分の主宰する『時事新報』の社説に「ノルマントン号事件を如何せん」と題して痛烈な論文を掲載した。その冒頭に

去る二十四日紀州沖に於いて英国汽船ノルマントン号沈没の際、乗組西洋人は一名の怪我死を除くの外、船長以下悉《ことごと》く無事、東洋人は日本人の船客二十三名を始めとして悉《ことごと》く溺死し、不思議にも助命したるは支那人の僮僕《どうぼく》一名のみなりと云う無情悲惨なる報道に接してより、内外国人皆な此《この》ノルマントン号事件に注目することと爲《な》り、事の前後を参照して事実なりと称する所を聞けば、難破船の場合に於いて、最後に船を去るの任ある船長は無事平安なりと云ひ、如何なる故にや二十三名（或は云う二十五名）の日本人は命の助かることは否なりとて、悉皆《しっかい》端船《はしぶね》に乗移ることを拒みたりと云ひ、或いは混雑の際、船客の喧噪《けんそう》を制せんとして之を室内に密閉し之を開くに暇あらざりし等の事なしとも云う可からざれば、潜水器を以て已没の船中を検すること、事の順序において甚だ肝要なるが如し。

【解説】悉皆《しっかい》：みな、ことごとく。端船《はしぶね》：ボート、こぶね。喧噪《けんそう》：さわがしいこと。

の一節があるが、この論文を執筆中の福沢の脳裏には、二七年前に、やれ「バッテーラを降ろせ」、や

れ「（船を下りて）ワシントンへ行きたい」と駄々をこねていた咸臨丸船将・勝麟太郎の姿がちらついていたに違いない。

ちなみに、このノルマントン号事件は神戸イギリス領事裁判所で審理され、ドレーク船長は無罪となった。

その後、政府は兵庫県令・内海忠勝を告訴人、ドレーク船長を被告人として、神戸イギリス領事裁判所に殺人罪で訴状を提出した。同裁判所で予審廷を開いた結果、ドレーク船長は有罪となった。本訴は横浜イギリス領事裁判所で開かれ殺人罪が確定した。

そもそも、この裁判で問題になった「領事裁判権」は、一八五七年六月一七日（安政四年五月二六日）下田で、下田奉行・井上清直とアメリカ総領事タウンゼンド・ハリスとの間で締結、調印された日米和親条約付録協定（下田条約という）に始まるが、その内容は

日本人に対して罪を犯した米国人は、米国領事法廷で審理され、有罪の時は米国の法律によって処罰される。米国人に対して罪を犯した日本人は、日本の官憲によって審理され、日本の法律によって処罰される。

と規定するもので、以後、各国との通商条約の中にも、そのままの形で引き継がれていった。これら幕末に結ばれた不平等条約は一八九四年（明治二七）、ときの外務大臣・陸奥《むつ》宗光《むねみつ》の治外法権条項撤廃交渉が成功するまで続いていたのである。

参考のため記すと、現在、船員の労働基準法ともいえる船員法は、第二章に船長の職務と権限について次のように規定している。

第十一条（在船義務）　船長は、やむを得ない場合を除いて、自己に代わって船舶を指揮すべき者にその職務を委任した後でなければ、荷物の船積及び旅客の乗込の時から荷物の陸揚及び旅客の上陸の時まで、自己の指揮する船舶を去ってはならない。

第十二条（船舶に危険がある場合における処

置）　船長は、自己の指揮する船舶に急迫した危険があるときは、人命の救助並びに船舶及び積荷の救助に必要な手段を尽くさなければならない。

付け加えると、第十二条は昭和四五年（一九七〇）に改正されたもので、それまでは船長には「人命、船舶、積荷を救助した後でなければ自己の指揮する船舶を去ってはならない」、いわゆる「船長最後退船の義務」が課されており、そのため緊急事態に際して船と運命を共にする船長が多かった。

キャプテン・ブルックと飲料水事件

キャプテン・ブルックは軍艦奉行・木村摂津守の要請に応え、サンフランシスコ航海の水先案内として咸臨丸に乗船したのだが、乗組員たちはそうは思っておらず、単なる「同乗者」と認識していた。ところが、浦賀出港早々の荒天のため、ブルックと彼の部下の助けを借らざるを得なくなり、ブルックも全力を尽くして咸臨丸の運航に当たったことから、もはや同乗者ではなく運航要員の立場にあった。しかもブルックは咸臨丸の復路航海に備えて、乗組員に対して帆船運航、航海技術を教え始めたものだから、ブルックが熱心になればなるほど、その指南役的な態度に反感を持つ者も現れ、ブルックと乗組員の間は何となくぎくしゃくした雰囲気で、いまひとつ胸襟を開くところがなかった。

咸臨丸は順調に東航を続け、西経一七〇度の子午線を越えて航海も半ばを過ぎていた。このとき飲料水にまつわる事件が起きたのである。

ブルックの日記を見てみよう。

三月二日（二月十日）

昨日飲料水を検査した。十個のタンクは使い果たし十三個のタンクにはまだ入っている。

また、木村摂津守も『奉使米利堅紀行』に

（二月）十一日

食用水を点検せしむ、猶《なお》十個の水函《ケートル》を余せりと記録しており、両者に多少の差違はあるものの、この時点では飲料水にはまだ十分な余裕があった。しかし、飲料水の管理は厳重に行われ、夜間、タンクの鍵は公用方下役の小永井五八郎が預かっていた。

船の水はそれほど貴重なのだ。

現在、横浜港に係留されている帆船・日本丸でも、遠洋航海中の清水《せいすい》─船では真水《まみず》のことをこう呼ぶ─の管理は厳しかった。日本丸の場合、清水は船底の二重底構造タンクに、目的に応じて飲料水、雑用水、ボイラ用水と、別々に積まれている。

飲料水は甲板上の専用タンクに毎日補給され、賄所《まかない》（調理場）、食堂に供給される。雑用水は洗顔、風呂の上がり湯、洗濯などに使われ、一日一定量を配給し終わったら手押しポンプに鍵をかける。週二回の海水風呂の上がり湯も、週一回の洗濯も、一定量の配給制であった。「真水の消費量は文化に比例する」という実習生もいたが、当時はそれを実感したものである。

この清水の使用について、船員法第二十一条（船内秩序）に「海員は、次の事項を守らなければならない」とし、その第六号に次のように規定している。

船内の食料又は淡水《たんすい》を濫費《らんぴ》しないこと。

さらに第二十二条では、「海員が前条の事項を守らないときは、これを懲戒することができる」としている。

船長は淡水（清水）の管理をしなければならないのである。

話を本題に戻し、この飲料水にまつわる事件について、『中浜万次郎の生涯』に載っている話を紹介しよう。

もともと咸臨丸のタンクには限りがあることですし、途中から、水は飲用のほかには使ってはいけないと、勝艦長から命令が出ました。ところが、アメリカの帆船水兵のフランク・コール（帆縫工）というのが、この貴重な水を使って、自分の下着の洗濯《せんたく》をしているところを見つけた吉岡公用方（事務官）は、いきなりこの水兵の顔を足げにしたのがきっかけで、この水兵は何かわめきながら仲間を呼びに行って、連れてきたかと思うと、吉岡に向かってピストルをかまえ、吉岡も刀の柄《つか》を握ったところに、何事が始まったかと、日本の士官たちと勝艦長、万次郎もやってきますし、それにキャプテン・ブルックも出て来たのです。ことの次第を聞いたキャプテン・ブルックは、がやがやさわぐ自分の部下たちを制して、静かに日本側に向かって、よろしい斬って下さい。といって共同生活のおきてを破った者に対して、落ちついて進んで処刑を求めるのでした。

この事件は、勝艦長とキャプテン・ブルックの握手となって納まりましたが、この三十三歳のアメリカ海軍中尉（大尉の誤り）に対する日本士官たちの見る目は、それ以来変わってきました。

この話の出所は定かでないが、福沢も似たような話を『自伝』に書いている。

途中で水が乏しくなったので、ハワイに寄るか寄らぬかという説が起った。辛抱して行けばハワイに寄らないでも間にあうであろうが、ごく用心をすれば寄港して水を取って行く、如何《どう》しようかというたが、ついにハワイに寄らずにサンフランシスコに直航とこう決定して、それから水の倹約だ。何《なん》でも飲むより外《ほか》は一切水を使うことはならぬということになった。ところでその時に大いに人を感激せしめたことがある。というのは船中にアメリカの水夫が四、五人いましたその水兵らが、動《やや》もすると水を使うので、カピテン・ブルックに「どうも水夫が水を使うて困る」と言ったら、カピテンの言うには「水を使うたら直《すぐ》に鉄砲で撃《う》ち殺してくれ、これは共同の敵じゃから、説諭も要《い》らなければ理由を質問するにも及ばぬ、即刻銃殺してください」と言う。理屈を言えば、その通りに違いない。それから水夫を呼んで「水を使えば鉄砲で打ち殺すからそう思え」というような訳《わ》けで水を倹約したから、如何《どう》やらこうやら水の尽きるということがなくて、同勢合わせて九十六人、無事にアメリカに着いた。

それにしても、元測量艦フェニモア・クーパー号艦長としてのブルックの毅然とした態度は見事ではないか。武士が武士道を貫《つらぬ》くにも似たこの対応に、咸臨丸士官をはじめ乗組員らは大いに感激した。そしてこのときから、士官や乗組員のブルックを見る目が変わり、ブルックのシーマンシップ教育は大いに効果を上げ始めたのである。

旗章掲揚のトラブル

軍艦奉行の船印

一八六〇年三月一七日（万延元年二月二五日）咸臨丸はサンフランシスコ入港の日を迎えた。その時の様子は次のようであった。（『咸臨丸航米日誌』より）

九時大檣（メーンマスト）のトップに中黒長旗を引き上げ尚お又スパンカーの斜桁に国旗を揚げ、ジブを掲げる円材に摂津守殿旗章を掲ぐ。

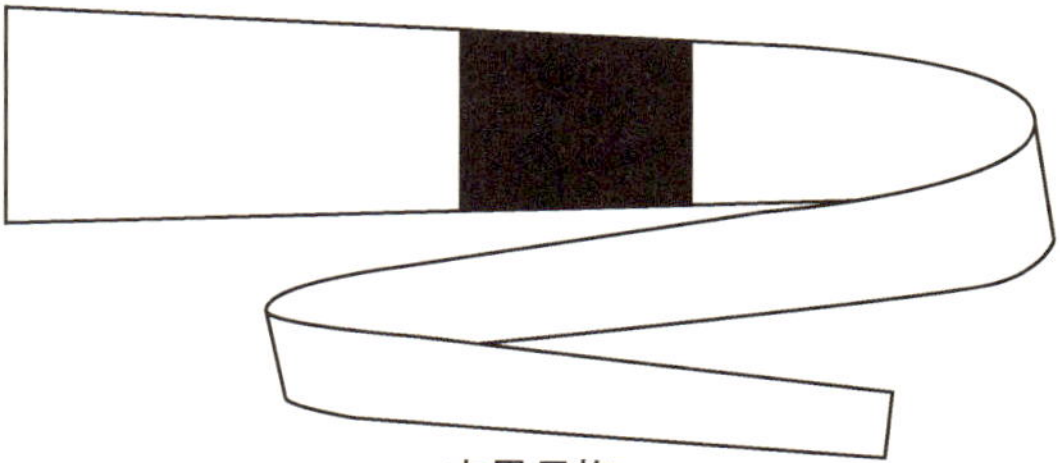

中黒長旗

丸に松皮菱

メーンマストに、長旗に一本の黒線の入った幕府水軍御船手組の中黒長旗を掲げ、後檣（ミズンマスト）の斜桁（ガフブーム）に国旗（日の丸）、船首のジブブーム先端の円材には摂津守の家紋（丸に松皮菱）の入った旗を掲げたというのである。

ここに到るまでには、木村奉行と勝との間にいろいろな議論があった。

二月二八日（旧二月七日）の『咸臨丸日記』によれば

　万次郎と事務長が今日私に、提督の身分について説明した。アメリカでは彼の肩書きが何となるか考えつかないので、彼らは提督の任務の幾つかを私に話した。第一、彼は神奈川奉行と同格である。彼は日本の全海軍を指揮し、士官を選択し、将軍の承認をもって任命する。私は彼がアドミラル（海軍長官）であると結論を下した。

この日、事務長の吉岡勇平が通訳の中浜万次郎を伴ってブルックの部屋に来た。アメリカでは木村奉行の肩書きをどう表現するかという質問で、ブルックはアドミラル（海軍長官）であると答えた。このとき、吉岡は軍艦が外国の港へ入るときに掲揚する旗章についてもいろいろ質問したと思われる。旗章を管理するのは事務長だったからである。

サンフランシスコ入港に際し、吉岡たちは、軍艦奉行（アドミラル、海軍長官）の旗章を掲げるべきであるが、その旗章はまだ制定されていないので、木村の家紋の入った旗を掲げるべきであるとした。ところが勝がこれに異論を唱えたのである。

勝の言い分はこうだ（『勝・航米日記』より）。

　今入津《にゅうしん》の折に当って奉行又旗を引くの説をなし、亜人も又これをいう、吾またいうことあり、若し此の如くならんとならば、宜敷《よろしく》御紋附の小旗を後檣の先頭に掲ぐべし、しからば彼邦人我惣督《そうとく》（総督）の船内にあるをしるべしと、しかるに奉行の説あり、御紋附の旗を以て私に引くべからず、自分紋附の旗然《しか》るべきなり、御紋附の旗を私に用ゆる時は僭上《せんじょう》に到るべく、また後難も計りがたかるべきなりと、我これを聞いてまた云う、大凡《おおよ》そ帝国の軍艦には其の官位に応ぜし定旗あり、これ私の物にあらず、今また帝王の軍艦に私の旗を用ゆる時はかえって偕上不敬に陥るべし、御説しかるべからずといって論説甚敷《はなはだしく》長かりしが、終《つい》に我が議行われず。

前述したように、木村奉行はブルックの意見も聞き、木村の家紋の入った旗を掲げるべきであるとしたが、勝は御紋附《ごもんつき》すなわち将軍家の紋所《もんどころ》である三つ葵《あおい》の旗を揚げよというのである。

木村は葵の旗を勝手に掲げることは将軍に対して偕上の沙汰であり、後難のおそれもあると自論を主張するが、勝は木村の家紋、つまり私の家紋の入った旗を掲げることこそ偕上不敬であると反論する。結局、勝は自分の意見が取り上げられなかったことに不満だったのである。

日本の国旗

ここでいう国旗は日本総船印《そうふなじるし》のことで、幕府は安政六年（一八五九）に

　大艦ニハ御国総印《ソウジルシ》日之丸幟《ノボリ》相立《アイタ》テ（中略）相《アイ》達《タツ》シ候処《トコロ》、向後《コウゴ》御国総船印《ソウフナジルシ》ハ白地《シロジ》日之丸之旗艫《ハタトモ》綱《ヅナ》ヘ引揚《ヒキアゲ》

という通達を出し、安政二年に決めた日本総船印の日の丸の「幟《のぼり》」を「旗《はた》」に、掲揚方法は艫《とも》（船尾）のマストのガフ（斜桁）に揚げることに改めた。

（石井謙治『海の日本史再発見』より）

この日本総船印の日の丸は、鈴藤勇次郎の「咸臨丸難航」の絵にも描かれているが、日本船舶が外国で掲げた最初の国旗（日の丸）である。

また、長尾幸作も『鴻目魁耳』のなかで

　閏三月十九日、晴、朝五時サンフランシスコ湊ヲ余艦出船、側ニ小艦有テ赤丸旗ヲ柱上ニ上《アゲ》テ出船ノ祝砲十四ヲ発ス

と記録している。この赤丸旗が「日の丸」の旗を指

すことは明らかで、咸臨丸出船に際し、傍らの小艦がマストの上に日の丸を上げて祝砲を発したというのである。なお、祝砲は奇数発が習わしであるから、一四発は一五発の誤りであろう。

新政府は明治三年（一八七〇）一月二七日、太政官布告第五十七号で「商船規則」を公布し、そのなかで「御国旗之事」として

国旗は常に備え付けること、毎朝八時に掲揚し日没に降ろすこと、国旗の掲揚なきときは海賊船の取り扱いを受けても仕方ないこと。

を規定し、さらに、旗や日章の寸法を規定した。

明治三二年（一八九九）船舶法が制定され、その第二条で

日本船舶ニ非サレハ日本ノ国旗ヲ掲クルコトヲ得ス

と規定した。この時点では、法律で「日本国旗」を規定してあるのは「商船規則」だけで、いうなれば船舶に掲げる国旗として規定しているものである。

第二次世界大戦後、国旗（日の丸）について種々論議されたが、寸法などは明治三年制定の太政官布告第五十七号「商船規則」の「御国旗之事」に準じることとしていた。

平成一一年（一九九九）八月一三日、「国旗及び国歌に関する法律」が制定され、国旗は日章旗とすることとなった。

この法律の制定にともない、従来からの「商船規則（明治三年太政官布告第五十七号）」は廃止された。国旗については巻末の資料を参照されたい。

祝砲にまつわる珍事

サンフランシスコ停泊中の三月一九日（旧二月二七日）咸臨丸船内である珍事が起きた。それはこの日の正午、咸臨丸から米国に対し祝砲二一発を打つことになったときである。

このことについて福沢は『自伝』の中で

陸から祝砲を打つということになって、彼方から打てば咸臨丸から応砲せねばならぬと、このことについて一奇談がある。勝麟太郎という人は艦長木村の次にいて指揮官であるが、至極船に弱い人で、航海中は病人同様、自分の部屋の外に出ることは出来なかったが、着港になれば指揮官の職として万端指図《ばんたんさしず》する中に、かの祝砲のことが起こった。ところで勝の説に、ソレは迚《とて》も出来ることでない、ナマジ応砲などして遣《や》り損《そこな》うよりも此方《こちら》は打たぬ方が宜《い》いという。そうすると運用方の佐々倉桐太郎は「イヤ打てないことはない、乃《お》公《れ》が打ってみせる」「馬鹿言え、貴様たちに出来たら乃公の首をやる」と冷《ひや》かされて、佐々倉はいよいよ承知しない。何《なん》でも応砲してみせるというので、それから水夫共を指図して大砲の掃除、火薬の用意して、砂時計をもって時を計り、物の見事に応砲が出来た。サア佐々倉が威張り出した。首尾よく出来たから勝の首は乃公の物だ。しかし航海中、用も多いからしばらくあの首を当人に預けて置くと言って、大いに船中を笑わしたことがある。兎《と》も角《かく》もマア祝砲だけは出来た。

と述べている。

勝が部屋に引きこもっている間に、士官や乗組員の運航技術はブルックの指導もあって格段に上達していた。それと同時に、咸臨丸内での勝に対する信頼感はますます失われ、勝が咸臨丸の運航について口出しする余地はなくなっていたのである。

その勝が、陸に近くなると途端に元気を取り戻し、ああでもない、こうでもないと言い出すものだから、砲術方責任者の佐々倉もカチンときたのであろう。

勝の不安

再び『咸臨丸日記』から引用する。

三月十六日（二月二十四日）

万次郎が私の部下の名前と階級を調べに来た。彼に教えてやる。彼は帰国する咸臨丸のために八人の乗組員を雇いたいという。艦長は何事かを心配しているように見える。

勝船将は乗組員の航海、帆船運用技術をあまり評価していなかったふしがある。

それだから彼は、ブルックと彼の部下らがサンフランシスコで下船したあとの復路航海に大きな不安を感じており、万次郎を通じてブルックに復路航海にも彼の部下八名を雇い入れたいと申し入れていたのであろう。

横浜で咸臨丸に乗船した旧フェニモア・クーパー号の乗組員はブルック他一〇名であったが、このうちサンフランシスコで下船することが決まっているのは、ブルックと製図士E・M・カーンの二人で、残る九名は雇い入れの対象になる者たちであった。ところが、そのうちの一人は往路の航海中にピストルを持ち出すトラブルを起こした水夫であったから、勝はその一人をメンバーから外した八名全員を再び雇い入れたいと申し入れたというわけだ。

航海中ほとんど船酔いで船を指揮したことのなかった勝が、サンフランシスコ入港を直前にしてとったこの言動は、またもや乗組員のプライドをいたく傷つけた。ブルックから熱心な指導を受け、復路航海に備えて技術を磨いてきた乗組員にとって、何とも言いようのない勝船将への不信感が湧いたとしても不思議ではない。結果的には旧フェニモア・クーパー号の水夫五名（うち一名は調理人）を再度雇い入れた。

部下を信頼できない指揮官は部下からも信頼されない。この時の勝がまさにそうで、以後の立場に大きな影響を与えることになる。

第一一章

サンフランシスコにて

アメリカ入国

木村奉行の訓示

木村奉行はサンフランシスコ入港前の二月二二日（三月一三日）、次のような自筆の訓辞を発した。

（『咸臨丸航米日誌』より）

今般之航海は開闢《かいびやく》以来未曾有《みぞう》之大業に有之《これあり》候処《ところ》、各方《かた》日夜心労の力に依《よっ》て不日《ふじつ》着船にも相成《あいなり》、実以《まことにもって》大慶之《の》至りに候、就《つい》ては是迄《これまで》御国地航海迚《とて》も乗組之者銘々《めいめい》謹慎は素《もと》より申迄《もうすまで》も無之候得《これなくそうらえ》共《ども》、此度《このたび》は外国へ罷越《まかりこし》候儀に付《つき》、聊《いささか》の事たりとも御外聞《がいぶん》に相成候ては、以之外《もってのほか》の儀に付、一同一際《ひときわ》謹慎有之《これあり》、皇国士人の端厳なる風習を彼国《かのくに》人《びと》に相示《あいしめ》し度《たき》事に候、万々一後日《ごじつ》不《ふ》取締《とりしまり》等風評有之《これあり》候ては、一同千辛万苦《せんしんばんく》の勤労も徒労《とろう》に相成《あいなり》、所謂《いわゆる》功を一簣《き》に欠《かく》と申如《もうすこと》に候ては残念至極に候、右等は改《あらため》て申入《もうしいれ》候迄《まで》も無之候得《これなくそうらえ》共、今般大業之航海、後來《こうらい》の基本にも相成候事《あいなりそうろうこと》に付、篤《とく》と勘考有之度《かんこうこれありたき》事に候。

二月二十二日　　　　摂津守

これを意訳すると次のとおりである。

今般の航海は我が国始まって以来の大事業であり、各人の日夜の努力によって日ならずして着港することになり、まことに喜ばしい。ついては、これまで国内の航海でも乗組員各位は身を慎んできたことは言うまでもないが、今回は外国に来たのであるから、小さな事でも噂になってはもっての外である。一同いっそう身を慎んで日本人の正しく厳かな風習をアメリカ人に示したいものである。万が一、後日、取締り（規律）が悪いなどの噂が流れては、一同の、辛く苦労した働きも無駄な骨折りとなり、いわゆる「功を一簣に欠く」と言われるようになっては残念至極である。これらのことは改めて言うまでもないが、今般の大航海は将来の基本にもなることであるから、十分考慮されたい。

この告示はかなり厳しいが、徳川幕府の鎖国政策以後、日本人として初の外国公式訪問であることを思えば至極当然の「御達」であろう。

サンフランシスコ入港時のトラブル

三月一七日（旧二月二五日）咸臨丸は無事サンフランシスコに着いた。

着港後、入港手続きのため士官・佐々倉、浜口、通弁役・中浜、事務方・吉岡たちはキャプテン・ブルックおよび彼の部下たちと共に上陸した。

このときの状況を『咸臨丸航米日誌』は次のように記述している。

三時半士官佐々倉・浜口・通弁中浜・公用方吉岡等御用にて上陸、米国船将ブルーク並《ならび》に水夫等も上陸す。

上陸せし日本人士官は時刻に至り迎《むかえ》の小舟を出せしも帰らず、七時に至り水夫等帰りて告《つ》ぐるに、士官等は米人が案内して連《つれ》帰ると、依《よっ》て迎舟は出さず階子《はしご》引上げたり、水夫二人、不寝番以外八人当番申し付け、士官当番は凡て航海中の通りとし、特に甲板上気を付くる様申し合す。

公用での上陸とはいいながら、佐々倉らは迎えのボートの時刻に遅れたばかりでなく、午後七時まで待っても船着場に現れず、しかも「士官等は米人が案内して連帰る」という伝言があっただけである。

これを聞いた咸臨丸では、ただちに小舟と舷梯《げんてい》（乗降用梯子）を引き上げてしまった。

普通に考えれば、仕事が長引いたのかもしれないし、あとで米人（ブルックである）が船まで連れて帰るというのであるから、小舟はともかく、舷梯ぐらいは残しておいてもよさそうなものである。

ところが、勝船将は小舟と舷梯を引き上げてしまった。だから佐々倉たちは仕方なく外泊したのである。

この件について勝の言い分は次の通りである。

（『勝・航米日記』より）

入津《にゅうしん》後吾士官一員を彼の政舎に遣《や》り、其來由を告げしめんとの定めなりしが、亜人もまた上陸し、其等の顚末いまだ此地の官員知るべからず、宜敷其の知己の官員に聞き合わせ、然して後政舎へ告ぐる方針然る可しという。之に依り通弁の者竝《なら》びに士官二人を同道し、其の相談を聞きて帰船は然るべしと決したりしに、我士官等一泊して帰り来らず。

亜人云う若《も》し其の相談長くなりなば日本人等我と共に一泊して明日帰船せしむべしと、上陸一泊の事は奉行の命によるべし我輩のいう処にあらず、しかれども我国の軍艦他洲へ至れるは今初めてなるに、士官等その港の模様一体の事情分明ならざるに、一人たりとも陸へ泊すること甚だ宜しからず、一の規則なく我れ勝ちなるに誰かよく勉強して取締る者あらんやと、此の議も亦我が説行われず。

この文を読むかぎり、勝の言い分に理がある。

しかし、ブルックは米国海軍軍人であり、元フェニモア・クーパー号の艦長を務め、また咸臨丸を無事サンフランシスコまで嚮導した男である。しかも、「日本の海軍にはどのような改革が必要であるか」についての意見を持っていたブルックが、いい加減な行動をとるわけがないと思うのである。

ブルックは予め木村奉行に、入港手続、停泊予定などの事務は煩雑であるから、佐々倉一行は上陸後、状況によっては一泊することもあると伝えておいた。

それでも一行が帰船時刻に間に合わないと知るや、ブルックは使いを出し「案内して連帰る」と連絡したのである。しかし結果的には外泊せざるを得なくなった。
　これが勝には我慢ならなかった。さらに勝の不満は続く。

　奉行云う、明日は我上陸遊歩すべし、士官等もかわるがわる上陸遊歩苦しからずと。
　我云う、大凡《おおよ》そ軍艦は一城を守《まもる》が如し、譬《たと》え和議条約の国に到りしなりとも、いまだ此地の官員等いたらざる前、我士官みだりに上陸遊歩すること甚だ然るべからず。たとえ上官は船内大病たりとも軽々しく船を立って上陸すべきいわれなし。まして今投錨後万端の掛合《かけあ》いすまざる巳前《いぜん》なるものおや、といえども長航海に疲労せし面々我説を隠忌《いんき》し、国家の爲に身命を惜まざる人少なし、嗚《あ》呼《あ》小児輩を如何せん。

航海中の勝船将にこの気概があれば問題はなかったはずである。しかし、航海中の勝の言動は支離滅裂で、木村奉行以下、士官らはほとほと手を焼いていたというのが現実であった。ところが、サンフランシスコに着いたとたんに威張りだしたものだから、勝がいかに正論を吐いても誰もまともに受けはしなかったのである。「長航海に疲労せし面々我説を隠忌し」たのは至極当然の成り行きだったのである。

上陸時の行動についての御達

三月一七日（旧二月二五日）サンフランシスコ入港後に、木村奉行は乗組員に対し、外泊や単独行動の禁止、上陸時間の規制など、上陸に際しての注意書を告示した。

　御達《たつし》の覚《おぼえ》
上陸の節、市中並びに野外共、私《わたくし》に酒食相用候義《あいもちいそうろうぎ》一切不相成《あいならず》候事。
当国士官の者饗応《きょうおう》として酒食差出《さしだし》候義申聞《もうしきき》候共、可相成《あいなるべく》断り無余儀筋《よぎなきすじ》に候はゞ、猥　無之様其《みだりにこれなきようその》意《い》に任せ候共一泊致し候義一切不相成《あいならず》候事、尤《もっとも》帰路刻限延引《えんいん》相成候節は其段可申越《もうしこすべく》候事、機関並《ならびに》造船場其外業前に係《かかわ》り候義にて、罷越《まかりこし》候共相定《あいさだめ》候時刻可罷帰《まかりかえるべく》候事。

芝居並見せ物等見物致候義不相成《あいならず》候、尤《もっとも》饗応の義に候はゞ猥無之《みだりにこれなき》候様罷越《まかりこし》候共可相成断《あいなるべくことわる》可《べく》申事。

上陸歩行の義教授方三人づゝ組居《くみおり》水夫並火焚《かまたき》召連罷越可《めしつれまかりこすべく》申候、水夫火焚は勿論教授方たり共独歩《ひとりあるき》の義不相成候事。

朝五ツ時罷出昼九ツ時罷帰り、又昼九ツ時罷出夕七ツ半時罷帰り可申尤《もうすべくもっとも》早食事にて罷出候義は不苦《くるしからず》候事。

買物等致し候共非分なる義致間敷《いたすまじき》候事。

出先に於いて仮令如何様《たとえいかよう》なる義之有《ぎこれあ》り候共、相忍び相帰り其の段申聞可《もうしきくべく》候。

申《さる》　二月

摂津守

これを要約すると

◇上陸の際は市中、野外を問わず、私用で酒食をとることを一切禁止する。

◇当地士官の饗応として酒食を出すと聞いても、仕方のないこともあるが、みだりにそのようなことが無いよう各人の判断に任せる。しかし外泊は許可しない。もっとも、帰船の刻限に間に合わないようなときは申し出ること。機関、造船場その他の仕事で上陸しても、所定の刻限までに帰ること。

◇芝居、見せ物などは見てはならない。もっとも、饗応のためであっても、みだりにこのようなことのないよう断ること。

◇上陸するときは教授方は三人で組み、水夫と火焚《かまたき》を連れて行くこと。水夫、火焚はもちろんのこと、教授方であっても単独行動をしてはならない。

◇午前八時に上陸し午後一二時に帰船、午後一二時に上陸し午後四時に帰船のこと。もっとも、早く食事をとって上陸するのは差し支えない。

◇買い物などをしても、身分に過ぎたことはしないこと。

◇上陸中や出張先で、たとえどのようなことがあっても我慢して帰り、そのことを報告すること。

◇以上のことを遵守すること。

このように、入港前の訓示と同様、かなり厳しい内容となっている。

咸臨丸の大修理

キャプテン・ブルックは復路の日本人のみによる航海を懸念し、乗組員に対して忍耐強くシーマンシップ教育を推し進めてきたが、もうひとつ気がかりなことがあった。それは、咸臨丸の艤装と帆走性能であった。『咸臨丸日記』を見てみよう。

三月六日火曜日（旧二月十四日）

プロペラーの羽根が深く水中に入っているので、それが船体をかなり振動させている。もしあれが水にふれていなければ、もう一ノットか一ノット半位早く進めるだろうに。この船には随分多くの改善すべき点がある。帆はすべて帆桁に対して小さすぎるし、新しいボート、シート索（帆脚索《ほあしづな》）等のための索止め、新しい砲郭《ほうかく》等が必要だ。

ブルックは乗組員らに、このような内容を中心に修理工事についての助言や指導を行っていた。そして、咸臨丸がサンフランシスコに入港した翌々日の三月一九日、次のような依頼書をメーアアイランド海軍造船所司令官ロバート・B・カニンガムに提出した。（万延元年遣米使節史料集成・第五巻）

サンフランシスコにて

一八六〇年三月一九日

拝啓

今月一七日日本の蒸気軍艦咸臨丸（艦長勝麟太郎）が海軍長官木村摂津守の旗を掲げ、この港に入港した事を報告することは小官にとって喜びであります。日本の政府の要請と、タットナル司令官の命令により、小官は航海技術等について艦長を援助するため咸臨丸に搭乗いたしました。製図士E・M・カーン氏とフェニモア・クーパー号の乗組員九名も一緒であります。

長官は帰航するまでに咸臨丸を修理したいという事を貴官に伝達するよう小官に依頼し、また都合のよい時にメーア島のドックに入れて欲しいという希望を持っております。長官は太平洋の秋の台風を避けるため、四月二六日までに出航出来るよう修理や改造等を完了する事を切望しております。(略)

小官は長官の要求が満たされるに必要な取り決めが全部終了するまで当地に留まる予定であります。(略)　恐惶《きょうこう》謹言

米国海軍大尉
ジョン・M・ブルック

メーア島海軍造船所
ロバート・カニンガム司令官殿

依頼書の内容は木村奉行からの希望として、咸臨丸の修理依頼と、台風が日本に襲来する秋までには日本に帰着したいので、四月二六日までにはサンフランシスコを出航できるよう修理や改造などを完了してほしいというものである。

この北太平洋の台風の恐ろしさを一番よく知っていたのは、咸臨丸乗組の日本人たちであり、次いで江戸湾で測量艦フェニモア・クーパー号を失ったキャプテン・ブルック本人であった。だから、この手紙の内容は、木村摂津守の名に託したブルックの希望でもあった。

台風との遭遇時期を避けて、帰国時期を早めに設定したことは正解であった。

ちなみに、台風とは北太平洋西部の熱帯地方の海上で発生した熱帯低気圧が発達し、その中心風速が毎秒一七・二メートル以上になったものをいい、気圧は関係ない。台風は一年中発生するが、海水温度の高い夏から秋にかけて最も多く発生し、八月以降に日本に来襲するケースが多い。咸臨丸は五月二六日にホノルルを出港し、六月二三日(旧五月五日)浦賀に帰着するまで、台風に遭遇することはなかった。

この要請に対してカニンガム司令官は翌三月二〇日付で、承諾の返事を出している。

メーア島海軍造船所長室にて
一八六〇年三月二〇日

拝啓
今月一七日貴下が海軍長官木村摂津守の旗を掲げた日本の蒸気スループ船咸臨丸に搭乗して到着したという公式報告を受領した。
本官の指揮下にある造船所はあらゆる方法で、長官の便宜をはかる事に心から喜びを感じていること、そしてまた本官はあらかじめわが海軍長官が熱烈に希望していると思われる好意を表明して、最近わが国と友好的な条約を締結し、かつこの度初めて来訪された日本の諸氏に最高の好意を示すものであることを、貴下より長官に伝言あられたい。
ドックは何時にても長官の用命に応ずるべく準備を完了しており、御都合のよい時期に咸臨丸をドックに入れられたい。長官に無事わが国に到着した慶詞を伝えられたい。そして米国を訪れる日本の最初の船を指揮するよう、彼を指名した将軍により彼に与えられた名誉に対しての祝詞を伝えられたい。

敬具

司令官
R・B・カニンガム

海軍大尉　指揮官
J・M・ブルック殿

咸臨丸の修理に関しては、このようなキャプテン・ブルックの並々ならぬ努力があったからこそ、無事着工の運びとなったのである。

咸臨丸は三月二三日、サンフランシスコからメーアアイランド海軍造船所に回航した。

海軍造船所での修理工事は、ブルックの斡旋《あっせん》、技術指導と当地司令官R・B・カニンガムおよび修理担当のキャプテン・マクジュガルの絶大な支援、そして咸臨丸乗組員の努力によって、ほとんど完璧なまでに施工された。

木造船であった咸臨丸の水漏れ箇所の隙間には、古い麻綱などをほぐして麻屑のようにしたオーカム（ホーコンともいう）を詰めて水漏れを防ぎ、帆はコットンキャンバスで少し大きめに、付属の索具や滑車類も新調した。航海中に傷んだ船首のジブブーム、ボート昇降用ダビット、ボート類も同時に新調した。またそれまで、船の速力を落とし、舵効きを悪くしていたスクリュープロペラは、水から十分引き揚げられるように改装した。

咸臨丸側も、鈴藤勇次郎が彼の日記『航亜日記・巻之二』（東京大学史料編纂所蔵）に

浜口拙者《セッシャ》両人ニテ亜人ト談シ、御船修復取扱フベキ旨、今日達シニ相成ル、右ニ因《ヨリ》テ両人今日ヨリ日々御船ニ出勤ス。

と記しているように、浜口興右衛門と鈴藤勇次郎は造船所側と交渉し、二人が咸臨丸の修理を担当することになり、毎日、造船所に出勤して修理工事に取り組んでいたのである。

咸臨丸はほとんど完璧に修理され、五月一日には造船所を離れサンフランシスコに回航し、復路の航海を待つばかりの状態であった。

咸臨丸の修理費用について、木村奉行は次のように書き残している。

かくて我船《ふね》の修理も過半工を畢《お》えければ、予コモドールに書を贈りて其費用を償《つぐな》わんといいしに、翌日返書を差越《さしこ》し修補一切の費用は大統領より日本大帝の爲に献呈すべしと思えり然りといえどもいまだ政府よりの命なければ、償の事は暫く其侭《そのまま》になし置くべしなり。其後《そのご》予コモドールに逢い再び其事を談ぜしが、前のごとく答えて更に肯《うなず》かざれば、然らば其政府よりの左右次第にて、我国在留のミニストルに商議すべしとてやみぬ。

結果的にはアメリカ政府の命令でアメリカ側が全部負担することになった。

木村奉行は「それなら工事に尽力してくれた人々に礼をしたいといったがこれも謝絶され、結局マクジュガルと相談して、サンフランシスコの消防士や船員の未亡人団体に二万五千ドルを寄付することで落着した」という。(『咸臨丸海を渡る』より)

メーアアイランド造船所で咸臨丸が大変お世話に

なったキャプテン・マクジュガルは、後に日本派遣のアメリカ艦隊長官となり、文久三年（一八六三）五月の長州藩による外国船砲撃の報復として、元治元年（一八六四）四カ国艦隊による下関砲撃に参加し、赤間関《あかまがせき》砲塁を陥れたその人である。

　メーアアイランド海軍造船所での四〇日間にわたる修理工事は多忙であったが、それでも乗組員らは、忙しい思いをしながらも陽春のメーアアイランドを愛《め》で、サンフランシスコに赴いて諸処を見学したり、買い物をしたりして、アメリカでの停泊を楽しんだ。

　長崎小出町出身の火焚《かまたき》小頭・嘉八は、日記『異国の言の葉』（万延元年遣米使節資料集成・第四巻）三月一七日（太陽暦四月七日）の項に

　此の頃にては酒肴《しゅこう》等沢山にて御船乗込中の不自由を忘れ一同相嗜《あいたしな》み居り、然れ共《ども》帰帆の節如何《いか》成《な》る難渋之程《のほど》も計り難き故、只《ただ》今日限りと而已《のみ》相心得、倹約の心は少しもなく暮らし候事。

と、苦しい航海のことは忘れて今を楽しんでいると書いている。

福沢諭吉の見たサンフランシスコ

咸臨丸が受けた歓迎

咸臨丸はサンフランシスコ停泊中に一般市民やアメリカ海軍から熱烈な歓迎を受けた。その様子を福沢は『自伝』のなかで次のように伝えている。

　サアどうも彼方《あっち》の人の歓迎というものは、ソレはソレは実に至れり尽くせり、この上のしようがないというほどの歓迎。アメリカ人の身になってみれば、アメリカ人が日本に来て初めて国を開いたというその日本人が、ペルリの日本行より八年目に自分の国に航海して来たという訳《わけ》であるから、丁度自分の学校から出た生徒が実業について自分とおなじことをすると同様、乃公《おれ》がその端緒を開いたと言わねばかりの心地であったに違いない。ソコでもう日本人を掌《てのひら》の上に乗せて、不自由をさせぬように不自由をさせぬようにとばかり、サ

ンフランシスコに上陸するや否や、馬車をもって迎いに来て、取り敢《あ》えず市中のホテルに休息というそのホテルには、市中の役人か何かは知りませぬが、市中の重立《おもだ》った人が雲霞《うんか》のごとく出掛けて来た。

それからサンフランシスコの近傍に、メールアイランドという所に、海軍港がある。その海軍港附属の官舎を咸臨丸一行の止宿舎に貸してくれ、船は航海中なかなか損所が出来たからとて、ドックに入れて修復をしてくれる。逗留中はもちろん彼方で賄《まかない》も何もそっくりしてくれる筈であるが、水夫をはじめ日本人が洋食に慣れない、矢張り日本の飯でなければ食えないというので、自分賄という訳にしたところが、アメリカの人はかねて日本人の魚類を好むということをよく知っているので、毎日々々魚を持って来てくれたり、あるいは日本人は風呂に這入《はい》ることが好きだというので、毎日風呂を立ててくれるというような訳《わ》け。ところでメールアイランドという所は町でないものですから、折節《おりふし》今日はサンフランシスコに来いと言って誘う。それから船に乗って行くと、ホテルに案内して饗応するというようなことが毎度ある。

女尊男卑の風俗に驚く

このすさまじいばかりの歓迎ムードのなかで、福沢たちはいろいろなことを見聞し経験した。二頭立ての馬車に驚き、床に敷き詰められた絨毯の上を靴を履いたまま歩くことに感嘆し、三、四月の暖気の季節にシャンパンのコップの中に浮く氷を見てたまげたのである。その状況を

すべてこんなことばかりで、私は生まれてから嫁入りをしたことはないが、花嫁が勝手のわからぬ家に住み込んで、見ず知らずの人に取巻かれてチヤフヤ言われて、笑う者もあれば雑談《ぞうだん》を言う者もあるその中で、お嫁さんばかり独《ひと》り静かにしてお行儀を繕《つくろ》い、人に笑われぬようにしようとして却《かえ》ってマゴツイテ顔を赤くするその苦しさはこんなものであろうと、凡そ推察が出来ました。

と伝え、さらに「女尊男卑《じょそんだんぴ》の風俗に驚いた」と次のように続く。

あるときにメールアイランドの近所にバレーフォーという所があって、そこにオランダの医者が居る。オランダ人は如何《どう》してでも日本人と縁が近いので、その医者が艦長の木村さんを招待したいから来てくれないかというので、その医者の家に行ったところが、田舎相応の流行家とみえて、なかなかの御馳走《ごちそう》が出る中に、如何《どう》にも不審なことには、お内儀《かみ》さんが出て来て座敷にすわり込んでしきりに客の取り持ちをすると、御亭主が周旋《しゅうせん》奔走している。これは可笑《おか》しい。まるで日本とアベコベなことをしている。御亭主が客の相手になってお内儀さんが周旋奔走するのが当然《あたりまえ》であるのに、さりとはどうも可笑《おか》しい。ソコで御馳走《ごちそう》は何かというと、豚の子の丸焼きが出た。これにも肝を潰した。如何《どう》だ、マアあきれ返ったな、まるで安達《あだち》ガ原《はら》に行ったような訳《わ》けだと、こう思うた。

日本とは逆の「女尊男卑」の習慣風俗に、これはおかしい何とも変だと思っているところに、豚の丸焼きと出合ったものだから、福沢は「安達ガ原に行ったような」ものと、すっかり驚いてしまったのである。安達ガ原は福島県北部の阿武隈川に沿う丘陵地帯の一部で、謡曲や浄瑠璃で有名な鬼婆のこもったといわれる黒塚があるという。

福沢のこのような貴重な経験は木村奉行の従者であったからこそできたものであろう。

ウエブスターの辞書と華英通語を購入

木村奉行は先に述べたように、サンフランシスコおよびメーアアイランド海軍造船所における咸臨丸乗組員の上陸について厳しく行動を規制したが、福沢はわりあい自由に振る舞っていたようである。

中浜万次郎と一緒に書店を訪ね、万次郎の薦めるウエブスターの辞書を一冊ずつ買い、のちに「これが日本にウエブストルという字引の輸入の第一番」と自慢している。

福沢はそのほかに、清国人商人から清国人の子卿《しけい》がアメリカで刊行した『華英通語』を購入した。この本は英語の単語と短文に、漢字で発音と訳語を併記したものであった。

写真屋の娘とツーショット

サンフランシスコで写真屋の娘と撮ったツーショットが遺っているが、これについて福沢は次のように語っている。(『自伝』より)

(咸臨丸は) ハワイで石炭を積み込んで出帆した。その時に一寸した奇談がある。(略)

ハワイを出帆したその日に、船中の人に写真を出して見せた。これはどうだ (その写真はここにありとて、福沢先生が筆記者に示されたるものを見るに、四十年前の福沢先生のかたわらに立ち居るは十五、六の少女なり。) ―その写真というのはこの通りの写真だろう。ソコで、この少女が芸《げい》者《しゃ》か女郎《じょろう》か娘かは、勿論《もちろん》その時に見さかいのある訳《わけ》はない。―「お前たちはサンフランシスコに長く逗留《とうりゅう》していたが、婦人と親しく相並んで写真を撮るなどということは出来なかったろう、サアどうだ、朝夕口でばかり下《くだ》らないことを言っているが、実行しなければ話にならないじゃないか」と、大いに冷やかしてやった。これは写真屋の娘で、歳は十五とかいった。その写真屋は前にも行ったことがあるが、丁度雨の降る日だ、そのとき私独りで行ったところが娘が居たから「お前さん一緒に取ろうではないか」と言うと、アメリカの娘だから何とも思いはしない。「取りましょう」と言うて一緒に取ったのである。この写真を見せたところが、船中の若い士官たちは大いに驚いたけれども、口惜《くや》しくも出来なかろう、というのは、サンフランシスコでこのことを言い出すと、直《す》ぐに真似をする者があるから、黙って隠して置いて、いよいよハワイを離れてもうアメリカにもどこにも縁のないという時に見せてやって、一時の戯れに人を冷やかしたことがある。

咸臨丸がメーアアイランド海軍造船所で修理中、乗組員はしばしばサンフランシスコに出向いており、写真はその時に撮られたものである。

長尾幸作の『鴻目魁耳』三月二八日（太陽暦四月一七日）の項に

> 晴、早起病床ヲ払ヒ出院之装ヲ作シ、右各々来ルヲ待ツ、午前山本金二郎来ル、相共ニ車ニ乗シ**Brucks**ノ宅ニ至ル、其他病院に滞ル者皆共に来ル、司官各々各用ヲ便シ街ニ行ク、余モ又デキュルハウスニ至る、二トルヲ投シ一之《ヒトツノ》デキュルを取ル、凡《オヨソ》我《ワガ》半時《ハントキ》ニシテ調《トトノ》ヒ帰ル

とあり、長尾はこの日、二ドルを払って一枚の写真を撮り、約一時間後に仕上がったので持って帰ったというのである。

長尾は、サンフランシスコに入港して間もない三月朔日（三月二一日）、体調を崩して当地の海員病院に入院していたが、入院から二七日目の三月二八日（四月一七日）に退院し、その足でブルックス宅を訪れたのである。咸臨丸の乗組員らはブルックス宅を自分たちが上陸したときの「溜まり場」として利用し、ここからそれぞれに行動を起こしていたからであった。

ここで、「Brucks」は「Brooks」の誤りである。このブルックス（Charles Wolcott Brooks）という人物は貿易商であり、一八五九年に初代駐日公使となったタウンゼンド・ハリスの友人であった。ブルックスは前もってハリスから依頼を受けていたこともあるが、キャプテン・ブルックが去った後も親身になって咸臨丸乗組員の世話をし、病没した水夫の墓を建てたほどの義侠家であった。

慶応三年（一八六七）九月、徳川幕府より日本の領事を、維新後の明治三年（一八七〇）八月には新政府より日本領事を命じられている。

また、火焚《かまたき》小頭《こがしら》・嘉八の日記『異国の言の葉』の三月二六日（四月一五日）の記事に

> 今日もシャンフランシスコへ参り居候人、タギウルを写《うつし》取り

とあり、さらに、『亜国上下其他日記 幷《ならびに》 艸木《そうもく》写

真』（小杉雅之進、国立国会図書館蔵）の壬《うるう》三月一六日（五月五日）にも次のような記事がある。

昼後、松岡盤吉、鈴藤勇次郎、牧山修卿同道上陸、タキュールヲ取《トリ》、夕刻帰船。

ここで、長尾のいうデキュル、嘉八のいうタギウル、小杉のいうタキュールについて、『福沢諭吉と写真屋の娘』の著者である中崎昌雄は

デキュルもタギウルも、「daguerreo」の訛りであり、別にタキュールという人もある。

としている。

さらに、「ダゲレオタイプ」は一般に「銀板写真」と呼ばれ、銀メッキした銅板を使用して陽画を直接作るタイプであるが、いまに残っている写真は「アンブロタイプ」と呼ばれる「ガラス写真」で、これをガラス陰画として焼き付けて陽画を作ることもできるタイプであり、当時サンフランシスコの写真館には「ダゲレオタイプ写真館」の看板が掲げられていたが、アンブロタイプの写真も撮っていたのであると説明している。

閏三月一二日（五月一日）咸臨丸はメーアアイランド海軍造船所での修理工事を終え、サンフランシスコへ回航し、左舷錨を入れて停泊した。出港は閏三月一八日（五月八日）である。

このあわただしい停泊中にも、咸臨丸乗組員は上陸して土産品を購入し、写真を撮っている。前述した小杉らも閏三月一六日（五月五日）に上陸して写真を撮っている。

一方、福沢の写真屋の娘とのツーショットについて、前掲した中崎昌雄は、「この間の五月三日は乗組員は出港準備や病院訪問で多忙であったと記録にあるところから、翌五月四日の雨天の日に写真屋の娘と写真を撮った可能性が高い」との見解を述べている。

ところで、福沢が写っている最初の写真は、閏三月朔日《ついたち》（四月二〇日）頃に撮ったとされる浜口興右衛門、肥田浜五郎、根津欽次郎、岡田井蔵、小永井

五八郎の五人と共に写っている集合写真である。このときの福沢は羽織袴に両刀を差した堅苦しい武士の正装姿である。ところが、写真屋の娘とのツーショットは両刀も羽織袴も着けない、着流し姿のリラックスした写真である。

単独行動禁止の「御達」を破ってまでのこの行動は、かなりの勇気を必要としたと思われるが、この頃には英会話も相当に上達し、現地人とのコミュニケーションに不安がなかったからであろう。

第一二章
復路航海への布石

シーマンシップ教育とその成果

キャプテン・ブルックは咸臨丸に乗艦して、はじめて乗組員の船内マナーの悪さや船内の無規律さ、拙劣な運航技術などを知った。さらに、このままでは咸臨丸は沈没してしまうのではないかという不安感からか、艦内には不穏な空気が流れていることも察知した。

責任感の強かったブルックは、自分がサンフランシスコで下船したあとの咸臨丸を無事日本に帰国させるためには、何が何でも乗組員のシーマンシップ教育をやらねばならぬと決心し、往路の航海中は万難を排してこれに取り組んだ。

その成果は、ブルックがサンフランシスコ到着後に海軍長官アイザック・トウシイに提出した書簡（万延元年遣米使節資料集成・第五巻）から窺《うかが》い知ることができる。

日本軍艦咸臨丸
サンフランシスコにて
一八六〇年三月二十五日

謹啓〔海軍長官アイザック・トウシイ宛〕

小官は咸臨丸に搭乗し、江戸湾を出発してより三十七日の航海の後、今月十七日にサンフランシスコ港に到着したことを謹んで海軍省に報告いたします。カーン氏とフェニモア・クーパー号の乗組員と一緒であります。（略）

咸臨丸は長崎と江戸の間を幾度か往復しており

ますが、普段は蒸気を用いるので乗組員達は荒天時の帆の操作になれておりません。それで港を出るとすぐ強風にあい、また航海の後半にも同じような強風にしばしば見舞われたので、アメリカ人水夫達の働きは重要でありました。

日本人達は航海術や船の運用に関してオランダ人から教えを受けているに拘わらず、この咸臨丸の乗組員は各自の部署が決まっておらず、ひどい嵐の中を船が風にのり大浪を切って走っている時も、しばしば二、三人の乗組員しかデッキにおらず、出港後（空白）日たってから、ようやく士官達が当直に立つようになりました。それまでは、たまたま何かやりたい気持ちになった人が見張りに立つという状態で、これは全く驚くべきことであります。

アメリカ水兵が当直を行い、荒天の場合も見張りに立ち舵をとり、また舵手の指揮をとりました。しかし日本人も経験を積むに従って腕を上げ、今では充分船をあやつることができるようになったと推察いたします。

浦賀出帆の日艦長勝麟太郎は病気となり（空白）まで寝室に閉じこもっていました。

士官たちは立派な観測者であり、江戸でクロノメーターの時差を測定し、時間を決めて観測をしております。機関士官も大変有能であり、当直士官も訓練をすれば熟達すると思います。

咸臨丸乗組員の航海技術は格段に進歩し「経験を積むに従って腕を上げ、今では充分船をあやつることができるようになったと推察いたします」というまでに向上したのである。ともあれ、ブルックが考えた木村奉行をはじめとする咸臨丸乗組全員に対するシーマンシップ教育は見事に成功したのである。

復路の航路と帰国時期

復路の航海は、咸臨丸乗組員にとっては初めての経験である。したがって、航路の選定についてはキャプテン・ブルックの絶大な協力と、すでに航海経験を持つ中浜万次郎に負うところが極めて大きかった。

サンフランシスコからホノルルまでは、南に流れるカリフォルニア海流に乗っていったん南下し、北緯二〇度〜三〇度付近で北東貿易風と常に西に流れる北赤道海流を捉えて西進し、ホノルルへのコースをとる。

ホノルルから浦賀までは、北緯二〇度付近まで南下し、再び北東貿易風と北赤道海流を捉えて西進する。東経一六〇度付近から徐々に針路を北にとりながら浦賀に向かう。八丈島付近からは北東に流れる日本海流（黒潮）に留意する。

また、帰国時期について、ブルックはメーアアイランド海軍造船所司令官ロバート・B・カニンガムに「海軍長官・木村摂津守が希望している」からと、四月二六日までに出航できるよう修理や改造などを完了するよう依頼したことはすでに述べた。

ブルックは自分の苦い経験を踏まえて計画した台風襲来前の日本帰着を実現させるために、敢えて木村長官の希望だとしてカニンガム司令官に申し入れたのである。

このように、ブルックが指導し、咸臨丸士官らが立案した航海計画（復路航海の航路選定と帰国時期の選定）は、日本人のみによる復路航海を見事成功させたのである。

航海当直割の変更

『航海日記』（国立国会図書館蔵）によれば、往路航海の当直割は

一組：佐々倉桐太郎（運用方・鉄砲方兼）
　　赤松大三郎（測量方）
二組：鈴藤勇次郎（運用方・鉄砲方兼）
　　松岡盤吉（測量方・運用方兼）
三組：浜口興右衛門（運用方・鉄砲方兼）
　　小野友五郎（測量方・運用方兼）
四組：伴鉄太郎（測量方・運用方兼）
　　根津欽次郎（運用方）

のコンビとし、運用方と測量方の士官を組み合わせ

た当直割で、当直割の各組の責任者は筆頭者の佐々倉、鈴藤、浜口、伴であった。

この当直割から、木村奉行は幕府体制と同じように、能力よりも家柄と身分を重視して、艦内秩序を保ち、さらにサンフランシスコ航海を成就させようとしていたことがうかがえる。そのことについて、勝船将や乗組員は当然のこととして何の疑念も抱かなかった。

ところが浦賀を出港してすぐに大時化に遭遇し、「我が同船の人員、初めて此の擾騒《じょうそう》に逢って皆大いに疲労し、人々互いに狼狽し、不撓《ふとう》の規律を失し」(『亜行新書』より) た状況になって、木村奉行をはじめ乗組員は、この航海に不安を覚えるようになった。

ブルックはそのような艦内の不安感を払拭しようと「能力のある者を航海当直に起用するよう」勝船将に進言した。しかし実現することはなかった。

一方、乗組員たちは、往路の長い航海でのブルックやその部下らとの生活、またメーアアイランド海軍造船所やサンフランシスコでのアメリカ市民との交流のなかで、西洋の文物を眼のあたりにし、日本と異なる点、すぐれた点、学ぶべき点などを直接、肌で感じとっていたのである。

その結果が、復路の航海当直割に小野と根津との新しいコンビを誕生させたのである。これは画期的な出来事で、木村奉行ならではの大英断であった。

木村奉行は往路航海の反省から、名ばかりの当直体制を責任ある当直体制へと組み替えた。言い換えれば、ブルックも評価した小野の実力を認め、これを当直体制に組み入れ、責任者にしたのである。

小野友五郎は軍艦操練所教授方の職にあったとはいえ、もとは笠間藩士で陪臣の身分であった。だから、いかに優秀であっても、陪臣の身分で直参の上に立つことは許されることではなかった。このことは往路の航海で、優秀な最年長 (四四歳) の小野が、浦賀奉行所に仕える幕臣の浜口興右衛門の下でコンビを組んでいたことからも明らかである。

ところが復路の航海当直割では、小野は幕臣の根津とコンビを組み、その責任者となった。根津欽次郎は小普請組・柴田能登守の組に属する小笠原弥八郎の配下にあったから、教授方手伝いとはいえ、れっきとした幕臣である。その根津の上に小野を据えたのだから乗組員も表向きは驚いたであろうが、内心では当然のこととして受けとめていたに違いない。

サンフランシスコからの復路航海の当直割は次のように組み替えられた。

一組：佐々倉桐太郎（運用方・鉄砲方兼）
　　　赤松大三郎（測量方）
二組：浜口興右衛門（運用方・鉄砲方兼）
　　　松岡盤吉（測量方・運用方兼）
三組：鈴藤勇次郎（運用方・鉄砲方兼）
　　　伴鉄太郎（測量方・運用方兼）
四組：小野友五郎（測量方・運用方兼）
　　　根津欽次郎（運用方）

往航時と変わらないのは佐々倉と赤松のコンビだけで、あとは総入れ替えである。

木村奉行、ワシントン行きを断念

木村摂津守は日米修好通商条約批准書交換の遣米副使を命じられたとき、もし使節に万一のことがあった際には、それに代わるべき内命を受けていたのである。

三月八日（一八六〇年三月二九日）正使・新見豊前守一行の乗ったアメリカ軍艦ポーハタン号がサンフランシスコに到着した。木村奉行は正使一行と協議の結果、ワシントン行きを断念し、咸臨丸とともに帰国することになった。

『奉使米利堅紀行』（木村喜毅、万延元年遣米使節史料集成・第四巻）から抜粋する。

　初め予に命ありて、使節の内万一疾病等もあれは予代りて使節を勤むへしとの事なりしか、已《すで》に当地まで使節も安着したれば此上予ハ都府へ行にも及まじく、かたかた先帰りて此趣《このおもむき》を我か政府に報すへきやと使節の面々へも相談せしか、夫《それ》にて然るへきとの事に寄《より》、断然右の運ひに決したり、去《さり》なから都府を一見せさるハ極て遺憾の事なりし。

木村は遣米使節の副使に任命されていたのであるから、当然ワシントンへ行けたのである。副使としてワシントンへ入り、アメリカ大統領と日米修好通商条約批准書交換の式典に参加したかったのだ。それは軍艦奉行・木村摂津守個人としての栄誉もさることながら、木村家にとっても、たいへん名誉なことだったからである。

咸臨丸はメーアアイランド海軍造船所での四〇日間に及ぶ修理工事を終えた。木村奉行はなるべく早くサンフランシスコを出港することにした。彼はそのときの心境を、『奉使米利堅紀行』の「清書本」のなかで

船の修理ももはや畢《おわ》りぬれば、予速《よすみ》やかに出帆し帰国せんと思えり。如何となれば、吾輩の航海は今度を権輿《けんよ》とすれば、万一過誤の事あらんに吾国海軍起立の盛衰にも関係すべし、また七、八月の候に至らば颶風《ぐふう》の時となり舶士の尤《もっと》も恐るる所なり、此地《このち》の滞船已《すで》に五十余日に及びしかども、此国の人と毫《ごう》も不快の事起らず無事平穏なりしは、我国の威霊と諸士の謹直なるによるものにして、余の大幸とする処なり。余曾《かっ》て三使にいえる如く、徒《いたずら》に万里の外に滞留し使節の音信を待たんは風《ふう》馬《ば》牛《ぎゅう》の譬《たとえ》にひとしく、更に詮《せん》なき事なれば、断然意を決し何事もなき内に帰帆せんとは思えるなり。

【解説】権輿《けんよ》：事の起こり、発端。颶風《ぐふう》：強烈な風、ここでは台風をいう。毫《ごう》も：少しも。風馬《ふうば》牛《ぎゅう》：互いに全く関係のないこと。詮《せん》なき事：しかたがないこと。

と淡々と記している。

ワシントン行きを断念した表向きの理由は前述したとおりであるが、その内実はもっと複雑で深刻なものであったらしい。木村はそのときの状況を『木村芥舟《かいしゅう》翁履歴略記』に次のように記している。

出帆前、余《よ》に命じて、使節の内万一病気等にて

事故あるときは、代わりて使節相勤《あいつと》むべしとの事なりしにより、余は此地《このち》より使節と共に華聖頓《ワシントン》府に到るべき筈なれ共《ども》、吾が艦ここに滞泊中、我が在らざれば取締《とりしまり》向《むき》如何と掛念《けねん》なきにもあらず、其の上乗組の内にも異議ありて、余が華聖頓に到るを拒むものあり。我が使節の一行は華聖頓の方へ赴きたれど、余は此《この》一行と同じく都府に到るを得ず、人をして宝山空手《ほうざんくうしゅ》の嘆あらしめたるも是非なき次第なり。

ここで、「乗組の内にも異議ありて、余が華聖頓に到るを拒むものあり」とあるが、木村奉行のワシントン行きに反対したのは勝船将と士官らであった。

勝の反対は二つの理由からであった。

その一つは、前述した木村奉行と勝頭取の「船将（艦長）」についての認識のずれである。勝は、「咸臨丸の指揮者は木村奉行であって、自分は船将ではない」という認識から、ブルックに「ワシントンへ行きたい」と相談したところ、ブルックは「それは良いプランだ」と言ったきり相手にしなかった。ブルックにしてみれば、艦長（船将）が勝手に艦を下りるなど言語道断、冗談だと思った。しかし、勝は本気だったのである。

勝は木村奉行がワシントンへ行くらしい気配を察し、自分も行きたかったのに行けない腹いせ―というよりも〝嫌がらせ〟から、木村奉行のワシントン行きに反対したのである。

その二つは、木村奉行不在では復路航海中の艦内秩序の維持ができないと思ったからである。その理由は誰よりも本人がよく承知していたはずである。

士官らの反対は、木村奉行が下船すると、わがままで何をしでかすかわからない勝を抑える者がいなくなるという単純な理由からであった。

復路航海は合議制

咸臨丸は浦賀出港直後から荒天に見舞われて難航した。勝船将は船酔いと病気のためといいながら、ほとんど甲板上で指揮をとることはなかった。さらに、「日本に帰るからバッテーラ（ボート）をおろせ」とか「サンフランシスコからワシントンへ行きたい」など、乗組員に不信感を与えるような言動もあったことなどから、木村奉行や士官らは勝船将にすべてを任すことに大きな不安を感じていた。

また、木村奉行はメーアアイランド海軍造船所で修理中の船内に「我が在らざれば取締向如何と掛念《けねん》なきにもあらず」とする不穏な空気を察知していたこともあって、復路の運航は士官らの合議によることとした。

この合議には木村奉行も勝船将も参画していたが、実質的な指導者は佐々倉桐太郎（運用、鉄砲方筆頭）、浜口興右衛門（運用方）、小野友五郎（測量方）、肥田浜五郎（蒸気方）らであり、中浜万次郎も相談役として参加していたと思われる。

この合議制については、蒸気方・小杉雅之進が日記のなかで

閏《うるう》三月二十八日
第一番（午後〇時〜午後四時、小野、根津）
今朝午後より微風続《つづき》で、追々海面の模様よろしく、終《つい》に貿易風帯に至らんとす。衆義（衆議）して蒸気を止《と》む。

と記述していることからも明らかである。（『咸臨丸還る』より）
また、水夫小頭・石川政太郎のサンフランシスコを出港して間もない三月二六日の日記（『安政七申歳正月十三日・日記』）にも、合議制をうかがわせる記事がある。

朝より少々曇り、始終風はなぎ也《なり》、今日はこふしん（庚申《こうしん》、かのえさる）ニ当たる故右の天気也、後成程《のちになるほど》風も追々吹き、誠ニ宜敷《よろしき》都合なり、今日士官之内、小野様・浜口様より異人五人乗組候《そうら》得共《えども》役ニ立たす《ず》、梶取《かじとり》、右異人四人は日本水主《かこ》梶取四人と二《ふ》タ時《とき》替《が》わり相勤《あいつとめ》呉《くれ》候《そうろう》様《よう》被仰《おおせられ》候得《そうらえ》は《ば》、皆々水主一統《いっとう》之《の》義《ぎ》（儀）は御船乗廻しニ付而《つきて》は余人を便りニは不致《いたさず》、我々計《ばかり》ニ而《て》日本迄乗付《までのりつけ》候由《よし》を早速申出候事。

この日、士官の小野友五郎と浜口興右衛門から水夫小頭に対して「同乗した異人五人（うち一人は異人食専門のコック）は役に立たないので舵取りにまわす。四人は一人ずつ四時間交代で、咸臨丸の当直水夫四人と一緒に航海当直に入れる」と申し渡されたのである。

　異人四人を敢えて「役に立たず」といって、マストに登らせないで舵取りに回した小野と浜口の真意は一体どこにあったのだろうか。おそらく、帆船乗りとして最も重要な、しかし日本人水夫が最も苦手とする「操舵技術」を、異人に付いて早く習得させたかったのが士官らの真意だったのではあるまいか。なお、このような〝申し渡し〟は、船将もしくは筆頭士官（いまでいう一等航海士）一人でよく、二人連名ということは合議の結果を周知させる手段であったのかもしれない。

　一方、水夫小頭にしてみれば、士官らがやっと自分たちの航海技術を認めてくれたという思いがあるから、早速、「異人（アメリカ人）に頼らず自分たちだけの力で日本まで帰りましょう」と小野と浜口に申し出たのだ。水夫らに本音を吐かせ、彼らを本気にさせたのである。

舵のとり方

　ここで、上記の「梶《かじ》（舵）取《とり》」について説明を加えておきたい。

「舵取」とは船の舵をとる人のことをいい、現代風に言えば「操舵手《そうだしゅ》」あるいは「操舵員《そうだいん》」のことである。

　舵のとり方には「とりかじ」「おもかじ」および「ようそろ」の三通りがある。

　文化七庚午《こうご》皐月《さつき》（一八一〇年五月）に書かれた『廻船安乗録』（服部義高、海事史料叢書・第六巻）の「船方詞《ふなかたことば》の事」によれば

一、艫櫓《ともろ》を手前へ引《ひく》を　とりかちといふ。
一、同じく向ふへ出《いだ》すを　おもかちといふ。
　但し楫柁柂櫂《かちかちかちかち》皆同事なり。
一、同じく直《すぐ》にするを　よふ揃《そろ》ふという。

とあり、船尾の左舷側に付いた艫櫓《ともろ》を手前に引く―右舷側にひく―ことを取舵《とりかじ》、向こうへ押す―左舷側に押す―ことを面舵《おもかじ》、真っ直ぐにすることを宜揃《ようそろう》(宜候《よーそろ》)という、と説明する。

つまり、左船尾にある櫓を手前に引く(取る)ことを「取舵」といい、櫓の先にかかる水の抵抗で櫓の取り付け場所を支点として船首は左に回る。反対に櫓を向こうへ押すことを「面舵」という。面舵は「押舵《おもかじ》」とも書き、「取舵」と反対の理由で船首は右に回る。

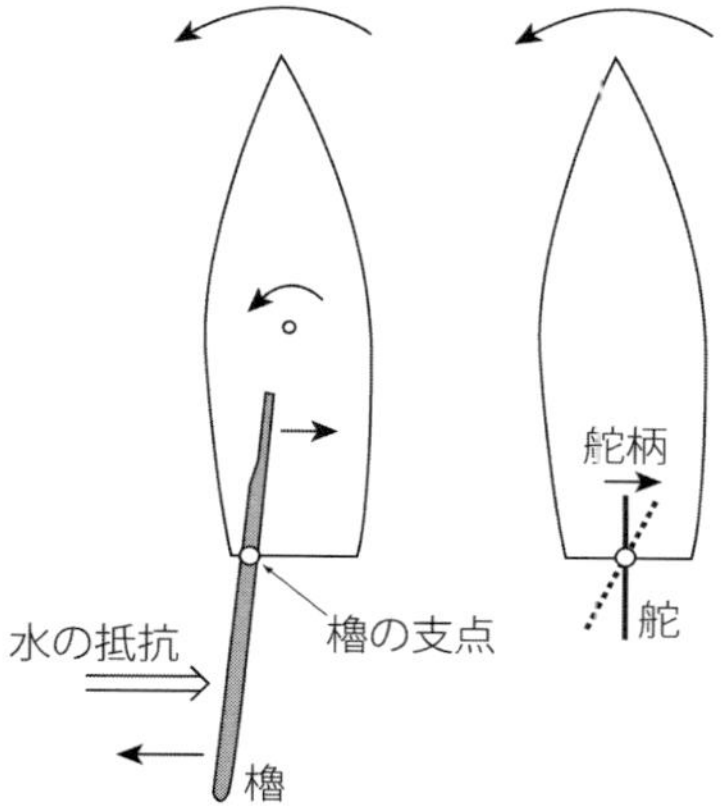

取舵(とりかじ)

これから転じて、ボートや小型船外機のように、船尾中央の舵をとる柄《え》(舵柄《だへい》という)を右舷側にとることを「取舵《とりかじ》」、左舷側にとることを「面舵《おもかじ》」というようになった。

このように、舵柄をとる方向と船首の回る方向が逆になる操舵法を間接操舵法といい、その方向が一致する操舵法を直接操舵法という。

間接操舵法時代の二つのエピソードを次に紹介する。

東郷の敵前大旋回

日露戦争中の一九〇五年五月二七日、日本海軍連合艦隊は対馬海峡東水道出口の日本海でロシアのバルチック艦隊と激突した。このとき、東郷長官は敵前で大旋回を行い、日本海軍を大勝利に導いた。

この旋回場面を司馬遼太郎は『坂の上の雲』(文藝春秋)のなかで次のように表現している。

東郷の右手が高くあがり、左へむかって半円をえがくようにして一転したのである。

瞬間、加藤は東郷に問うた。東郷が点頭した。このとき、世界の海軍戦術の常識をうちやぶったところの異様な陣形が指示された。

「艦長、取舵《とりかじ》一杯。――」

と、加藤は、一度きけばだれでも忘れられないほどに甲高《かんだか》い声で叫んだ。

艦長伊地知大佐は、一段下の艦橋《フライング・ブリッジ》にいた。かれの常識にとってもこの号令は信じられないことであった。

ここで、点頭《てんとう》とは「うなずくこと。承知すること」。また、一段下の艦橋《フライング・ブリッジ》のフリガナは誤りで、東郷長官のいるところが「フライング・ブリッジ（flying-bridge：最上艦橋）」であり、一段下の艦橋は「ホイール・ハウス（wheel-house：操舵船橋）」という。

前述した敵前大旋回の描写によると、東郷長官は右手を高く上げ、左に大きく回しただけである。長官の意思は艦首を素早く左に旋回させることであった。それを見た加藤参謀長は「取舵一杯」と了解し、長官にもう一度それを確認してから、そのまま伊地知艦長に「取舵一杯」と伝えたのである。当時はまだ間接操舵法であったから、艦首を左に回すことと、舵を左にとることは逆であった。だから、加藤参謀長は東郷長官が無言で右手を高く上げ左に大きく回した動作は艦首を左に回す意思と判断し、操舵号令の「取舵一杯」を確認したのである。

「取舵一杯」の令を受けた操舵手は舵輪《だりん》を素早く右に回した。

タイタニック号の惨事

一九一二年（大正元年）四月一〇日の深夜、北大西洋をアメリカに向け航行中のイギリス豪華客船タイタニック号は、ニューファンドランド島の南沖で氷山に衝突し沈没した。

衝突前、氷山を右船首に見た当直航海士は左旋回して氷山を右舷にかわそうとした。エンジン・ルームへは「フル・アスターン（全速後進）」、操舵手には「ハード・スターボード（右舵一杯）」を令した。

船は左に旋回を始めたが間に合わず、氷山はタイタニック号の右舷船底を縦に大きく引き裂き大惨事となってしまった。ここで、当直航海士が左旋回して氷山を避けるために右舵一杯を令したのは、この頃もまだ間接操舵法が続いていたからである。

操舵法と号令に関する規定

この悲惨な沈没事故を契機として、ロンドンで「海上における人命の安全のための国際会議」が開催され、一九一四年にＳＯＬＡＳ条約（International Convention for the Safety of Life at Sea：海上における人命の安全のための国際条約）が締結された。一九二九年（昭和四）になって種々の安全対策を盛り込んだ国際条約（ＳＯＬＡＳ条約１９２９）が締結され、同条約の第四一規則に、「操舵手に対する命令は、船首を回そうとする方向と命令舷が一致する直接法によるべきこと」が明記され、直接操舵法とすることが決まった。

我が国ではＳＯＬＡＳ条約の基本ルールに沿って昭和九年（一九三四）二月一日、船舶安全法施行規則（昭和九年逓信省令第九号）第十七章（航海上の危険防止）第百七十条に

操舵命令ハ船舶ノ前進中其ノ船首ヲ転ズル方向ヲ直接ニ示ス語ヲ使用スベシ

と、操舵命令を規定した。

第二次世界大戦中の一九四二年（昭和一七）七月二〇日、逓信省告示第千三十九号に

操舵号令左ノ通《トオリ》定メ昭和十八年一月一日ヨリ之《コレ》ヲ施行ス

と告示し、これまでの「操舵命令」を「操舵号令」に改めた。そのなかで「操舵号令及操法」をきめ細かに規定した。

この規定により、操舵号令および操舵員の操法（復唱を含む）は、「面舵《おもかじ》」「取舵《とりかじ》」「宜候《よーそろー》」など、すべて日本語となった。ただし、針路の呼称については

磁気羅針儀ニ依ル場合従来ノ三十二點方位呼唱法ハ複雑ナル英語ヲ使用スル関係上成《ナ》ルベク之《コレ》ヲ避ケ度数呼称法ノ慣用ニ務ムルコト、但シ八點主要方位ハ従来ノ侭《ママ》トス

とした。

船舶安全法施行規則に規定された操舵号令は、一九五三年（昭和二八）八月に成立した海上衝突予防法（昭和二十八年法律第百五十一条）の第四章（雑則）第三十二条に「操だ号令」として盛り込まれ、船舶安全法施行規則の操舵号令は廃止された。

操だ（舵）号令の内容は

操だ号令においては、〔おもかじ〕又は〔スターボード〕とはかじを右げんにとれという意味に、〔とりかじ〕又は〔ポート〕とはかじを左げんにとれという意味に用いるものとする。

というもので、ここで初めて「おもかじ（面舵）」は「スターボード（starboard）」の意味、「とりかじ（取舵）」は「ポート（port）」の意味であることを明記した。

一九六四年（昭和三九）七月七日、海上衝突予防法の一部が改正され、第三十二条（操だ号令）は削除された。施行は昭和四二年九月一日とされたので、それ以後、「操舵号令」の規程は姿を消すこととなった。

一九七七年（昭和五二）六月一日、新しい海上衝突予防法（昭和五十二年法律第六十二号）が成立したが、操舵号令に関しての規程はない。なお、この法律は一九八三年（昭和五八）六月一日から施行された。

一九八二年（昭和五七）ＩＭＯ（International Maritime Organization：国際海事機関）は航海の安全性などの確保を目的に、強制ではなく勧告として、標準航海用語集（Standard marine navigational vocabulary）、標準操舵号令（Standard wheel orders）および操機号令（Standard engine orders）を出した。

国際航海に従事する一般船舶はこの操舵号令を使用している。

第一三章

サンフランシスコ出港―復路航海

穏やかな海

一八六〇年五月八日(万延元年閏《うるう》三月一八日)午前六時一五分、咸臨丸はボイラーに点火し、出港準備にとりかかった。

午前八時一五分に水先案内人が乗船、ただちに錨を揚げ、船首を港口のアルカトラス島台場(砲台)に向けて機走を開始した。午前九時、アルカトラス島砲台通過の際にアメリカを祝して礼砲二一発を送った。同砲台からも二一発の応答が送られてきた。

午前一一時二〇分、港口より三海里出たところで水先案内人は下船した。

午後六時五〇分、咸臨丸はエンジンを止め、スクリューを引き上げ、総帆を上げた。北寄りの追い風を受け、南流するカリフォルニア海流に乗って南下を開始した。

サンフランシスコを出港して一週間もたつと、乗組員たちの帆走、航海技術は往航時にキャプテン・ブルックから受けたシーマンシップ教育が効果を発揮し始めた。さらに、カリフォルニア沿岸の穏やかな天候が、その効果をさらに倍加させる結果となり、順調な航海が続いた。

蒸気方、教授方手伝として乗船していた小杉雅之進は『航海日記』に次のように記録している。(『咸臨丸還る』より)

壬三《うるう》月廿八日　(太陽暦) 五月十七日　木曜日

今朝午後より微風続《つづき》て、追々海面の模様よろしく、終《つい》に貿易風帯に至らんとす。

咸臨丸は順調な航海を続け、閏《うるう》三月二八日、北東貿易風帯に入った。乗組員一同、初めての貿易風を体験し、穏やかな航海を満喫したことであろう。

貿易風という名称について、『気象の事典』（平凡社）は

英語のトレード・ウインド（trade wind）の訳語であるが、トレード（trade）の本来の意味は〔道、通り道〕であることから、繰り返し往復し、よく知られている航路のことになり、転じて、このようなことが可能になるほど一定の方向に吹く風のことをトレード・ウインド（trade wind）と呼ぶようになった。

と説明している。

北太平洋の北東貿易風は、北緯三〇度付近にある北太平洋高圧帯から西向きの成分をもって赤道低圧帯に向かって吹く、ほぼ定常的な風で、熱帯東風とも恒信風《こうしんふう》とも呼ばれる。赤道低圧帯の中心緯度は一月には南緯五度、七月には北緯一二〜一五度になり、年平均では北緯五度であるという。つまり、冬期の貿易風帯は赤道付近まで南下し、夏期の貿易風帯は赤道よりはるか北まで移動するということだ。

ホノルルの休日

四月四日（五月二四日）朝、咸臨丸はサンドウィッチ諸島オアフ島のホノルルに着いた。

サンドウィッチ諸島とは現在のハワイ諸島のことで、命名者は有名なイギリスの大航海者キャプテン・クックである。

一七七六年七月四日、イギリス植民地アメリカは独立を宣言した。その四日後の七月一一日、キャプテン・クックは彼の第三回目の探検航海のため、旗艦レゾリューション号（四六二トン）に乗り、僚艦ディスカバリー号（二二九トン）とともにイギリスのプリマス軍港を出航した。クックには北太平洋北西航路探索の極秘命令が与えられていた。

大西洋を南下してケープタウンに寄港し、インド洋を経てタヒチに着いたのは一七七七年八月であった。同年一二月八日、両艦はひそかに北に向かってタヒチを発った。

翌一七七八年一月一八日、進むにつれて北東から北西に連なる群島を発見し、その一番大きな島の入江に接近した。現在のハワイ島ケアラケクア湾である。先を急ぐクックは、この島に海軍本部長サンドウィッチ伯の名を冠してサンドウィッチ島、群島をサンドウィッチ諸島と命名したのち、調査を後回しにして北上を続けた。

しかし北西航路は発見されず、探索を断念したクックは南下して一七七九年一月一七日ケアラケクア湾に停泊した。しばらく休養の後、二月四日に錨を上げ出航したが、まもなく嵐に遭いマストが折れたため再びケアラケクア湾に引き返した。二月一四日、原住民とのトラブルからキャプテン・クックはこの地で五〇歳の生涯を終えた。

咸臨丸が初めてサンフランシスコに入港したときには、キャプテン・ブルックのアドバイスもあったが、今回の入港は日本人のみによる初のホノルル入港である。

咸臨丸は四月四日午後ホノルル港外に着いた。入港に際しては礼砲二一発の交換を行い無事、港内に錨泊した。蒸気方・山本金次郎は通弁役・中浜万次郎とともに上陸し、燃料の石炭購入の交渉にあたった。乗組員も順次交代で上陸し、ホノルルの街を散策した。

赤服を着た衛兵五人が来船し、終日、咸臨丸の警備にあたった。

翌四月五日も乗組員は順次上陸して市中を見物したり、買い物をして、ホノルルの休日を楽しんだ。この日、石炭、薪、水、食料を積み込んだが、特に石炭については復路航海を考えて、たっぷりと甲板上まで積み入れた。

四月六日ホノルル停泊もあと一日となり、午後〇時には木村奉行、勝船将は佐々倉、山本、小野、伴らを従えてハワイ国王カメハメハ四世宅を表敬訪問した。

船内には明四月七日午前七時ホノルルを出港する旨の申し渡しがあった。

二泊三日のホノルル停泊であったが、このわずかな停泊期間中に乗組員は十分に休養をとることができた。

四月七日（五月二六日）午前四時半、咸臨丸は出港に備えて汽缶（ボイラー）に点火し、午前八時五〇分ホノルルを出港した。

再び東半球へ

四月七日午前九時半から順次展帆に取り掛かった。風もよくなり午前一一時三〇分に機関停止の達示あり、午後〇時半には機関をストップし、スクリューを引き揚げた。

針路を南西にとったところ、海水が甲板上に打ち込むようになったので、ホノルルで仕入れた甲板積みの石炭を甲板後部に積み替え、動揺のため荷崩れしないように手配した。そこには、かつてキャプテン・ブルックを怒らせた「暴風のきざしがはっきり現れているのに、ハッチ（倉口）もしっかり閉めない」無神経さは微塵もなく、見事なまでの船乗りの姿があった。

咸臨丸は北緯二〇度付近まで南下し、うまく北東貿易風を捉えて順調に西航を続けた。ここで、うまく貿易風を捉えたといったのは、北東貿易風は北太平洋高気圧の平均的位置と、その強弱の影響を大きく受けるので、北緯二〇度まで南下すれば必ず吹いているというものではなく、季節によって北上したり南下したりするからである。

また、赤道の北部付近には常に東に流れる赤道反流があり、その北側には赤道反流よりも強い常に西に流れる北赤道海流がある。咸臨丸はこの北赤道海流にもうまく乗った。

『咸臨丸日記』の四月一五日、咸臨丸は経度一八〇度の日付変更線を通過して東経に入ったとある。翌日の日付は一日スキップして四月一七日になるはずであるが、そのまま四月一六日となっている。暦の上ではそれでよいのである。

前述したように、往航時には日付変更線を通過したときに日付を一日だぶらせないまま、現地の日付より一日多い日付を使用していたので、復路の日付変更線通過時に一日スキップしなかったことによって相殺されたのである。

東経に入ってからはスコールがたびたび襲来し、風も不安定になってきたので、機関を使用する機会が増えてきた。

四月二五日（六月一四日）の朝直（午前四時〜午前八時の当直）は小野と根津であった。

風は方向不定で弱く、速力も約二ノット（時速約三・七キロメートル）程度になったので、ボイラーに火を入れ、スクリューを降ろしたが、機関使用まで一時間半ほどの準備時間があったので、測深鉛《そくしんえん》を使って海の深さを測った。測鉛索を三三〇尋（約六〇四メートル、一尋は一・八二九メートル）まで出したが海底に届かなかったので測深を取り止めた。

この頃の船内の様子を長尾幸作は『鴻目魁耳』の中で次のように述べている。

> （四月）廿四日　晴　風更ニ無ク船漸ク返流セザル而巳《ノミ》、皇国近辺ニ至リ風絶スルヲ以テ、船中上下トモナク大嘆息ス。（略）唯《タダ》、夏至線《ゲシセン》に近キ故昼夜トモナク炎熱ニ苦シムノミ。
>
> （四月）廿五日　晴　風莫《ナ》ク朝ヨリ蒸気を初ム、蒸気部屋ハ兼ヌルニ丁度今日朝ヨリ石炭ヲ燃ス故熱度無極ニ至ル、部屋ヨリデッキニ出ル所ノ鉄梯、烈炎手ヲ以テヨジ登ルベカラズ。

夏至になると太陽は最も北に寄り、ほぼ北緯二三度二七分の緯度線の真上に来る。この緯度線を北回帰線という。

咸臨丸の四月二四日正午の実測緯度は北緯二三度一一分と記録されているので、まさに北回帰線（夏至線）を北に向かって横切ろうとしている。また、四月二四日は陽暦の六月一三日にあたり、夏至は六月二一日なので、四月二四日は夏至の八日前となる。

風はなく、ギラギラした太陽が真上にあるので、船内は焦熱地獄となった。乗組員一同げんなりしながらも、これも夏至線の近くだからと諦めも早い。

四月二五日から汽走を始めた船内は、まさにこの通りであったろう。

咸臨丸は無風と暑さのなか、汽走で北上を続けた。

四月二九日の朝六時四〇分頃、スタンスル（添《そえ》帆《ほ》）用の綱がスクリューに搦《から》まった。このような時、普通のスクリューだと海に潜らないと搦まった綱は取り除けない。ところがスクリューを引き揚げて、いとも簡単に綱を取り除いたのである。これはキャプテン・ブルックの意見でスクリューを水から充分に引き揚げられるようメーアアイランド造船所で改装したことが幸いしたのである。

この日のことを長尾幸作は『鴻目魁耳《こうもくかいじ》』に

（四月）廿九日　晴　ホールノマストニ午後一箋《セン》ヲ（掲グ）、其《ソノ》箋之記ニ云フ今午後ヨリ房州洲崎迄凡一百九十里ヲ画ス。

と記録している。

ホールのマスト、つまりフォアマスト（最前部のマスト）に洲埼《すのさき》までの残航距離が貼り出されたというのである。

同じようなことが往航のサンフランシスコ到着前にも行われている。水夫小頭・石川政太郎は日記に次のように記録している。

（二月）明《アケ》廿三日、四ツ時ニ士官より右之通之壱《イチ》枚紙ニ書附《カキツケ》ヲホツクマストヘハリ付ル、此主《コノヌシ》小野友五郎様。

二三日午前一〇時、フォアマストに小野友五郎の名で（右のような）一枚の書付が貼り出された。そこには、「サンフランシスコ迄約百里」（日記に図示されている）と書いてあった。

いずれの場合もフォアマストに掲示されたとあるが、この掲示場所はフォアマストの甲板下のマスト基部を指している。

大航海時代から、帆船の士官の居住区は船尾部にあり、水夫の居住区はフォアマスト前の船首部甲板下にあった。蒸気機関が発明され、火焚《かまたき》が乗船するようになっても、彼らは水夫同様に船首部に住まわせられた。

だから、フォアマストに掲示されたということは、水夫、火焚の居住区の最も見やすい場所に掲示されたということである。

四月二九日の正午位置から洲埼まで一九〇海里となった。

日本沿岸へ近付くにしたがって、日本南岸を東北東に流れる黒潮（日本海流）の影響を受けて船の進みも遅くなり、風も不安定になってきた。

当時の状況について小杉雅之進は『航海日記』に

五月三日　西洋六月廿一日　木曜日
十二時、汽缶点火、弐（二）時四十九分蒸気出来《しゅったい》、三時前進。昨夜よりの高波中々静《しずま》り兼《かね》、暫々《ざんざん》昼後に至て蒸気回転相成《あいなり》、方向を転ず。又、潮流と風向に依《より》て、北東之方に流るゝ事多く、約《まと》めて一日の舟行を違《たがう》。未《いまだ》潮流ありて舟進に甚《はなはだ》悪し。

と記録している。

さらに、日記は続く。

五月四日　西洋六月廿二日　金曜日
第六番（午前八時～午後〇時、佐々倉、赤松）（略）。蒸気釜左舷の方少し漏り出来《しゅったい》致候。尤《もっとも》、蒸気当番依り談《はな》しに付き其段頭取《そのだんとうどり》え申立置候。
第三番（午後八時～午前〇時、小野、根津）（略）。船進遅し。蒸気廻転三十七八。

午前中に蒸気釜（ボイラー）の左舷側に蒸気漏れを発見、その旨を勝船将（頭取）に報告したとある。ホノルル出港後、勝の名が出てくるのは初めてである。

このところ無風の日が多く、ボイラーを酷使していたことも事実である。

四月二五日には「五拾四転」あった機関回転数が、この日には「廻転三十七八」まで落ちている。なお、咸臨丸の泣き所はボイラーの傷みで、そのため四年後の元治元年（一八六四）にはすべての機関を撤去する羽目になった。

この日の夕刻になると伊豆大島にかなり接近した模様なので、良風があったけれども総帆を畳み、機関だけで航海を続けた。その様子を日記は

大嶋《おおしま》に近寄《ちかより》候間、可成《かなり》又舟行を減じ、良風有之《これあり》候得共《えども》、帆不残《のこらず》仕舞《しまう》。蒸気斗《ばかり》成り

と記録している。また、夜になると

方向は大島之方に向ひ距離遠からず、暗夜に御座候間、前方見張《みはり》、油断無《なき》様申付《もうしつけ》る

と、前方の見張りを厳重にすることを水夫らに申し付けている。

品川沖帰航

五月五日（六月二三日）午前九時三〇分、端午の節句に咸臨丸は無事、浦賀港に投錨した。

水夫、火焚《かまたき》らは交代で上陸し、入湯《にゅうとう》した（風呂に入った）。旧日本海軍には「入湯上陸」という言葉があり、勤務に差し障りのない範囲で夕食後から翌朝まで、交代で上陸が許可された。この頃から引き継がれてきた言葉なのであろうか。

この日、明朝午前一〇時に浦賀港を抜錨し品川に向かうことが達せられた。

午後七時、総員帰艦。

五月六日（六月二四日）午前一一時五八分、咸臨丸は浦賀港を抜錨して横浜沖に向かった。

午後四時一九分、横浜沖に投錨。吉岡勇平はサンフランシスコ出港時に雇い入れた五人の旧フェニモア・クーパー号乗組員を連れて上陸し、奉行所に引き渡した。

吉岡はそのまま陸路、江戸に向かった。

午後六時四〇分、抜錨、江戸・品川沖に向かい、午後一〇時二〇分、品川沖に投錨し、咸臨丸の遠洋航海は無事終了した。

第一四章

遠洋航海の総括

航海の成功

この遠洋航海の往路は、咸臨丸乗組員には初めての経験であり、苦難の連続であった。それでも幸いだったことは、大洋航海の経験豊富なアメリカ海軍のキャプテン・ブルックが航海の案内役として同乗していたことであった。

この、ブルック以下、旧フェニモア・クーパー号乗組員らの乗船については、咸臨丸士官たちの「この航海は自分たちだけの力でやりたい、外蕃の力は借りない」という強い意見があることを知りながら、「日本人だけの手でいきなり遠洋航海を実施するのは無理である」と判断した軍艦奉行・木村摂津守の英断によるものであった。

木村奉行は往路の航海では船酔いに苦しんだ。しかし我慢強い性格で、また人の意見はよく聞くが余計な口出しはしないタイプであったから、キャプテン・ブルックとの間にトラブルは起きなかった。

ブルックも生粋の海軍士官であったから、船内規律と礼節を重んじた紳士的な態度で木村奉行や士官らに接していた。

このようなブルックの態度と彼の持つ抜群の航海技術、加えて通弁役の中浜万次郎の存在は、咸臨丸乗組員の頑《かたくな》な心をほぐすに十分な説得力を持っていた。だからこそ乗組員らはブルックのシーマンシップ教育を受け入れ、自分たちの技術を磨くことができたのである。

統計

咸臨丸は一八六〇年二月四日（安政七年正月一三日）江戸・品川沖を発し、横浜に寄港して二月一〇日（正月一九日）浦賀を出港、同年三月一七日、北米サンフランシスコに入港した。

当地のメーアアイランド海軍造船所において大修理を行った後、五月八日サンフランシスコを出港して帰航の途につき、寄港地のホノルルに向かった。

五月二三日ホノルルに到着し、乗組員は暫しの休養をとって英気を養い、五月二六日に出港、一路日本への針路をとった。

六月二三日（五月五日）咸臨丸は無事浦賀に着港した。乗組員は久し振りに入湯上陸を許され、日本風呂に入って長い船路の垢《あか》を落とした。

翌六月二四日、浦賀を抜錨して横浜に寄港、サンフランシスコで改めて雇い入れた旧フェニモア・クーパー号の水夫四人と調理員一人の計五人を下船させ、江戸に向かい品川沖に投錨した。ここに咸臨丸のサンフランシスコ・ホノルル航海は終わった。

（注）以下に示す数字は『幕末軍艦咸臨丸』所載の「咸臨丸航米日誌」を参考にして求めた。

航海日数

品川―横浜　一日
（停泊　二日）
横浜―浦賀　一日
（停泊　二日）
浦賀―サンフランシスコ　三八日
（停泊　五一日）
サンフランシスコ―ホノルル　一六日
（停泊　二日）
ホノルル―品川　二九日
計　八五日
（停泊　五七日）
総航海日数　一四二日

航海距離

品川―サンフランシスコ
四九二〇海里（九一一二キロメートル）

サンフランシスコ—ホノルル
二二八六海里（四二三四キロメートル）
ホノルル—品川
三八〇〇海里（七〇三八キロメートル）
計　一万一〇〇六海里（二万三八三キロメートル）

機関使用時間

品川—浦賀	二二時間五六分
浦賀—サンフランシスコ	二日　二時間　七分
サンフランシスコ入港時	五時間　五分
サンフランシスコ出航時	七時間
サンフランシスコ—ホノルル	一日　五〇分
ホノルル入港時	一七時間四三分
ホノルル出航時	四時間一五分
ホノルル—浦賀	三日二二時間四六分
浦賀入港時	一日一八時間一〇分
浦賀—品川	八時間　一分
計	一一日一五時間四三分

航跡

咸臨丸の航跡

咸臨丸のサンフランシスコ・ホノルル航海の記録としては『咸臨丸航路図』（ブルック署名入、慶應義塾図書館蔵）、『咸臨丸航路図』（伴鐵太郎画、慶應義塾図書館蔵）、『亜国上下其他日記 并《ならびに》艸木《そうもく》写真』に綴じられている江戸・品川沖発からサンフランシスコ着までの往路航海の航跡図などがある。

ここでは『咸臨丸航米日誌』の正午位置を参考にして航跡図を作成した。

練習帆船・日本丸の航跡

咸臨丸の日本出航は二月なので、この条件に近付けるために、日本丸の航海記録のなかから日本出航の時期が最も早い航海を選んだ。

その航海は一九七二年（昭和四七）五月四日に東京を出港して六月一二日サンフランシスコ着、六月二〇日サンフランシスコを発って七月八日にハワイ群島マウイ島カフルイに寄港し、同地を同月一五日に出港して八月一一日、神戸に帰港するというものである。

航跡図は日本丸の航海報告書の正午位置を用いて作成した。

咸臨丸と日本丸の航跡の比較

咸臨丸と日本丸の航跡を比較すると、実によく似ていることに気付く。特に日本を出てからサンフランシスコに着くまでは、両船ともほとんど北緯四〇度線を東航している。なぜであろうか。

東京湾を出て野島埼沖からサンフランシスコ沖に向かう場合に、距離の最も短い航路、すなわち大圏航路を選んだとすれば、アリューシャン列島の南、北緯約四八度付近まで北上しなければならない。ところが冬期から早春にかけての時期、この付近は「低気圧の墓場」の異名をとるほどの大時化海域となる。

帆船は風の力によって走るものであるから、風がなくては航海はできない。だから帆船は風を求めて、あるいは風待ちをしながら航海するわけだが、風を求めるあまり大嵐のなかに突っ込んでしまい二進《にっち》も三進《さっち》もいかなくなって遭難したのでは元も子もない。ほどほどにバランスよく航海するのが帆走航海のコツである。

もう一つ、寒さも大敵である。帆を張ったり畳んだり、あるいはこれを操るのは人間であるから、人間の活動を阻害するような寒さは事故のもとになるからだ。

さらに、航海の安全は乗組員の航海技術の程度によって左右されるから、船長は乗組員の航海技量を判断して慎重に航路を選ぶ。

練習帆船・日本丸では、三月中旬に乗船してくる実習生に対し、帆船の講義、マストの登り方、降り方、ヤード（帆桁）上での移動方法など、一連の訓練を実施する。たとえば、マストの登り降りは風上側のシュラウド（マストの横支え索）を使わせる。そうすれば身体は風でシュラウドに押し付けられ、強風でも身体が吹き飛ばされることがない。また、ヤード上で固縛されたセールを解くときには風下側から解き、セールを畳むときには風上側から畳んで

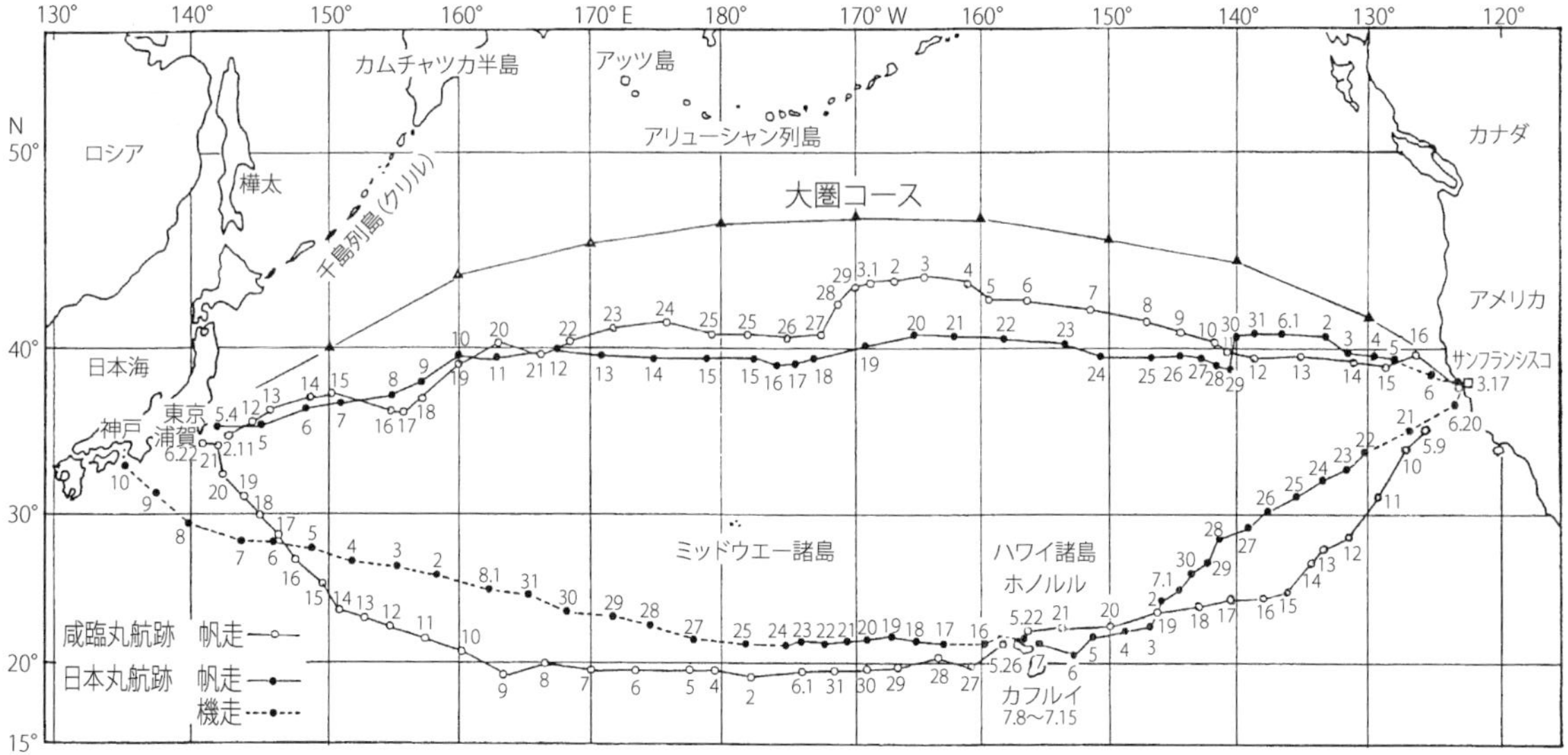

咸臨丸と日本丸の航跡図

いく。これはセールに風をはらませないための安全上の知恵である。

このような基礎訓練を終わったのち、すべてのマストにセールを取り付けて帆走訓練に入る。もちろん、ベテランの乗組員が実習生の訓練を指導し援助するが、帆船を帆船として機能させるのは実習生であるから、その訓練は安全を第一としながらも実に厳しいものである。

実習生のマスト作業―マストやヤード上での作業をいう―が素手、素足を原則としているのは、手足の感覚を生かして、マスト作業を安全、確実に実施させるためである。したがって、手足の凍えるような寒さの海域はなるべく避けた方がよい。

以上のようなことから練習帆船の北米方面への航海は、北緯四〇度線を目安にした等緯度航海が多い。

一方、咸臨丸は厳しい冬の荒海に乗り出したが、日本人乗組員たちは経験不足と大時化による船酔いのため、航海の当初からほとんど役に立たなかった。そこでキャプテン・ブルックは大圏航路をあきらめ、北緯四〇度線を東航する次善の策―北緯四〇度線を目安にした等緯度航海―をとることにしたと思われる。

また、ハワイ諸島からの復路コースは、咸臨丸がうまく北東貿易風を捉えているのに対して、日本丸は貿易風を捉えられなかったようである。通常はハワイ諸島を出航してから北緯二〇度付近で貿易風を捉えて西航し、ウエーキ島を航過して東経一六〇度付近から日本に向首するコースをとる。

練習船ではウエーキ島を過ぎてから、次に乗船してくる実習生に備えて帆装の手仕舞《てじま》いにかかる。帆装の手仕舞いというのは、すべてのセールとそれを操作するロープやブロック（滑車）類を取り外した後、マストを支えているワイヤーロープ類に錆びが発生しないようタールを塗り込み、次の航海に備えることである。そのために静穏な海上を求めて機走を開始するので、この付近の日本丸の航跡は参考にならないことを付記しておく。

ちなみにホノルルから野島埼沖までの大圏距離は三三四〇海里、漸長緯度航法による直線距離は三三八一海里で、その差はわずか四一海里である。

第一五章　それからの咸臨丸

修理

万延元年五月六日、サンフランシスコから帰航した咸臨丸は、すぐさま浦賀に回航して機関の修理に取りかかった。

この工事は、浦賀の乾船渠《かんせんきょ》（ドライドック）で行われた。このドライドックは、咸臨丸がサンフランシスコへ渡航するにあたり、船底外板の清掃や外板の漏水を止める填隙《てんげき》（コーキング）工事を行う必要が生じたとき、当時、わが国にはまだ乾船渠の設備がなかったので、浦賀湾に流れ込む川を利用して、急遽、造成されたものであった。

『日本近世造船史』は当時の模様を次のように記している。

当時船架《せんか》（スリップウエイ）、船渠《せんきょ》（ドック）等の設備なかりしを以て遽《にわか》に湾頭に注流する谷川を利用し、渠溝を穿《うが》ち、ここに該艦（咸臨丸）を引致し、溝口に粘土の防水壁を築き、手働喞《しゅどうしょく》筒《とう》（ハンドポンプ）を以て排水し、一時船渠に代用せしめんとの計画なりしに、渠側の湧水激しく、其目的を達せず、更に粘土を塗り、以て防水工事を施し、纔《わずか》かに（かろうじて）計画を実行したり。かくて築造せられたる乾船渠［其後《そのご》、周囲に石垣を築く等、多少改良を加え、維新後も其の使用を継続し、今猶《なお》浦賀船渠株式会社の構内に存在す」は輓近《ばんきん》（近年）本邦における最初のものにして、ここに先ず軍艦咸臨を入渠せしめ、其填隙《そのてんげき》工事を施し、善く滲水を停止するを得たり。

神奈川警衛と小笠原島巡視

咸臨丸は修理工事が終わると神奈川警衛という新しい任務に就いた。

神奈川警衛は万延元年（一八六〇）三月三日、大老・井伊直弼が桜田門外で暗殺された事件以来行われていたもので、幕府は不穏な世情に備えて軍艦を神奈川に派遣し、横浜の防備に当たらせていたのである。

文久元年（一八六一）四月一三日、宗対馬守《そうつしまのかみ》よりロシア艦来航の報に接した幕府は、外国奉行・小栗豊後守らを対馬に派遣してロシア艦退去を談判させた。このとき、小栗ら幕府の談判委員を乗せて対馬に送ったのは咸臨丸であった。

この年、アメリカでは奴隷解放問題から南北戦争が勃発した。

この頃、イギリスで出版された万国地図の中に小笠原島をイギリスの所領としてあるのを発見した幕府は、これを捨て置くわけにはいかず、九月一五日、閣老・安藤対馬守は外国奉行・水野筑後守忠徳に小笠原諸島の巡視を命じた。一一月七日、咸臨丸は巡視の一行を乗せて品川沖を出航し、翌文久二年（一九六二）三月九日まで小笠原諸島を巡視ののち帰路につき、三月二〇日、品川に帰着した。

文久三年（一八六三）幕府はオランダに軍艦一隻を注文し、あわせて造船見学と学術研究の生徒を留学させることになった。咸臨丸はオランダへ留学を命じられた榎本釜次郎らの一行を長崎まで運送することを命じられ、同年六月一八日に品川沖を抜錨し、同年九月一七日、品川沖に帰着した。

機関撤去

文久三年（一八六三）五月一〇日、長州藩が下関でアメリカ商船を砲撃した。この報復のためアメリカ軍艦ワイオミング号は下関に向かい、長州軍艦三隻に損害を与え、亀山砲台を沈黙させた。また、七月には生麦事件から薩英戦争があり、八月一八日には政変があって攘夷論者は失脚し、尊攘派の公卿《くげ》七名（三条実美《さねとみ》、三条季知《すえとも》、沢宣嘉《のぶよし》、四条隆謌《たかうた》、錦小路頼徳《よりとみ》、東久世通禧《ひがしくぜみちとみ》、壬生基修《みぶもとなが》）が長州へ落ちのびる事件があった。いわゆる七卿《しちきょう》落ちである。

元治元年（一八六四）八月には米、蘭、英、仏の四国艦隊による下関砲撃があった。

慶応元年（一八六五）、幕府はアメリカで建造した軍艦・富士山《ふじやま》丸を手に入れ、さらに、翌二年には長崎で軍艦・回天《かいてん》丸を購入した。

この頃の咸臨丸は船体および機関の損傷が激しく、大修理を施すために浦賀に係船中であったが、結局、船体だけを修理し、損傷の甚だしかった機関は取り外すことになった。

機関撤去後の咸臨丸の帆装については一切不明であるが、おそらく、「ダブル・トップスルスクーナー」のままだったであろうと思われる。

翌年、咸臨丸は軍艦籍より除かれ、運輸専用船として幕府回送方へ引き渡された。

榎本艦隊の江戸湾脱出

慶応三年（一八六七）五月になると、かねてからオランダにおいて建造中であった軍艦・開陽丸が、榎本釜次郎らによって品川に回航された。

一〇月一四日に倒幕の密勅が薩長に下り、一五代将軍・徳川慶喜は大政奉還を乞い、翌日勅許された。一二月九日には王政復古の大号令が発せられた。

明治元年（一八六八）八月一九日夜半、開陽丸を旗艦とする旧幕府・榎本艦隊は品川沖を抜錨して蝦《え》夷《ぞ》地に向かった。

咸臨丸は回天丸に曳航されて出航したが、翌二〇日午前四時頃になって観音埼沖で暗礁に触れるというトラブルに遭った。

八月二一日、房総半島の洲埼《すのさき》、野島《のじま》埼を回って沿岸沿いに東北に向かった。この朝は曇天で風は穏やかだったが、午後二時頃から北東の風が吹きつのり、鹿島灘に達した頃には大時化となった。二二日午前四時頃、回天丸はこれ以上の曳航は危険であると判断し曳航索を放った。咸臨丸は回天丸と離ればなれになり、風浪にまかせて犬吠埼のはるか南東海上をさまようことになった。

船長・小林文次郎は第一目的港の松島湾・寒風沢《さぶさわ》

への航行は難しいことを一同に告げ、清水港に向かった。しかし風向きが悪く、やむなく下田に避難した。八月二九日午後三時過ぎであった。

この日の夕刻、一緒に江戸を脱走した蟠龍《ばんりゅう》丸が下田港の隣の外浦港に投錨した。咸臨丸は回天丸と離れて以来七日目にして、ようやく旧幕府軍艦と連絡がとれたわけである。咸臨丸は蟠龍丸と協議の結果、自力での脱走は不可能と判断、便乗者の一部を下田で下船させ、最後まで行を共にする者だけを残すことに決した。

九月一日、下田を抜錨して清水港に向かい、翌二日、清水港に入った。ところが、咸臨丸が下田に入港したことは、直ちに鎮将府の大村益次郎に報告された。報告を受けた鎮将府は咸臨丸追捕《ついぶ》のため肥前藩海軍方・増田虎之助を討伐隊長として、九月一〇日に富士山丸、飛龍丸、武蔵丸の三隻を派遣した。この三隻には柳川藩兵三〇名、阿波藩兵三〇名が同乗していた。

清水港の悲劇

そうとは知らず、清水に入港した咸臨丸は船体修理のために大小の銃砲、器械などは陸揚げし、兵士たちは清水や三保の民家などに宿泊したので、住民には大迷惑であった。

艦長・小林文次郎は、駿府へ陳情のため出頭した。徳川家では小林の知らせに大いに驚き、急遽、山岡鉄太郎を清水に派遣して逆徒を説得させ、これを解散せしめた。だから咸臨丸には少数の者しか留まっていなかった。

咸臨丸追捕のため派遣された富士山丸、飛龍丸、武蔵丸の三隻は、九月一八日の昼まえ清水港に到着し、各艦は咸臨丸めがけて大砲を発射した。咸臨丸は徳川家の説得を承伏していたので戦うつもりはなく、降伏のしるしに旗を降ろし、白布を打ち振った。砲撃は中止され、武蔵丸は咸臨丸に接近して警戒を続け、飛龍丸は咸臨丸に横付けして、士官の指揮する一隊が抜刀して咸臨丸の甲板上に進入した。ここで不幸な斬り合いが始まったのである。

これを見た飛龍丸甲板上の柳川藩小銃隊は一斉に発砲した。甲板上の斬り合いは多勢に無勢で、あっけなく勝負がついた。咸臨丸にいた者たちは小舟に乗ったり泳いだりして逃げたが、逃げ遅れた者は船内に潜んだ。柳川藩小銃隊は、泳いで逃げる者を狙い撃ちし、抜刀隊は船内に潜む者を見つけ出しては手当たり次第に斬り殺した。この惨劇は、咸臨丸に乗り込んできた討伐隊長・増田虎之助に無益な殺傷を禁じられて、ようやく鎮まった。咸臨丸の留守居の乗組員はほとんど殺害され、その数二〇余名といわれる。

かくして咸臨丸は拿捕された。

追捕艦は九月一九日午後五時半、清水を出港した。富士山丸は翌二〇日、飛龍丸は咸臨丸を曳航して九月二三日、品川沖に帰着した。

追捕艦が去って数日、付近の住民は港内の死臭に耐えられなくなった。追捕艦は死体を港内に投げ捨てて出港したのである。しかし、賊兵の死体を埋葬することは、賊の片割れと疑われる恐れがあることから、誰も手を下そうとはしなかった。そのため出入りの船舶も絶え、漁業もできず、住民の生活を脅かすようになった。

清水港の侠客、清水次郎長（山本長五郎）は港内各所に漂着した死体を夜になってから集め、こっそりと無縁墓地に葬った。現在の壮士墓の場所（静岡市清水区築地町）である。この次郎長の行動については、いろいろな説が伝えられている。しかし、義侠心がなければこのような行動はとれないと思われること、また、埋葬には費用がかかることなどから、清水港の回船業者や漁業の網元らが金を出し合い、清水次郎長に屍体の処理を頼んだというのが真相らしい。

のちに、山岡鉄舟は清水次郎長の義侠心に感じ「壮士墓《そうしのはか》」と書いて与えた。明治元年九月一八日、次郎長はこの書を碑文に刻み供養塔を建立した。この壮士墓の右側には「明治元戊辰歳九月十八日」、左側には「清水湊山本長五郎立之」の文字が読み取れる。

終焉の地

九月二三日、追捕艦・飛龍丸に曳航されて品川沖に到着した咸臨丸は、新政府の所管となり修理が加えられた。

明治二年（一八六九）五月一八日、榎本武揚は官軍の軍門に降り、戊辰戦争は終結した。

同年七月八日、蝦夷《えぞ》地に開拓使が設置された。翌八月、咸臨丸は薩摩藩が建造した昇平《しょうへい》丸とともに北海道開拓使の御用船《ごようせん》となった。

明治四年八月二三日、北海道開拓移民の元仙台支藩片倉藩旧藩士とその家族四〇一名（四〇〇名とも）を輸送するため、寒風沢港を出帆し小樽に向かった。九月一七日、船中の一名が病死したので埋葬のため函館に寄港した。ちなみに、従来の「箱館」の地名を「函館」としたのは明治二年五月の戊辰戦争終結後のことである。

九月二〇日、函館を抜錨し小樽に向かった咸臨丸は、木古内《きこない》より函館寄りの更木《さらき》岬沖の暗礁に乗り上げ破船、沈没してその一生を終えた。オランダでヤッパン号として建造されてから、一五年の命数であった。

それにしても、榎本武揚に率いられてからの咸臨丸は、悲運につきまとわれている。しかし、これは悲運として簡単に片付けられる問題ではない。

咸臨丸は品川を脱走したその日に、通い慣れていたはずの観音埼沖の暗礁に触れ、そのために館山沖に一泊する羽目となり、さらに大時化に遭遇して榎本艦隊はばらばらになってしまった。品川沖からすんなり寒風沢に向かっておれば、あるいは、その後の悲劇は起こらなかったかも知れないのである。

また、寒風沢から小樽に向かったときも、函館に三日間も寄港しなければ、悪天候に遭遇することもなく、泉沢沖で座礁、沈没することはなかったはずである。

まさしく、人災による悲運であった。

おわりに

従来から、咸臨丸のサンフランシスコ航海といえば勝海舟（麟太郎）が指揮し、日本人のみによる快挙として喧伝されていた。そこには、文倉平次郎が『幕末軍艦咸臨丸』を出版した時期が関係している。

この本が出版された昭和一三年（一九三八）は、二年前に日本が海軍軍備制限に関するワシントン条約およびロンドン条約を脱退し、一年前の七月には中国で盧溝橋事件が勃発して拡大の様相を呈している重大な時期であった。軍備拡張のまっただ中にあった日本にとって、咸臨丸艦長・勝海舟の快挙は絶好の宣伝材料だったのである。

ところが、咸臨丸の航海を調査すればするほど、その宣伝とは裏腹な〝勝海舟像〟が浮かんでくる。咸臨丸のサンフランシスコ航海に限って言えば、勝は〝一匹狼〟的な印象しか残らないのである。しかし勝の凄いところは、咸臨丸での生活で自分の欠点を知り、以後の生き方に反映させたことではなかろうか。

一方、福沢は『自伝』のなかで咸臨丸の太平洋横断航海の成果について

この航海については、大いに日本のために誇ることがある。というのは、そもそも日本の人が初めて蒸気船なるものを見たのは嘉永六年、航海を学び始めたのは安政二年のことで、安政二年長崎においてオランダ人から伝習したのがそもそも事の始まりで、その業《ぎょう》成って外国に船を乗り出そうということを決したのは安政六年の冬、すなわち目に蒸気船を見てから足掛け七年目、航海術の伝習を始めてから五年目にして、それで万延元年の正月に出帆しようというその時、少しも他人の手を借らずに出掛けて行こうと決断したその勇気といいその伎倆《ぎりょう》といい、これだけは日本国の名誉として、世界に誇るに足るべき事実だろうと思う。前にも申した通り、航海中は一切外国人のカピテン・ブルックの助力は借らないというので、測量するにも日本人自身で測量する。アメリカの

人もまた自分で測量している。互いに測量したものを後《あと》で見合わせるだけの話で、決してアメリカ人に助けて貰うということは一寸《ちょと》でもなかった。ソレだけは大いに誇っても宣《よ》いことだと思う。

と語っている。福沢は、大時化のなかで咸臨丸の危急を救ったのは同乗していたキャプテン・ブルック以下のアメリカ人であったという事実を知悉《ちしつ》していながら、なおかつ、「決してアメリカ人に助けて貰うということは一寸でもなかった」と胸を張っているのである。日本人による初の遠洋航海成功の名誉を、あくまでも擁護しようとした福沢の心意気に圧倒されるではないか。

また、本書ではシーマンシップについて多くの紙面を割いた。シーマンシップの真髄は海だけのものではなく、世間一般に通じる生活の知恵であり作法（マナー）だと思ったからである。

—完—

資料

マスト、ヤードおよびセールの名称

咸臨丸の帆装形式は三檣ダブル・トップスル・スクーナーで、横帆八枚（別にスタンスル一六枚）、縦帆八枚、計一六枚の帆を持つ蒸気機関付帆船である。

　マスト、ヤードおよびセールの名称は図のとおりである。なお、一般にトップゲルン（topgallant）は「ゲルン」、セール（sail）は「スル」と呼んでいるので、その慣行に従った。

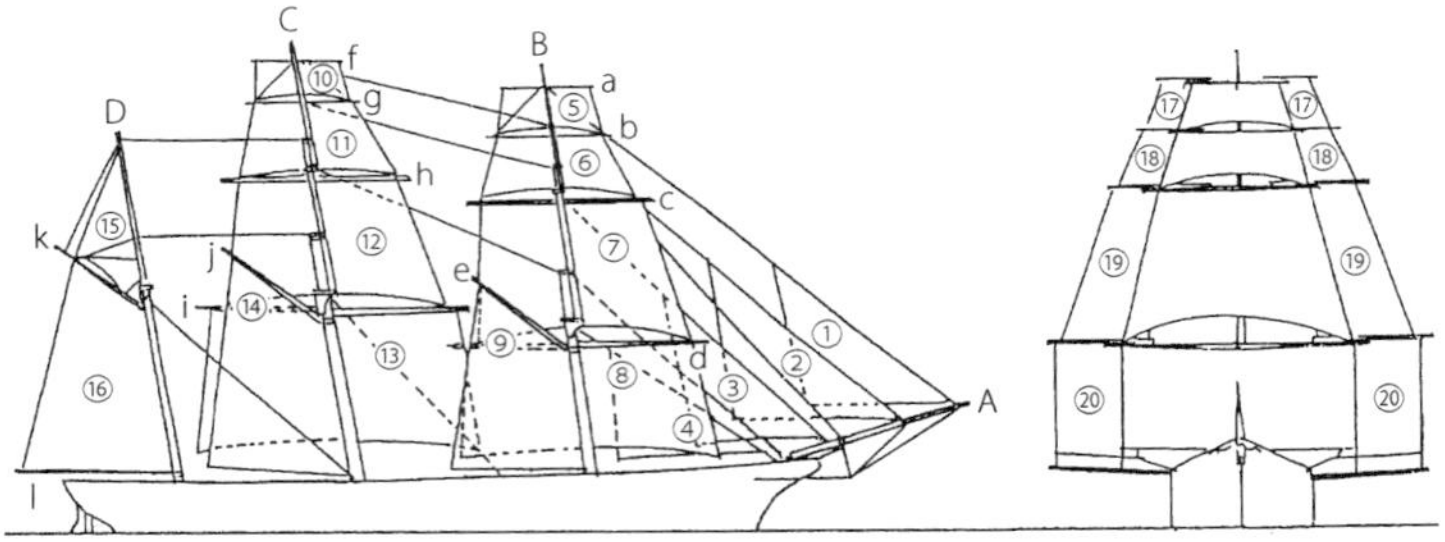

マスト（mast）、ヤード（yard）の名称

A　バウスプリット（bow sprit）
B　フォアマスト（foremast、前檣）
　a　フォア・ローヤル・ヤード（fore royal yard）
　b　フォア・ゲルン・ヤード（fore topgallant yard）
　c　フォア・トップスル・ヤード（fore topsail yard）
　d　フォア・ヤード（fore yard）
　e　フォア・トライスル・ガフ（fore trysail gaff）
C　メーンマスト（mainmast、主檣）
　f　メーン・ローヤル・ヤード（main royal yard）
　g　メーン・ゲルン・ヤード（main topgallant yard）
　h　メーン・トップスル・ヤード（main topsail yard）
　i　メーン・ヤード（main yard）
　j　メーン・トライスル・ガフ（main trysail gaff）
D　ミズンマスト（mizzenmast、後檣）
　k　スパンカー・ガフ（spanker gaff）
　l　スパンカー・ブーム（spanker boom）

セール（sail）の名称

① フライング・ジブ（flying jib）
② アウター・ジブ（outer jib）
③ インナー・ジブ（inner jib）
④ フォア・トップマスト・ステースル（fore topmast staysail）
⑤ フォア・ローヤル（fore royal sail）
⑥ フォア・ゲルンスル（fore topgallant sail）
⑦ フォア・トップスル（fore topsail）
⑧ フォースル（fore sail）
⑨ フォア・トライスル（fore trysail）
⑩ メーン・ローヤル（main royal sail）
⑪ メーン・ゲルンスル（main topgallant sail）
⑫ メーン・トップスル（main topsail）
⑬ メーンスル（main sail）
⑭ メーン・トライスル（main trysail）
⑮ ガフ・トップスル（gaff topsail）
⑯ スパンカー（spanker）

スタンスル（studding sail）の名称

⑰ ローヤル・スタンスル（royal studding sail）
⑱ ゲルン・スタンスル（topgallant studding sail）
⑲ トップマスト・スタンスル（topmast studding sail）
⑳ ロワー・スタンスル（lower studding sail）

ポイント方式によるコンパス・カードの読み方

読み方の基本は八方位点を基準とすることである。たとえば、北（N）および北東（NE）を基準にすると、北（N）から北北東（NNE）へ、北東（NE）から北北東（NNE）へ向かって読む。次は北東（NE）および東（E）を基準にすると、北東（NE）から東北東（ENE）へ、東（E）から東北東（ENE）へ向かって読む。このようにして順次、東および南東を基準にして東南東へ、南東および南を基準にして南南東へと読んでいけばよい。

北から時計回りに読むと次のようになる。

N (North)
ノース

N$\frac{1}{4}$E (North quarter East)
ノース・コータ・イースト

N$\frac{1}{2}$E (North half East)
ノース・ハーフ・イースト

N$\frac{3}{4}$E (North three quarter East)
ノース・スリーコータ・イースト

N／E (North by East)
ノース・バイ・イースト

N／E$\frac{1}{4}$E (North by East quarter East)
ノース・バイ・イースト・コータ・イースト

N／E$\frac{1}{2}$E (North by East half East)
ノース・バイ・イースト・ハーフ・イースト

N／E$\frac{3}{4}$E (North by East three quarter East)
ノース・バイ・イースト・スリーコータ・イースト

NNE (North North East)
ノー・ノー・イースト

NE／N$\frac{3}{4}$N (North East by North three quarter North)
ノー・イースト・バイ・ノース・スリーコータ・ノース

NE／N$\frac{1}{2}$N (North East by North half North)

ノー・イースト・バイ・ノース・ハーフ・ノース

NE／N$\frac{1}{4}$N (North East by North quarter North)
ノー・イースト・バイ・ノース・コータ・ノース

NE／N (North East by North)
ノー・イースト・バイ・ノース

NE$\frac{3}{4}$N (North East three quarter North)
ノー・イースト・スリーコータ・ノース

NE$\frac{1}{2}$N (North East half North)
ノー・イースト・ハーフ・ノース

NE$\frac{1}{4}$N (North East quarter North)
ノー・イースト・コータ・ノース

NE (North East)
ノー・イースト

NE$\frac{1}{4}$E (North East quarter East)
ノー・イースト・コータ・イースト

NE$\frac{1}{2}$E (North East half East)
ノー・イースト・ハーフ・イースト

NE$\frac{3}{4}$E (North East three quarter East)
ノー・イースト・スリーコータ・イースト

NE／E (North East by East)
ノー・イースト・バイ・イースト

NE／E$\frac{1}{4}$E (North East by East quarter East)
ノー・イースト・バイ・イースト・コータ・イースト

NE／E$\frac{1}{2}$E (North East by East half East)
ノー・イースト・バイ・イースト・ハーフ・イースト

NE／E$\frac{3}{4}$E (North East by East three quarter East)
ノー・イースト・バイ・イースト・スリーコータ・イースト

ENE (East North East)
イー・ノー・イースト

E／N$\frac{3}{4}$N (East by North three quarter North)
イースト・バイ・ノース・スリーコータ・ノース

E／N$\frac{1}{2}$N (East by North half North)

イースト・バイ・ノース・ハーフ・ノース

E／N$\frac{1}{4}$N　(East by North quarter North)
イースト・バイ・ノース・コータ・ノース

E／N　(East by North)
イースト・バイ・ノース

E$\frac{3}{4}$N　(East three quarter North)
イースト・スリーコータ・ノース

E$\frac{1}{2}$N　(East half North)
イースト・ハーフ・ノース

E$\frac{1}{4}$N　(East quarter North)
イースト・コータ・ノース

E　(East)
イースト

E$\frac{1}{4}$S　(East quarter South)
イースト・コータ・サウス

E$\frac{1}{2}$S　(East half South)
イースト・ハーフ・サウス

E$\frac{3}{4}$S　(East three quarter South)
イースト・スリーコータ・サウス

（以下略）

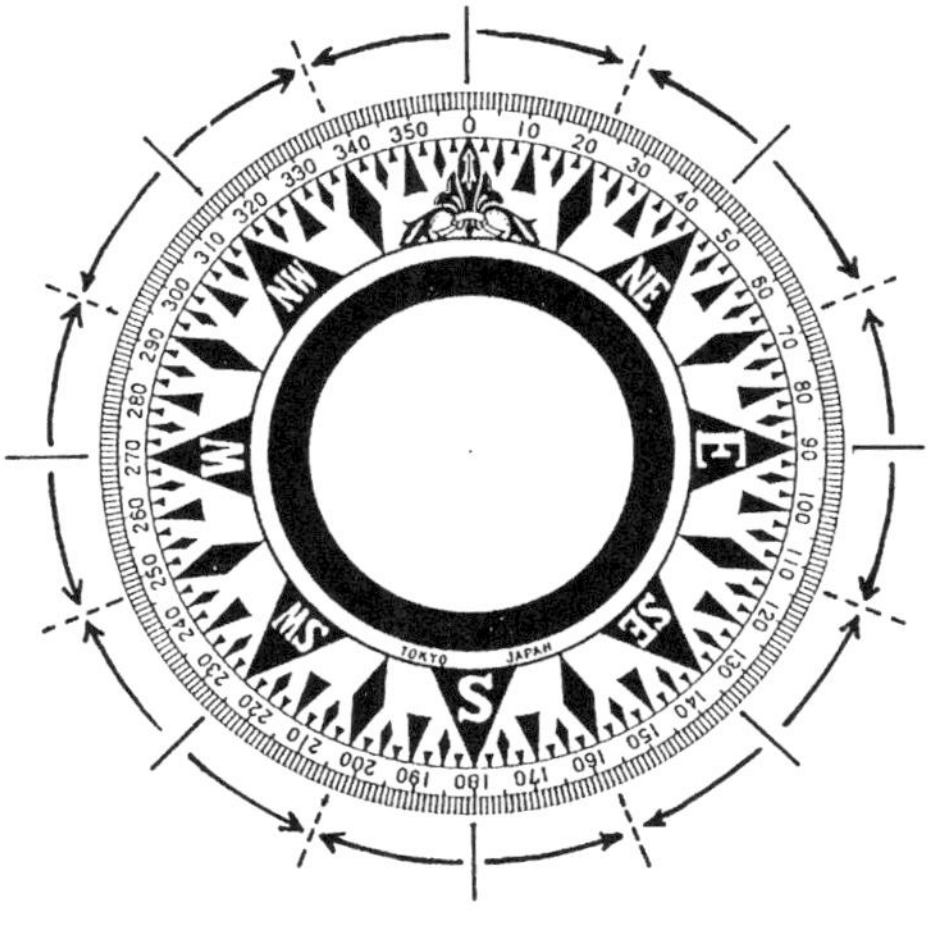

コンパス・カード

なお、「by」は「微《び》」と訳し、N／E（North by East：ノース・バイ・イースト）は「北微東」、E／S（East by South：イースト・バイ・サウス）は「東微南」という。

また、上記のような方位を描いたコンパス・カードをコンパス・ローズ（Compass rose）ともいう。

六分儀

六分儀（セクスタント、sextant）は円周（三六〇度）を六分割した約六〇度の弧をもつ器械であるが、「光が同一平面上において、その面に垂直に立つ二個の平面鏡により連続して二回反射されるときは、最初の入射光線と最後の反射光線とのなす角は、両平面鏡のなす角の二倍である」という光学の原理により、アーク（弧）上の目盛は約一二〇度まで観測できるように設計されたものである。

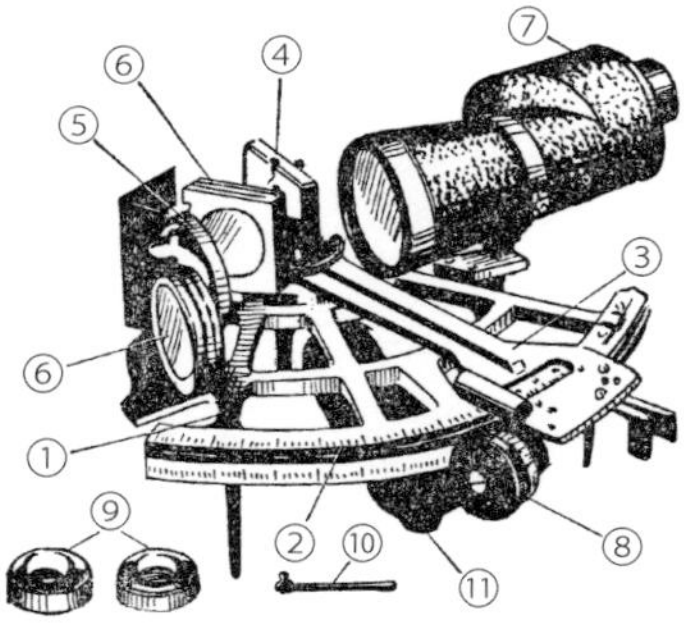

① フレーム　② 本弧（アーク）
③ 指標杆（インデックス・バー）
④ 動鏡（インデックス・ガラス）
⑤ 水平鏡（ホリゾンタル・ガラス）
⑥ 和光ガラス（シェード・ガラス）
⑦ 望遠鏡（テレスコープ）
⑧ マイクロメーター
⑨ 暗鏡（ダーク・アイピース）
⑩ 修正用ピン　⑪ ハンドル

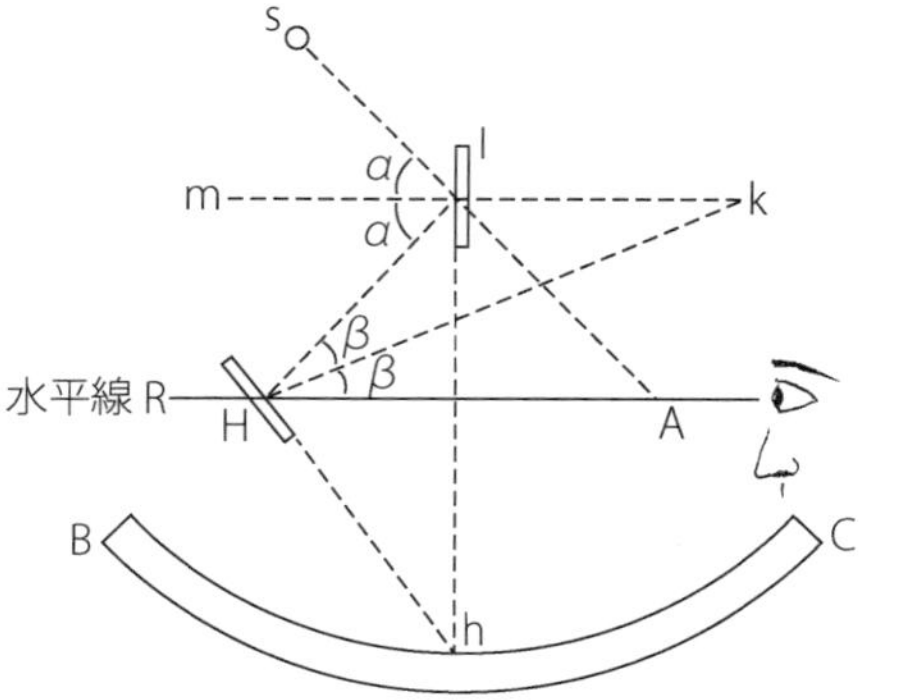

s：　物標（天体）
I：　動鏡
H：　水平鏡
BC：本弧
AR：水平線
Ih：　指標杆

∠α＝I の入射角と反射角 ∠sIm＝∠mIH＝∠α
∠β＝H の入射角と反射角 ∠IHk＝∠kHA＝∠β
△IAH において ∠IAH＝∠sIH－∠IHA＝2（α－β）………(1)
△IHk において ∠IkH＝∠mIH－∠IHk＝（α－β）
∠IkH は両鏡の垂直線のなす角であるから ∠HhI に等しい
ゆえに ∠HhI＝∠IkH＝（∠α－∠β）………(2)
(1) と (2) より ∠IAH＝2∠HhI
すなわち、両物体間の角は鏡のなす角の2倍に等しい

晴雨儀

普通、低気圧内では天気が悪く、高気圧内では天気が良い。気圧計（バロメーター、barometer）を見ただけでほぼ天気がわかる場合が多いので、気圧計を晴雨儀（晴雨計）と呼んだが、現在ではあまり使われない。咸臨丸で使用されていた気圧計は水銀気圧計とアネロイド気圧計の二種類で、表示単位は「インチ」であった。インチは、もともと親指の幅から発したものらしく、我が国ではこれに「拇（親指）」の字をあてていた。

水銀気圧計は、一端を閉じたガラス管に水銀を満たし、開口端を水銀溜に入れて管を鉛直に倒立させ、管内の水銀柱の高さによって気圧を測定する計器である。

キャプテン・ブルックによれば、咸臨丸では荒天によって船が揺れるごとに液面が一インチほども上下したという。

アネロイド気圧計は、内部を真空にした金属容器が、気圧変化によって変形する力を利用した気圧計で、「アネロイド」とは「液体を用いない」という意味である。

なお、ヘクトパスカル（hectopascal）は圧力の単位で、一気圧は一〇一三ヘクトパスカル、水銀柱では七六〇ミリメートルである。

手用測程儀

手用測程儀（ハンド・ログ、hand log）はログシップ（log ship）とログライン（log line）からなっており、別に砂時計（sand glass）を使用する。

ログシップは木製の扇形板で、円弧部に鉛を埋め込んであるので、水中では垂直に立つ。この要部《かなめ》にログラインが装着され、また円弧の両端には約四〇センチの二本の短索が付けられ、その両端はまとめてプラグ（木栓）に固縛されている。そして、このプラグはログラインに付けられているソケット（木製受け栓）にはめ込む。この状態でログシップを船尾から流すと、ログシップは水中凧のようになって抵抗を増し、それに続くログラインを船尾から

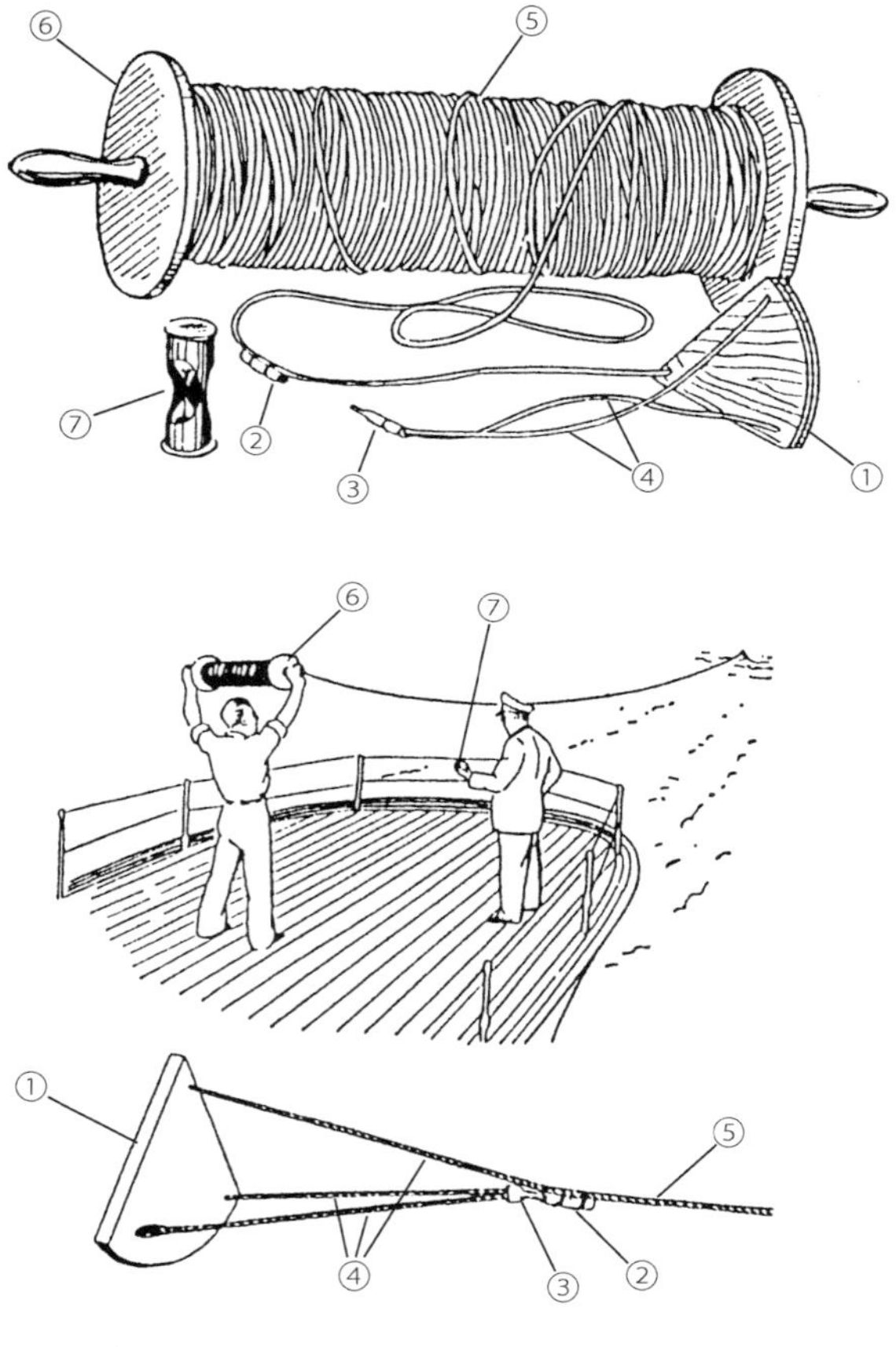

① ログシップ (log ship)
② ソケット (socket)
③ プラグ (plug)
④ 添えロープ (bridle)
⑤ ログライン (log line)
⑥ リール (reel)
⑦ 砂時計 (sand glass)

ハンド・ログ

引き出すことになる。計測が終わればログラインを思いっきり強く引く。そうすればプラグはソケットからはずれて、ログシップは抵抗なく船上に引き上げられるというわけだ。

ログラインは長さ約二七五メートル（一五〇尋《ファソム》）で、ログシップから約一尋は約一・八三メートル）で、ログシップから約三〇メートルのところに最初のマークが付けられ、そこから一四・四メートルのところに一個の結節（ノット、knot）の付いたマーク、そこから一四・四メートルのところに二個の結節の付いたマーク……というように、一四・四メートルごとに順次、結節を増してある。この一四・四メートルの長さは、実は砂時計との関連で決めている。

砂時計は一四秒計と二八秒計の二種類であるが、基準は二八秒計である。

いま、一海里（一八五二メートル）を一時間で航走すると、その秒速は〇・五一四四メートル（＝1852÷60÷60）で、二八秒間には一四・四メートル（＝0.5144×28）進むことになる。すなわち二八秒間に一四・四メートル航走している船は一時間に一海里航走するわけだから、ログシップを海中に投下して最初のマークが船外に出たときから砂時計の計測を始め、二八秒間に繰り出したログラインの長さを結節マークで見れば、それがその時の船速である。結節（ノット）が二個であれば二ノット、三個であれば三ノットというわけだ。船の速力を表すノットは、この結節マークからきている。

以上からも分かるように、ノット（結節）間の長さは「緯度一分の長さ÷三六〇〇秒×砂時計の時間（秒）」で定まるので、緯度一分の長さと砂時計の時間によっていくつもの変化がある。

一八世紀の中頃には三〇秒で四二フィート、三〇秒で五〇フィートなどがあった。イギリスの探検家キャプテン・クックは第二回の探検航海のとき、三〇秒で四九フィート三インチのハンド・ログを使用していた。一九世紀中頃になると二八秒で四三フィートが使用されるようになり、さらに速力五ノット以下は二八秒計、五ノット以上には一四秒計が使われるようになった。飯田嘉郎は『航海術史』のなかで「一八六〇年咸臨丸の太平洋横断には、砂時計二三秒、間隔は一二メートルであった」と言っている。

このように、ハンド・ログのログラインのマーク間長さと砂時計の時間は決まっていなかった。ところが、一九二四年（大正一三）の国際会議で一海里は一八五二メートルと決定されたので、それまで使用されていた二八秒の砂時計にあわせて間隔を一四・四メートルにしたものと思われる。

曳航測程儀

曳航測程儀はパテント・ログ（patent log）ともいう。ハンド・ログが瞬間速力を測定するのに対して、パテント・ログは航走距離を測定する器械である。

パテント・ログはレジスター（指示器、register）、ガバナー（転旋輪、governor）、ログライン（log line）、ロテーター（旋回子、rotator）よりなる。

長さ約七〇～二〇〇メートルのログラインの先端にロテーターを付け、航走中の流圧によるロテーターの回転をログラインおよびガバナーを介して指示器に伝えるもので、ガバナーは指示器内の歯車装置の回転をスムーズにするためのものである。ロテーターの回転数をレジスターが積算して航走距離を示す。

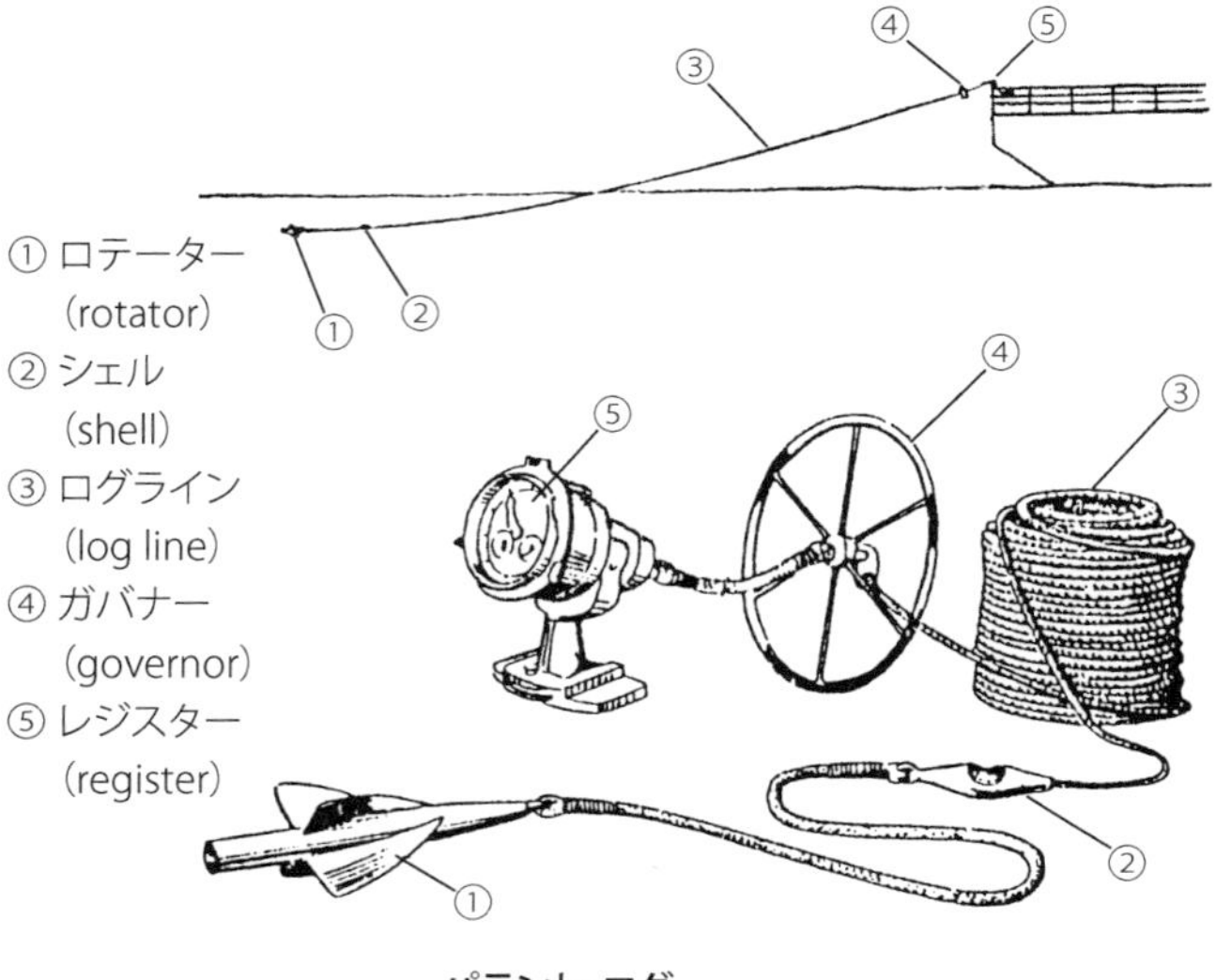

パテント・ログ

測深鉛

測深鉛（サウンディング・レッド、sounding lead）は測鉛（レッド、lead）と測鉛索（レッド・ライン、lead line）からなる。船で使われる測鉛には軽測鉛（ハンド・レッド、hand lead）と重測鉛（ディープシー・レッド、deep sea lead）の二種類がある。

A　軽測鉛
　（hand lead）
B　重測鉛
　（deep sea lead）
C　測鉛索マーク

① レッド（lead、測鉛）
② アーミング・ホール
　（arming hole）
③ レッド・ライン
　（lead line、測鉛索）

測鉛索マーク

深さ（m）		マーク
5	35	白旗布
10	40	革片
15	45	赤旗布
20	50	２革片
25	55	藍または黒旗片
30	60	３結節細索

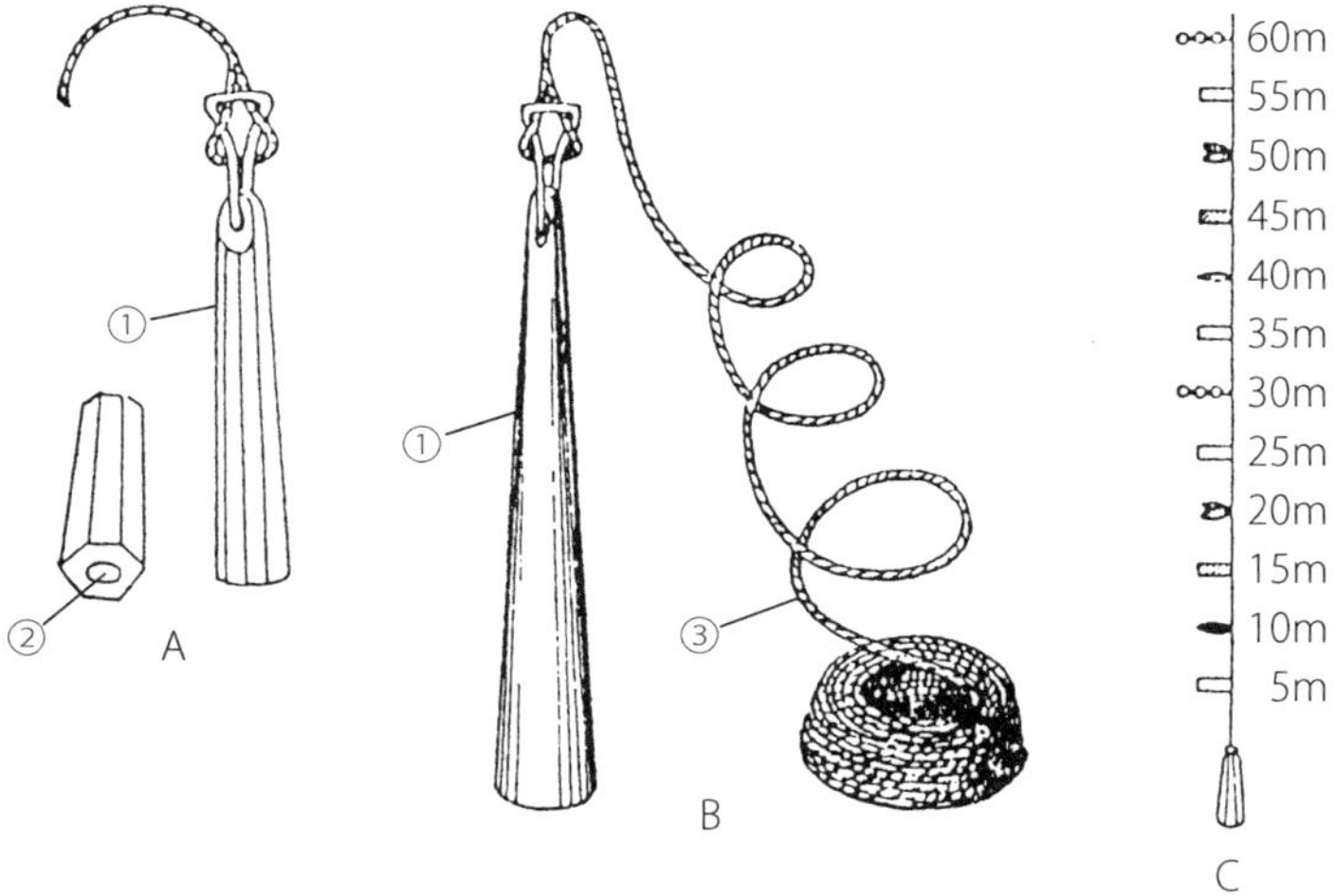

軽測鉛は普通七〜一四ポンド（約三・二〜六・四キログラム）の鉛の八角錐で、上部には測鉛索を取り付ける円形孔がある。また、底部中央には窪み（アーミング・ホール、arming hole）があり、これに獣脂や石鹸類を詰め、測鉛が海底に達したときに、その場所の小石、砂、泥など、底質を構成する物質を粘着させて引き揚げる。測鉛索の長さは二五〜三〇ファゾム（約四五〜五五メートル）で、水深を知るためのマークが付いている。

重測鉛は普通三〇ポンド（約一三・六キログラム）の測鉛と一〇〇〜一二〇ファゾム（約一八三〜二二〇メートル）の測鉛索からなっており、もっぱら深海の測深に使用する。

本初子午線

本初《ほんしょ》子午線とは、経度の基準になる子午線のことである。

一六世紀の終わり頃、世界地図の製作者はアゾレス諸島、マデイラ諸島、カナリー諸島、ベルデ岬諸島の何れかを好みにまかせて本初子午線とした。当時、経度の決定には偏差が考慮されたことから、偏差のない地点を基準にする考え方があり、上記の地点は偏差がないと考えられていた。

偏差（バリエイション、variation）とは地球の磁極を通る磁気子午線と、地球の極を通る真子午線のなす水平角をいう。また、「子午線」の名は方位を示す十二支に由来し、子《ね》は北、午《うま》は南を意味する。

一六三四年、各国の天文学者がパリに集まり、カナリー諸島の西端に位置するファロ（Ferro）島の西海岸を本初子午線とすることに決定した。

その後、一七六七年に初めて発行された英国航海暦の名声と、一九世紀における英国海軍水路部の海図の普及が、グリニッチ（Greenwitch）を本初子午線とする気風を生じさせ、一八五〇年にアメリカが、一八五三年にはロシアがそれぞれ採用した。

一八七一年の国際会議において、参加国の海図で外洋に関するものは、一五年以内に本初子午線をグリニッチにすることが決定された。我が国がこれを採用したのは一八八六年（明治一九）である。

緯度計算法

北極星緯度法

仮に常に真北に見える天体が存在すれば、その天体の高度は緯度に等しい。そのような好都合の天体は存在しないが、極のすぐ近くに北極星がある。その北極星の高度にわずかな修正を施して極の高度に改め、その値をそのまま観測地の緯度とする方法である。

北極星緯度表

北極星は恒星ではあるが歳差運動のため毎年約〇・三秒、極距（北極からの角距離）が変化している。それらの要素や他の修正値をまとめた表で、北極星の観測高度に加減して観測地の緯度が求められる。

太陽子午線高度緯度法

太陽が子午線に正中（太陽が真北または真南に来たときをいい、場所と時期によって南中または北中する）したとき、その高度を六分儀で精密に測定し、測定高度に観測時の太陽赤緯を加減すれば緯度が求まる。

太陽赤緯表

地球上の観測者が天空を見上げると、天空は一つのドームのように見え、すべての天体はその距離に関係なく、ドームの内面に固着して、毎日一回、東から西に向かって回転しているように見える。この見掛けの球体―仮想の球―を天球《てんきゅう》と呼ぶ。天球の中心は実は観測者自身であるが、地球の半径が天球の半径に比べて無視できるほど小さいので、便宜上、地球の中心と一致するものとする。

地球の北極と南極を結ぶ地球の軸を無限に延長して天球との交点を作ると、それが「天の北極」と「天の南極」である。

この二つの極から等距離にある大圏、言い換えれば地球の赤道面を拡大して天球に届かせてできた大圏を「天の赤道」という。

また、天の北極と南極を通る子午線を「天の子午線」という。

ある天体を通る天の子午線上で天の赤道とその天体の真位置との角距離（天球中心でなす角）を、その天体の「赤緯《せきい》」という。赤緯は天の赤道の〇度から南北に九〇度まで測り、それぞれN（北）、S（南）の符号を付ける。

以上のように、太陽の赤緯は地球の緯度に相当するもので、太陽赤緯表は、毎日の、ある地点の視正午の太陽赤緯を計算してあり、太陽子午線高度緯度法ではこの太陽赤緯を用いる。

航海暦

イギリス航海暦

一六七五年グリニッチ天文台が創設され、台長にジョン・フラムスティードが任命された。彼は自費を投じて観測器械類を集めたといわれ、彼の作成した恒星位置表の精度は平均誤差一〇秒であった。

一七一九年にエドモンド・ハレーが第二代の天文台長となり、月距表の精度を上げるために月の予想位置の誤差を二分以内に切り下げようと努力した。

一七六七年イギリスで初めて公式の航海暦が発行されたが、この航海暦は月距による経度測定が主目的であった。航海暦の各天体のデータはグリニッチ視太陽時に対して与えられている。一日は天文学者の習慣に従って正午から始まり、次の日の正午までの二四時間制である。

一八三四年、その内容が大改訂され、各天体のデータはグリニッチの平時で記載されるようになった。これは年々増加してきた経線儀（時辰儀、クロノメーター）が諸艦船に搭載され始めたからである。

その後、この航海暦は小改正が行われながら、大冊であったことから、一八九六年以来、航海に必要なところだけが分冊として出版されていたが、一九〇三年に航海者用と天文学者用に分け、別々に出版されるようになった。

一九〇七年には航海者用の航海暦から月距表が除かれた。

オランダ航海暦

オランダにおいては、一八世紀初めはアムステルダムを基準にしていた。だから、一八三三年のオランダ航海暦の各天体のデータはアムステルダムの視時で与えられていた。

一八三四年のイギリス航海暦の大改訂にともない、オランダも航海暦を改訂して、一八四〇年の航海暦からイギリスのグリニッチを基準にした平時を使用するようになった。

長崎海軍伝習所においては、オランダ教官からオランダ航海暦による航海術の教育がなされた。したがって、咸臨丸の航海はオランダ航海暦を使用したものと思われる。

日本の航海暦

天明二年（一七八二）以来、天文台は浅草にあったが、明治二年（一八六九）に廃絶した。ほかに、天保一三年（一八四二）九段測量所が創設されたが、維新の動乱で自然消滅した。

安政四年（一八五七）天文方・山路諧考は航海暦編集を命じられたが完成できなかった。

明治五年、海軍は芝の飯倉町に小規模ながら観測器械を据えた。これが明治以降の我が国天文台の始まりで、観象台といった。ここでは天文のみならず気象の観測も担当し、水路局長・柳楢悦《やなぎならよし》（幕府第三期伝習生）はこれを拡充して英米に匹敵するものを夢見ていた。

我が国の航海暦は航海表として明治八年一〇月一二日に兵学寮（海軍兵学校の前身）から初めて出版された。当時の兵学頭《へいがくのかみ》（校長）は中《なか》牟《む》田《だ》倉之助（佐賀藩第二期伝習生）で、兵学権頭《ごんのかみ》（副校長）は佐々倉桐《とう》太郎（幕府第一期伝習生）、大教授は沢太郎左衛門（幕府第三期伝習生）であった。

現在は、海上保安庁の水路部から『天測暦』および『天測略歴』として公刊されている。

日の丸の旗

商船規則・御国旗之事

明治新政府は明治三年（一八七〇）一月二七日、太政官布告第五十七号で「商船規則」を公布した。商船規則は船舶に関する基本法を定めたものであるが、そのなかで「御国旗之事」として次のように規定した。

一、国旗は常に備え付けること。

二、毎朝八時に掲揚し、日没に降ろすこと。国旗の掲揚なきときは、海賊船の取り扱いを受けても仕方ないこと。

三、国旗の寸法は、大旗、中旗、小旗の三種とし、その比率は次のとおりとする。

① 横を一〇とすれば縦は七とする。

② 日章の直径は縦の五分の三とする。

③ 日章の外周と旗の端との間隔は、横の一〇分の三とする（日章の中心は旗面の中心より横の一〇〇分の一旗竿の側による）。

④ 日章上下のあきは等しくする。

明治三二年（一八九九）、船舶法（明治三十二年三月八日法律第四十六号）が制定され、その第二条で国旗掲揚について、「日本船舶ニ非サレハ日本ノ国旗ヲ掲クルコトヲ得ス」と制限した。

国旗の寸法については船舶法では規定せず、同法第三十六条「……本法ノ規程ニ抵触スルモノハ本法施行ノ日ヨリ之ヲ廃止ス」によって、商船規則による寸法が受け継がれた。そのため、寸法は昔の度量衡法による「かね尺」による表示が使われていた。

国旗及び国歌に関する法律

平成一一年（一九九九）八月一三日、「国旗及び国歌に関する法律」（法律第百二十七号）が制定された。その内容は次のとおりである。

（国旗）

第一条　国旗は、日章旗とする。

2　日章旗の制式は、別記第一のとおりとする。

（国歌）

第二条　国歌は、君が代とする。

2　君が代の歌詞及び楽曲は、別記第二のとおりとする。

附則

（施行期日）

1　この法律は、公布の日から施行する。

（商船規則の廃止）

2　商船規則（明治三年太政官布告第五十七号）は、廃止する。

（日章旗の制式の特例）

3　日章旗の制式については、当分の間、別記第一の規定にかかわらず、寸法の割合について縦を横の十分の七とし、かつ、日章の中心の位置について旗の中心から旗竿側に横の長さの百分の一偏した位置とすることができる。

別記第一（第一条関係）

日章旗の制式

（図、略）

一　寸法の割合及び日章の位置

縦　横の三分の二

日章

直径　縦の五分の三

中心　旗の中心

二　彩色

地　白色

日章　紅色

別記第二（第二条関係）

君が代の歌詞及び楽曲

一　歌詞

君が代は　千代に八千代に

さざれ石の　いわおとなりて

こけのむすまで

二　楽曲（略）

参考文献

赤松則良半生談：赤松範一編、平凡社、一九八七
亜国上下其他日記并艸木写真：著者不明、国立国会図書館蔵
新しい歴史教科書：西尾幹二、扶桑社、二〇〇一
あの船この船：石渡幸二、中央公論社、一九九八
イギリスとアジア：加藤祐三、岩波書店、一九八〇
海の昔ばなし：杉浦昭典、日本海事広報協会、一九九三
英式運用全書図（海軍兵学寮教科書）：英国海軍ネイル中佐著、古川正雄訳、一八七二
英和海事大辞典：逆井保治編、成山堂書店、二〇〇一
榎本武揚：加茂儀一、中央公論社、一九八八
オランダ紀行（街道をゆく・三五）：司馬遼太郎、朝日新聞社、一九九四
海軍歴史（明治百年史叢書第四十三巻）：勝海舟、原書房、一九六七
開国への布石：土居良三、未来社、二〇〇〇
勝海舟：松浦玲、中央公論社、一九九八
勝義邦航米日記：東京大学史料編纂所蔵
咸臨丸一般配置図：海の博物館作成・蔵
咸臨丸海を渡る：土居良三、未来社、一九九二
咸臨丸還る：橋本進、中央公論新社、二〇〇一
咸臨丸航海長小野友五郎の生涯：藤井哲博、中央公論社、一九八五
咸臨丸・壮士墓の由来：窪田正志、築地町自治会、一九八〇
咸臨丸に関する研究〔昭和七年九月十六日〕：谷口海軍大将、海上自衛隊幹部学校蔵
機械用語辞典：日本機械学会、一九八五
軍艦奉行木村摂津守：土居良三、中央公論社、一九九四
航亜日記：鈴藤政孝（写本）、東京大学史料編纂所蔵
航海術：茂在寅男、中央公論社、一九六七
航海術史：飯田嘉郎、出光書店、一九八四
航海術の歴史：H・C・フライエスレーベン著、坂本賢三訳、岩波書店、一九八三
航海図鑑：航海訓練所運航技術研究会編、海文堂出版、一九七八
航海日記：著者不明、国立国会図書館蔵
航海の世界史：ヘルマン・シュライバー著、杉浦健之訳、一九七七
豪華客船スピード競争の物語：デニス・グリフィス著、粟田亨訳、成山堂書店、一九九八
国際航海のエチケット：橋本進・斎藤重信、成山堂書店、一九八三
最後の箱館奉行の日記：田口英爾、新潮社、一九九五
清水次郎長と咸臨丸（清水郷土史研究会誌「清見潟」）：清

水郷土史研究会、一九九二
しみずの昔・その2：多喜義郎、朝日ファミリー清水編集室、一九九三
蒸気機関車メカニズム図鑑：細川武志、グランプリ出版、一九九八
蒸気ボイラ及蒸気原動機：菅原菅雄、丸善、一九五四
船長の職責：田中銀造、海文堂出版、一九八〇
長崎海軍伝習所：藤井哲博、中央公論社、一九九一
長崎海軍伝習所の日々：カッテンディーケ、平凡社、一九六四
中濱万次郎：中濱博、冨山房インターナショナル、二〇〇五
中浜万次郎の生涯：中浜明、冨山房、一九八二
名ごりの夢：今泉みね、平凡社、一九六三
日本海軍史：外山三郎、教育社、一九九三
日本近世造船史：造船協会編、弘道館、一九一一
日本近代造船史序説：寺谷武明、巖南堂書店、一九七九
幕末外国関係文書之二十一：東京大学史料編纂所、東京大学出版会、一九七二
幕末軍艦咸臨丸（復刻版、上巻・下巻）：文倉平次郎、中央公論社、一九九三
幕末の三舟：松本健一、講談社、一九九六
舶用機関技術史：日本船舶機関士協会、一九九三
舶用機関史話：矢崎信之、天然社、一九四一
帆船図説：橋本進編、海文堂出版、一九七九
氷川清話：勝海舟著、江藤淳・松浦玲編、講談社、二〇〇〇
評伝　堀田正睦：土居良三、国書刊行会、二〇〇三
福翁自伝：福沢諭吉、岩波書店、一九九八
福沢諭吉：飯田鼎、中央公論社、一九八四
福沢諭吉全集：岩波書店、一九六〇
福沢諭吉と写真屋の娘：中崎昌雄、大阪大学出版会、一九九六
福澤諭吉年鑑（二五）：福沢諭吉協会、一九九八
船と航海（公開講座資料）：橋本進、東京商船大学、一九八九
ペリー艦隊日本遠征記：M・C・ペリー著、オフィス宮崎訳、栄光教育文化研究所、一九九七
ペリーの白旗：岸俊光、毎日新聞社、二〇〇二
ボイラと蒸気原動機：吉原英夫、養賢堂、一九五六
戊辰戦争：佐々木克、中央公論社、一九七七
万延元年「咸臨」航米：星亮一、教育書籍、一九九一
万延元年遣米使節史料集成（全七巻）：日米修好通商百年記念行事運営会編、風間書房、一九六〇〜一九六一
物語海の日本史・下巻：邦光史郎、講談社、一九八七
練習船日本丸・昭和三八年度遠洋航海報告：航海訓練所、一九六三
Plates and Diagrams on Marine Steam Engine and Boilers：商船学校、一九〇〇

人名索引

【あ行】

【か行】

【ま行】

【や行】

【ら行】

地名索引

船名索引

事項索引

【あ行】

【か行】

【さ行】

【著者紹介】

橋本 進（はしもと すすむ）

昭和 3 年 (1928) 香川県に生まれる
昭和 20 年 (1945) 高等商船学校 航海科入学
昭和 24 年 (1949) 同校 同科卒業，運輸省航海訓練所入所
昭和 43 年 (1968) 航海訓練所 教授
昭和 47 年 (1972) 船長
爾来，練習汽船「大成丸」，練習帆船「日本丸」，練習汽船「北斗丸」船長などを歴任
昭和 51 年 (1976) ニューヨーク・ハドソン河におけるアメリカ独立200年記念パレードに日本丸船長として参加
昭和 62 年 (1987) 東京商船大学 教授
平成 4 年 (1992) 定年退官，医学博士（東京医科大学眼科）取得
現在 社団法人 海洋会ボランティアクラブ会員
横浜黒船研究会会員

〔著書〕 咸臨丸還る（中央公論新社）
ロマンの海に漕ぎ出そう（舵社）
帆船図説（編，海文堂出版） ほか多数

ISBN978-4-303-63432-2

咸臨丸、大海をゆく

2010 年 7 月 19 日 初版発行

著 者 橋本 進
発行者 岡田吉弘
発行所 海文堂出版株式会社
本社 東京都文京区水道 2-5-4（〒112-0005）
電話 03(3815)3292 FAX 03(3815)3953
http://www.kaibundo.jp/
支社 神戸市中央区元町通 3-5-10（〒650-0022）
電話 078(331)2664
日本書籍出版協会会員・工学書協会会員・自然科学書協会会員

PRINTED IN JAPAN 印刷 田口整版／製本 小野寺製本